Xavier Gilbert / Bettina Büchel / Rhoda Davidson

Erfolgreiche Umsetzung strategischer Initiativen

Xavier Gilbert / Bettina Büchel
Rhoda Davidson

Erfolgreiche Umsetzung strategischer Initiativen

Sieben Erkenntnisse
zur Überwindung
der häufigsten Hürden

GABLER

Bibliografische Information der Deutschen Nationalbibliothek
Die Deutsche Nationalbibliothek verzeichnet diese Publikation in der
Deutschen Nationalbibliografie; detaillierte bibliografische Daten sind im Internet über
<http://dnb.d-nb.de> abrufbar.

Aus dem Englischen von Britta Weber.
Die Originalausgabe erschien unter dem Titel „Smarter Execution. Seven Steps to getting results"
bei FT Prentice Hall. An Imprint of Pearson Education, Harlow, Great Britain.
© 2008 Xavier Gilbert, Bettina Büchel und Rhoda Davidson

1. Auflage 2010

Alle Rechte vorbehalten
© Gabler Verlag | Springer Fachmedien Wiesbaden GmbH 2010

Lektorat: Ulrike Lörcher / Katharina Harsdorf / Renate Schilling

Gabler Verlag ist eine Marke von Springer Fachmedien.
Springer Fachmedien ist Teil der Fachverlagsgruppe Springer Science+Business Media.
www.gabler.de

Umschlaggestaltung: KünkelLopka Medienentwicklung, Heidelberg

Gedruckt auf säurefreiem und chlorfrei gebleichtem Papier

ISBN 978-3-8349-1902-1

Inhaltsverzeichnis

Einleitung: Strategische Initiativen sind eine Herausforderung

Frühjahr 2006. Michael Bode konnte sein Glück kaum fassen. Die Firma Kreator, ein Unternehmen der Petrochemie mit Sitz in Deutschland, in der er tätig war, hatte ihn dazu auserkoren, eine bedeutende Wachstumsinitiative umzusetzen. Sein Chef hatte ihm gerade eine neue Aufgabe übertragen, und zwar die Einführung von Siliflex, einem vielversprechenden neuen Produktsortiment von Polymerbeschichtungen für die amerikanische und europäische Bauindustrie[1]. Bode fühlte sich, als hätte er im Lotto gewonnen.

Bode hatte bereits sechs Jahre als Leiter der Abteilung Forschung und Entwicklung für den Geschäftsbereich Extrusionsbeschichtung bei Kreator gearbeitet. Er hatte das Potential von Siliflex schon ein Jahr zuvor erkannt und seinem Chef davon berichtet. Seit Jahren arbeitete Bode mit mehr als 200 Unternehmen im Baugewerbe zusammen. Deshalb war er sich sicher, dass Siliflex ein voller Erfolg sein würde.

Die Markteinführung von Siliflex war für Kreator von großer strategischer Bedeutung, und Michael Bode würde direkt an Manfred Feber, ein Mitglied der Geschäftsleitung, berichten. Alleine diese Tatsache erzeugte in Bode ein mulmiges, besorgtes Gefühl. Er ertappte sich oft dabei, wie er in seinem Büro auf und ab ging und unter nervlicher Anspannung stand. Er wachte nachts auf und überlegte, wie er die Markteinführung von Siliflex durchführen würde. Es bestand kein Zweifel daran, dass dies die große Gelegenheit war, sich zu beweisen. Deshalb konnte er es kaum abwarten, sich mit dem sechsköpfigen Team zu treffen, welches die Personalabteilung sorgfältig aus den Bereichen Marketing, Engineering, Informationstechnologie sowie Forschung und Entwicklung ausgewählt hatte. Mit diesem äußerst starken Team, so war Bode sich sicher, würde er erfolgreich sein. Er öffnete sich hiermit die Tür zu einem neuen Karriereschritt.

Zwei Jahre später, im April 2008, hatte Bodes Team das geplante Markteinführungsdatum des Produktes bereits verpasst. Es gab vier gravierende und mehrere kleinere Verzögerungen. Die Umsetzung war fast ein halbes Jahr im Verzug. Die Produktspezifikationen hatten sich mittlerweile dreimal geändert. Bode saß deprimiert an seinem Schreibtisch und fragte sich immer wieder, was falsch gelaufen war. Ein Gedanke tauchte immer wieder auf: „Wenn das Team nur zu Beginn der Initiative mehr Zeit mit potentiellen Kunden verbracht hätte!"

Es kam sogar noch schlimmer, denn das Team hatte den ursprünglichen Plan ohne Rücksprache mit dem Software-Entwickler ausgearbeitet. Dies kostete umso mehr Zeit. Gerade gestern hatte ihm einer seiner Teamkollegen telefonisch noch schlechtere Neuigkeiten mitgeteilt: Das Pigmentprojekt, die nächste bedeutende Stufe, wurde um zwei weitere Wochen verschoben. Wie war es so weit gekommen?

---

[1] Der Name des Unternehmens und der Personen wurden geändert.

In seinen schwierigsten Momenten war sich Michael Bode bewusst, dass er und sein Team – ganz unabhängig von den Verzögerungen – noch keinen einzigen Vertrag mit einer Baufirma hatten. Bode ärgerte sich über sich selbst: „Wir hätten einen Verkäufer mit ins Team nehmen sollen. Wenn wir keinen Verkäufer finden, der an unser Produkt glaubt, werden wir niemals Erfolg damit haben."

Als Bode an das Team dachte, das zu Beginn der Initiative so vielversprechend wirkte, schämte er sich zutiefst. Drei Mitglieder des Teams machten fast die gesamte Arbeit alleine. Ein Teammitglied befand sich am Rand eines Burn-outs. Die anderen beiden konnten nicht wirklich helfen, was jedoch nicht ihre Schuld war. Sie versuchten, ihr Bestes zu geben, aber sie besaßen einfach nicht die notwendigen Kenntnisse. Im Team fehlte immer noch ein technischer Experte.

Zu Beginn der Initiative hatte sich Bodes Sponsor aus der Geschäftsleitung, Feber, jede Woche mit ihm getroffen. Er hatte sich große Mühe gegeben, für das Team zusätzliche Mittel zu organisieren. Aber jetzt waren die E-Mails sporadisch, eine E-Mail kürzer als die vorherige. Die letzte E-Mail lautete wie folgt: „Die Geschäftsführung benötigt eine Erklärung für die weiteren Verzögerungen. Informieren Sie mich bis Freitag."

Als Bode die kurze E-Mail von Feber wieder und wieder las, konnte er den inneren Druck deutlich spüren. Die Zeit für die Initiative wie für ihn selbst drohte abzulaufen. Bode wusste, dass er die Markteinführung des Produktes abschließen und einige Aufträge verbuchen musste. Es klang so einfach. Er schaute auf seinen Bildschirm und dachte: „Wenn ich zu Beginn der Initiative doch nur mehr über die Umsetzung einer strategischen Initiative gewusst hätte." Was sollte er der Geschäftsführung sagen? „Es tut mir leid, aber mir war nicht bewusst, wie schwierig sich die Umsetzung gestalten würde." Bereits 2006, zu Beginn der Siliflex-Initiative, hatte sich Bode einige Bücher zum Thema Strategieimplementierung am Flughafen gekauft. Dort wurde ausführlich erklärt, wie wichtig die Implementierung ist, aber es wurde nicht dargelegt, wie man dies am besten tut. Jetzt musste sein Team nicht härter, sondern intelligenter arbeiten.

Michael Bode ist nicht allein. Statistiken über die geringe Erfolgsrate strategischer Initiativen gibt es im Überfluss, und sie sind allesamt beunruhigend. Eine Umfrage zur Umsetzung von Initiativen innerhalb von Unternehmen ergab, dass im Hinblick auf kurzfristige Ergebnisse nur 38 % der Projekte entweder „vollständig erfolgreich" oder „größtenteils erfolgreich" waren. Und im Hinblick auf nachhaltige Ergebnisse waren nur 30 % entweder „vollständig erfolgreich" oder „größtenteils erfolgreich".[2]

In diesem Buch geht es um strategische Initiativen und wie man sie vom Anfang bis zum Ende erfolgreich durchführt, im vorgegebenen Zeitraum und mit den gewünschten Resultaten. Das ist nicht immer leicht. Doch erfolgreiche Strategieimplementierung lässt sich lernen – Schritt für Schritt.

---

[2] Organizing for Successful Change Management: A McKinsey Quarterly Survey, Juni 2006.

Wozu strategische Initiativen?

In der heutigen Welt ist es gefährlich, sich auf seinen Lorbeeren auszuruhen. Die Märkte sind ständig im Wandel und es gibt keine Produkt- oder Servicelinien, die ewig erfolgreich sind. Daher suchen viele Firmen nach Möglichkeiten, die Umsetzung ihrer Strategie zu verbessern. Dabei können sie mit zwei hinderlichen Strukturen konfrontiert sein. Manche Firmen sind Gefangene ihres eigenen Erfolgs. Sie konzentrieren sich so sehr auf das, was bisher für sie funktioniert hat, dass sie nur noch versuchen, genau das immer weiter zu verbessern. Andere wiederum sind Gefangene ihrer Probleme. Sie konzentrieren sich nur darauf, diese zu lösen, ohne sich zu fragen, ob es nicht noch wesentlich bessere Wege geben könnte.

Ob Unternehmen sich nun selbst neu definieren oder eine signifikante Verbesserung ihrer Leistungen erreichen müssen, häufig stellen sie fest, dass ihnen dies mit den herkömmlichen Ansätzen nicht gelingt. Mehr vom Gleichen kann eben keine anderen Ergebnisse hervorbringen, auch wenn man sich noch so sehr anstrengt. Es muss etwas grundlegend Anderes getan werden, etwas außerhalb der üblichen Arbeitsweise und des Mainstream-Geschäfts des Unternehmens, denn hier verbirgt sich das wirkliche Potential.

Den meisten Unternehmen fällt es jedoch schwer, Möglichkeiten aufzugreifen, die außerhalb ihrer etablierten Arbeitsweisen und Geschäftsfelder liegen. Das ist kein Wunder, denn sie sind auf Effizienz ausgerichtet. Sie bestehen aus Fachabteilungen, die sich ausschließlich um ihre eigenen Aufgaben kümmern, ihre eigenen Ressourcen haben und sich auf ihr altbewährtes Wissen verlassen. Es ist für sie sehr schwierig, wenn nicht sogar unmöglich, über den eigenen Tellerrand hinauszuschauen und etwas Neues in Angriff zu nehmen.

In der Tat ist es so, dass genau die Faktoren, die diese Unternehmen so effizient machen, im Weg stehen, wenn es um die Verwirklichung neuer Möglichkeiten geht. Effiziente Firmen haben nicht die Ressourcen, um sich ernsthaft auf Dinge zu konzentrieren, die nicht ihrem Standard entsprechen. Abteilungen können von ihrer fachspezifischen Perspektive aus den Gesamtzusammenhang nicht erkennen. Selbst die zentralen Funktionen haben oft Schwierigkeiten, eine lokale Perspektive in ihre zentralen Lösungen zu integrieren. Und neue Möglichkeiten außerhalb des Mainstreams erfordern ein neues, nicht standardisiertes Wissen.

Effiziente Unternehmen scheinen dazu verdammt zu sein, so lange immer mehr desselben zu tun, bis es sich überholt hat. Dagegen sind strategische Initiativen eine Möglichkeit, genau damit aufzuhören. Strategische Initiativen sind eine Möglichkeit, neue Ideen aufzugreifen und Veränderungen in das Unternehmen einzubetten, um dadurch Wettbewerbsvorteile zu erzielen.

Was sind strategische Initiativen?

Erstens sind strategische Initiativen eine Möglichkeit, *konzentrierte Aufmerksamkeit* auf entscheidende und zukunftsweisende Optionen des Unternehmens zu lenken, die einen Sprung nach vorn bedeuten und außerhalb der etablierten Gegebenheiten liegen. Solche Optionen sind für alle Firmen von wesentlicher Bedeutung, denn von ihnen sind auf kurze oder lange Sicht wichtige Auswirkungen auf ihre Zukunft zu erwarten. Strategische Initiativen sind

- eine Möglichkeit, außerhalb der bestehenden Organisation zu arbeiten,

- eine flexible Möglichkeit für ein Unternehmen, sich auf entscheidende Optionen zu konzentrieren, und

- ein Weg, um bestimmte Ergebnisse in einer festgelegten Zeitspanne zu erzielen.

Zweitens verlangen strategische Initiativen nach einer *unternehmensübergreifenden Perspektive.*

- Sie bringen Probleme aus dem gesamten Unternehmen zusammen; es geht um die gesamte Firma.

- Sie sind dazu gedacht, neue Wege der Unternehmensführung im ganzen Unternehmen zu implementieren; die gesamte Firma und ihre Kunden müssen davon profitieren.

- Sie bringen Teams, Fähigkeiten und Ressourcen aus dem gesamten Unternehmen zusammen; die ganze Firma wird mobilisiert.

Drittens sind strategische Initiativen auch dazu gedacht, das *neue Wissen*, welches sie erfordern, selbst zu entwickeln.

- Sie wagen sich in ein unbekanntes Gebiet; nur die ersten Schritte sind bekannt.

- Sie erfordern schnelles Prototyping, schnelles Experimentieren und schnelles Lernen in einem andauernden Lernprozess.

- Sie entwickeln die Organisation in einer lebendigen Weise weiter, so dass sie den größtmöglichen Nutzen aus dem Erlernten ziehen kann.

Warum strategische Initiativen scheitern

Strategische Initiativen enthalten immer ein Element der Veränderung und damit des Risikos. Neue Wege können ebenso auf einen Gipfel wie ins Abseits führen. Es gibt keine Garantie für Erfolg.

Doch häufig scheitert bereits die Umsetzung einer Initiative. Dafür gibt es Ursachen, die sich analysieren lassen. Strategische Initiativen scheitern vor allem deshalb, weil sie auf den alten, etablierten Denkweisen aufgebaut werden. Doch auf dieser Basis können sie die in sie gesetzten Hoffnungen nicht erfüllen.

Wir haben uns mehr als 50 strategische Projektteams angeschaut und haben mit mehr als 300 Führungskräften gesprochen, um zu verstehen, weshalb die Umsetzung strategischer Initiativen so oft scheitert. Und wir haben *sieben Hauptgründe* identifiziert, die unserer Ansicht nach erklären, weshalb dies der Fall ist. Zwar kann eine solche Liste kaum vollständig sein, doch konnten wir die folgenden sieben Faktoren immer wieder beobachten.

1. Ein fehlender strategischer Fokus

Oftmals haben Firmen keine klaren strategischen Prioritäten, was sich in einer ziellosen Strategie widerspiegelt. Dies kann sich in unklaren und verschwommenen Parolen äußern, die sich auf praktisch jede Firma in jeder Branche beziehen können, wie: „Wir wollen der beste Produzent von ... werden." Oder es zeigt sich in finanziellen Zielen, die ohne Bezug zu Kunden, Produkten oder Dienstleistungen sind, wie: „Unsere Strategie ist, bis 2015 einen Umsatz von einer Milliarde Euro zu erzielen." Solche Slogans sind aber nur dann gut genug, wenn es darum geht, mehr desselben zu tun.

Wir haben viele Führungskräfteteams angetroffen, die unklar und unter sich uneins sind, wenn sie gefragt werden, welche ihre drei entscheidenden strategischen Prioritäten seien. Unter diesen Umständen könnte aber *jede* Möglichkeit, die sich bietet, „strategisch" sein. Und jede Initiative könnte als strategisch wichtig dargestellt werden. Doch dabei tauchen ständig neue Prioritäten auf, und die bereits definierten Initiativen werden dann einfach vergessen.

Ein anderes Problem liegt darin begründet, dass viele Firmen sich anfangs nicht darüber im Klaren sind, in welchem Umfang ihre strategischen Initiativen sie auf unbekanntes Gebiet führen. Die Umsetzbarkeit wird nicht sorgfältig genug geprüft. Dies gilt insbesondere dann, wenn Initiativen sich auf mehr als ein paar Monate ausdehnen und die Unsicherheit zunimmt. Mitten in der Umsetzung entpuppt sich das erwartete Ergebnis womöglich als unbedeutend und die Initiative steht dann ohne jegliche Ressourcen da.

Diese schlechte Auswahl in Bezug auf strategische Initiativen hängt häufig damit zusammen, dass das oberste Managementteam nicht ausreichend in den Prozess einbezogen ist. Dann gewinnen Partikularinteressen die Oberhand, anstelle einer umfassenden Perspektive, die an oberster Stelle stehen sollte. Initiativen werden dann zu dezentralen Angelegenheiten, zu Einzelprojekten mit geringen Konsequenzen oder sogar zu unwesentlichen Pseudoprojekten. Sie bekommen keinerlei Ressourcen und sie gestalten sich dann nur noch als frustrierende Aufgaben.

In Kapitel 1, *Festlegen der strategischen Prioritäten*, werden wir erläutern, wie man diese Probleme am besten angeht. Wir werden Ansätze vorschlagen, um die strategischen Auswirkungen Ihrer Initiativen sowie deren Durchführbarkeit auszuloten. Wir werden erörtern, wie man Prioritäten setzt, insbesondere vor dem Hintergrund der Lernschritte, die eine Firma durchlaufen sollte, um die eigene Zukunft zu gestalten. Wir werden außerdem darlegen, wie entscheidend es ist, dass das obere Management in die Auswahl der strategischen Initiativen mit einbezogen wird. Denn die Festlegung dieser strategischen Initiativen bestimmt die Zukunft des Unternehmens.

2. Ein suboptimales Team

Probleme im Team sind ein häufiger Grund für das Scheitern strategischer Initiativen. Die Konsequenzen eines suboptimalen Teams sind leicht vorstellbar. Was jedoch überrascht, ist, wie häufig unzulängliche Teams zusammengestellt werden.

Nur allzu oft werden Teams vollkommen wahllos aus Mitarbeitern aufgebaut, die gerade verfügbar sind und damit bequeme Kandidaten darstellen. Es wird versäumt, ernsthaft über die speziellen Qualifikationen und Fähigkeiten nachzudenken, die für die jeweilige Initiative erforderlich sind. Die Wahrscheinlichkeit, dass solch ein planloses Vorgehen zu einem starken Team führt, liegt praktisch bei Null. Dies bedeutet aber von Beginn an den sicheren Tod einer Initiative.

Weiterhin wird die Bedeutung bestimmter Rollen rund um das Team oftmals unterschätzt, zum Beispiel die Rolle des Sponsors. Oft wird angenommen, dass es genügt, wenn dieser gelegentlich das Top-Management repräsentiert. Aber ohne eine weitreichende und dauerhafte Unterstützung durch das obere Management mangelt es strategischen Initiativen sehr bald an der notwendigen organisatorischen Aufmerksamkeit und Führung.

Zwei weitere häufige Probleme bei den Teams sind Zeit- und Leistungsmanagement. Meist werden Mitarbeiter zusätzlich zu ihren bestehenden anspruchsvollen Aufgaben einem strategischen Team zugeteilt. Niemand fragt sich, wie dies funktionieren soll – und es kann auch nicht funktionieren. Wenn Mitarbeiter einer Initiative zugeteilt werden, werden außerdem häufig ihre bisherigen Beurteilungskriterien einfach übernommen und nicht auf die Initiative zugeschnitten. Manchmal stehen diese dann sogar im Widerspruch zur Umsetzung der Initiative.

Im Kapitel 2, *Auswahl des Teams*, werden wir die Schlüsselrollen in einem Team überprüfen, insbesondere die des Sponsors und des Teamleiters, aber auch die der Teammitglieder. Wir werden erläutern, was man von diesen Rollen erwarten kann und was am häufigsten im Weg steht.

Wir werden auch die Probleme erörtern, mit denen ein Projektteam häufig zu kämpfen hat, und wie man sie vermeiden kann. Diese Hinweise sind nicht neu. Wenn man jedoch vorab an die Probleme denkt und nicht erst mitten in der Umsetzung, kann dies einen entscheidenden Unterschied machen.

3. Eine unklare Zielsetzung

Es ist leicht zu verstehen, dass eine unzureichend durchdachte Zielsetzung die Umsetzung einer Initiative letztlich untergraben kann. Die anzugehenden Probleme sind oft schwierig und undurchsichtig, die Themen ungeklärt. Das erwartete Ergebnis ist unklar, ebenso die wichtigsten Schritte der Umsetzung. Für notwendige Veränderungen, die sich während der Umsetzung häufig ergeben, wird nicht ausreichend Raum gelassen.

Die Logik, der es zu folgen gilt, ist offensichtlich nicht allzu schwierig: Wo stehen wir? Wohin wollen wir gehen? Und wie wollen wir unser Ziel erreichen? Doch häufig fehlt es an klarem Denken innerhalb dieser logischen Vorgaben. Ein Hauptgrund dafür ist die Toleranz vieler Menschen für Unklarheit, zumindest solange sie damit durchkommen. Aber in der Umsetzungsphase kann ein Mangel an Klarheit definitiv großen Schaden anrichten.

Eine klare Definition der Zielsetzung ist die letzte große Chance, einen Überblick über die Umsetzung zu erlangen. Sie stellt Ihren Steuerungsplan für den gesamten Umsetzungsprozess dar. Erst auf diese Weise kann eine detaillierte Skizze der möglichen Umsetzungsschritte entstehen.

In Kapitel 3, *Bestimmen des Kurses*, werden wir systematische Ansätze vorstellen, die Sie darin unterstützen, die Definition der Zielsetzung zu einem disziplinierten Prozess zu machen. Wie erlangt man ein gemeinsames Verständnis des Problems, das es zu lösen gilt? Wie erreicht man auf flexible Weise das Ziel, so dass die oft unvermeidlichen Wendungen und Abweichungen mit einbezogen werden können?

4. Fehlende Erfolgsorientierung

Strategische Initiativen sind wie Hochleistungssport. Sie erfordern eine beständige Orientierung auf Erfolg. Alle, die involviert sind, und vor allem das Team, müssen das klare Ziel haben, die Initiative zum Erfolg zu führen. Doch häufig sind die Mitarbeiter nicht motiviert, weil sie bereits stark in ihrem regulären Arbeitsbereich engagiert sind und die Arbeit im Projektteam eine zusätzliche Belastung darstellt. Sie finden dann oft Gründe, warum die Initiative sinnlos ist, so dass sie bereits im Keim erstickt. Häufig taucht dabei ein „Ja, aber …" auf, das gleichbedeutend ist mit: „Ich weiß, was Sie meinen, aber ich glaube nicht daran …"

Für diejenigen, die einer strategischen Initiative mit einem „Ja, aber …" begegnen, ist sie belanglos und unerheblich. Logische Argumente werden hier nicht greifen. Menschen brauchen starke persönliche Beweggründe, um extra Anstrengungen auf sich zu nehmen und für ein „fremdes" Projekt in den Kampf zu ziehen. Diese Tatsache wird von Führungskräften häufig ignoriert. Unter solchen Umständen ist es aber schwierig, genügend motivierte Mitarbeiter zu finden, so dass nicht ausreichend Energie für die Initiative aufgebracht werden kann.

Die Gründe für das „Ja, aber …" können auch in frustrierenden Erfahrungen mit früheren Initiativen zu finden sein. Es könnte sich sogar um Erinnerungen an frühere negative Erfahrungen mit Autoritäten oder mit Disziplin handeln. Dagegen kann man leider nicht viel unternehmen, aber es lässt Menschen an ihrem „Ja, aber …" festhalten. Auch dadurch geht Energie verloren.

In Kapitel 4, *Mobilisieren von Teamenergie*, werden wir zunächst die Hauptmotive erläutern, die Mitarbeiter dazu bewegen können, sich für die Umsetzung Ihrer strategischen Initiative zu engagieren. Wir werden darlegen, wie Sie die Art der Umsetzungsenergie, die Sie in Ihrem Team haben möchten, selbst mit einbringen können. Wir werden auch über den mentalen Prozess sprechen, der Menschen dazu anregt, sich zu engagieren. Wir werden die Auswirkungen auf den Führungsstil erörtern und insbesondere, was Sie als Führungskraft dazu beitragen können, einen Sinnzusammenhang herzustellen, der aus den Beweggründen der Menschen ein Höchstmaß an Energie schöpfen kann.

5. Planung versus Improvisation in der Umsetzung

Zwei gefährliche Tendenzen gilt es bei der Umsetzung einer strategischen Initiative zu vermeiden. Die eine Tendenz ist eine zu detaillierte Planung, so als würde die Umsetzung in einem vollständig vorhersehbaren Kontext verlaufen. Das Team ist unfähig, auf unvermeidbare Änderungen zu reagieren, und so bricht die Energie in sich zusammen. Mit etwas Glück wird die Initiative zwar trotzdem umgesetzt, doch das Ergebnis wird dann kaum den Erwartungen entsprechen und orientiert sich häufig nicht mehr an der Strategie. Die andere Tendenz ist die zu planlosem Improvisieren, das rasch in unkoordiniertes Chaos münden kann. Die ersten Schritte verlaufen vielleicht noch zufriedenstellend, aber bald lässt die Energie nach. Die entsprechenden Ressourcen sind nicht vorhanden, und es existiert kein Sinn für Prioritäten, weil die Schlüsselfaktoren des Erfolgs nicht vorab durchdacht wurden. Dies geschieht sehr häufig. Die Teammitglieder laufen los, jeder in eine andere Richtung, und zählen auf ihr eigenes Improvisationstalent, während sie auf das Beste hoffen – ein sicheres Rezept für Misserfolg.

Die Herausforderung für die Teammitglieder besteht darin, neue Fähigkeiten zu entwickeln, die für planvolles Handeln in einem unsicheren Umfeld notwendig sind. An jedem Punkt der Umsetzung kann sich das Team nur auf die nächsten paar Schritte festlegen. Die nachfolgenden Optionen gilt es offen zu halten, bis mehr Informationen als Entscheidungsgrundlage zur Verfügung stehen. Doch die jeweils anstehenden Schritte gilt es gründlich zu überdenken, unter sorgfältiger Berücksichtigung aller möglichen Alternativen.

In Kapitel 5, *Durchdenken der Schritte*, werden wir beschreiben, wie man jeden Schritt der Umsetzung durchdenkt, bevor man tatsächlich damit beginnt. Wir werden erläutern, welche Vorteile es hat, dies als Team zu tun. Dabei werden wir vor allem drei Bereiche ansprechen, die eine besonders sorgfältige Planung erfordern und oftmals vernachlässigt werden. Erstens sollte man die notwendigen Ressourcen ermitteln und diese mit ausreichender Anlaufzeit mit den Stellen abklären, die sie zur Verfügung stellen müssen, um deren Mitwirkung sicherzustellen. Dann müssen die Erfolgsfaktoren der jeweils nächsten Schritte durchdacht werden. Und schließlich bedarf es einer Abschätzung der Umsetzungsrisiken und einer Vorbereitung darauf, um rechtzeitig notwendige Anpassungsmaßnahmen ergreifen zu können.

6. Fehlende Unterstützung

Ohne Unterstützung innerhalb des Unternehmens wird eine strategische Initiative niemals zum erwarteten Ergebnis führen. Die Herausforderung besteht vor allem darin, dass die etablierte Routine der Zusammenarbeit hier nicht mehr greift. Die meisten Mitarbeiter im Unternehmen fühlen sich daher von den anstehenden Aufgaben nicht betroffen und werden oft auch nicht einbezogen.

Das beginnt mit dem höheren Management, das sich nach dem Start einer Initiative häufig schon bald wieder zurückzieht. Dadurch verliert diese in den Augen der Mitarbeiter aber sofort an Bedeutung und wird als relativ unwichtig eingestuft. Dies kann auch passieren, wenn sich das Management in der Unterstützung der Initiative nicht vollkommen einig ist. Die Auswirkungen sind meist unmittelbar und katastrophal.

Ein weiterer Punkt ist, dass diejenigen, welche die Ergebnisse der Initiative anwenden sollen, häufig nicht mit einbezogen werden. Vielfach werden sie einfach vor vollendete Tatsachen gestellt und mit geänderten Abläufen und Prozessen konfrontiert, über deren Anwendung und Sinnzusammenhang sie nicht informiert wurden. Wenn die Mitarbeiter, die aus der Initiative Nutzen ziehen sollten, nicht frühzeitig involviert wurden, wird es immer Widerstand geben, selbst wenn die technische Umsetzung noch so perfekt ist. Das Ergebnis ist eine Verschwendung von Ressourcen und ein Verlust an Vertrauen in strategische Initiativen.

Dies bezieht sich auch auf diejenigen Mitarbeiter, die die notwendigen Ressourcen und das benötigte Know-how beitragen sollen. Sie werden oft viel zu kurzfristig und unvermittelt herangezogen. Es gibt für sie dann keine Möglichkeit, angemessen zu reagieren, nicht nur aufgrund der kurzen Anlaufzeit, sondern vor allem, weil sie den Zusammenhang nicht kennen.

Schließlich wird die Bedeutung der öffentlichen Meinung im Unternehmen oft unter-schätzt. Viele Mitarbeiter haben ihre eigene Meinung über eine geplante Initiative, sei diese nun gerechtfertigt oder nicht. Sie haben aber möglicherweise Einfluss auf bestimmte Netzwerke, die sich auf die Initiative auswirken können. Wenn dies nicht berücksichtigt wird, verlieren sich Initiativen in vielfältigen Debatten. Energie wird somit sinnlos ver-schwendet.

In Kapitel 6, *Unterstützung gewinnen,* werden wir diskutieren, wie sichergestellt werden kann, dass das höhere Management, die zukünftigen Anwender, die Know-how-Träger und die öffentliche Meinung im Unternehmen der Initiative dienen. Wir werden erläutern, wie man während der Umsetzung von ihren jeweiligen Perspektiven profitiert und ihre Energie mobilisiert.

7. Fehlende Umsetzungskontrolle

Fehlende Umsetzungskontrolle ist ein Garant für das Scheitern strategischer Initiativen. Es ähnelt einem Steuern ohne Kompass und ohne GPS. Sie wissen nicht, wo Sie sich befinden.

Sie wissen nicht, wo Sie waren und wie Sie sich verbessern können. Schließlich verlieren Sie das Vertrauen, dass die gesamte Reise jemals irgendwo hinführen wird.

Ein wichtiger Prozess zur kontinuierlichen Steuerung der Aktivitäten ist die regelmäßige Fortschrittskontrolle. In allzu vielen Unternehmen werden Fortschrittskontrollen wie kriminalistische Untersuchungen durchgeführt: Was ist passiert und wer trägt die Schuld daran? So ist es kein Wunder, dass diejenigen, die überprüft werden sollen, eine Abneigung gegen diesen Prozess haben, weil sie Schuldzuweisungen befürchten, und dass diejenigen, die ihn ausführen sollen, ihn vermeiden, da sie nicht wie misstrauische Vorgesetzte wirken möchten. Die Teammitglieder werden stattdessen versuchen, sich eine andere Aufgabe zu suchen. Aber fehlende Steuerung in einem komplexen Umsetzungsprozess bedeutet, den erforderlichen Schritten der Verankerung aus dem Weg zu gehen.

In Kapitel 7, *Steuerung des Prozesses*, werden wir zunächst den Zweck der strukturierten Umsetzungskontrolle besprechen, um ihre effektive Ausführung zu gewährleisten. Der Zweck besteht natürlich darin, den Kurs zu halten, doch es geht auch darum, während des Prozesses stetig dazuzulernen, um die Umsetzung der jeweils folgenden Schritte zu verbessern und die Energie aufrechtzuerhalten. Wir werden auch erläutern, wie man Meetings zur Fortschrittskontrolle durchführt, denn hier werden letztendlich die entscheidenden Meilensteine der Initiative besprochen.

Ferner werden wir auch die mehr inoffiziellen Ansätze der Umsetzungskontrolle erörtern. Dies ist die gesamte Zeit über die besondere Pflicht des Sponsors. Ihm obliegt es, die Umsetzung der Initiative zu steuern und bis zum endgültigen Abschluss zu verfolgen, um den Erfolg sicherzustellen.

Sieben Erkenntnisse zur Umsetzung strategischer Initiativen

Die Umsetzung strategischer Initiativen leidet nicht darunter, dass es zu wenig Erkenntnisse und Werkzeuge dafür gäbe. Es gibt unzählige Bücher und Artikel, Methoden und Anleitungen, Kurse und Zertifikate zum Thema Projektmanagement. Dennoch tauchen die gleichen Probleme immer wieder auf. Die Fülle an verfügbaren Informationen macht es schwierig, wenn nicht gar unmöglich, zu entscheiden, auf wen man hören soll.[3]

Wir konzentrieren uns hier auf Einfachheit und Anwendbarkeit. Wir erheben keinen Anspruch auf Vollständigkeit, und doch sind wir der Meinung, dass die Konzentration auf die von uns identifizierten Punkte dazu beitragen kann, strategische Projekte erfolgreich zu verwirklichen.

---

[3]   Jonathan Haidt, ein Psychologieprofessor an der Universität in Virginia (USA), beobachtete, dass die Fülle an Ratschlägen bezüglich der eigenen Lebensführung die Angelegenheit keineswegs einfacher macht, sondern eher das Gegenteil bewirkt. The Happiness Hypothesis, Jonathan Haidt, Basic Books, 2006

Wir haben sieben Hauptgründe herausgearbeitet, die erklären, weshalb die Umsetzung strategischer Initiativen häufig scheitert. Wir stellen hier dementsprechend sieben Erkenntnisse vor, die wir im Laufe unserer Arbeit mit multinationalen Unternehmen gewonnen haben. Wir versprechen mit den Erkenntnissen nichts, aber wir haben immer wieder gesehen, dass sie die Chancen einer erfolgreichen Umsetzung erhöhen. Wir möchten Ihre Aufmerksamkeit darauf lenken, aber wir müssen Ihnen gleichzeitig mitteilen, dass vieles, was eine Umsetzung erfolgreich macht, alleine in Ihren Händen liegt.

Unsere Einsichten beziehen sich zu einem gewissen Maß darauf, *was* in diesen sieben Bereichen zu tun ist. Wir werden Ihnen umfangreiche Anhaltspunkte zur Verfügung stellen. Allerdings werden wir uns auf diejenigen Aktivitäten konzentrieren, die im Allgemeinen nicht erledigt werden, vor allem, weil sie viel Arbeit bedeuten. Es wird beispielsweise häufig vermieden, mental die nächsten Schritte durchzugehen oder regelmäßig den Fortschritt der Umsetzung zu überprüfen.

Aus unserer Sicht ist entscheidend, *wie* etwas gemacht wird. Das *Wie* bietet Ihnen die wahre Möglichkeit, Ihre Chancen auf Erfolg zu verbessern.

Das *Was* wird oft ganz entscheidend durch das *Wie* bestimmt. Sie begrüßen eine Person, die Sie zum ersten Mal treffen, mit einem Handschlag. Dies ist das Ritual vieler Kulturen. Aber sie teilen der anderen Person auch etwas mit, je nachdem, wie Sie ihr die Hand geben. Die Botschaft dabei kann lauten: „Ich vertraue Ihnen", oder: „Ich fühle mich in Ihrer Gegenwart unwohl", oder: „Ich bin einfach nur höflich zu Ihnen."

Nun denken Sie sicher: Da haben wir wieder eines dieser „leichten" Bücher über ein „schweres" Thema! Doch das *Wie* ist keineswegs leicht. Tatsächlich bedeutet es eine Menge Arbeit und ein vorausschauendes Denken, um den Erfolg sicherzustellen.

Unsere sieben Erkenntnisse haben ein grundlegendes *Wie* gemeinsam: Das Schicksal Ihrer strategischen Initiativen hängt davon ab, *wie* die Mitarbeiter in Ihrer Firma zusammenarbeiten. Arbeiten Sie Hand in Hand mit Ihrem Team oder hierarchisch? Hören Sie zu oder geben Sie Anweisungen? Stehen Sie direkt an der Front oder ganz woanders? Bauen Sie auf den Ideen anderer auf oder wissen Sie immer alles besser? Hand in Hand mit Ihrem Team zu arbeiten, zuzuhören, unmittelbar an der Frontlinie zu stehen, auf den Ideen anderer aufzubauen und vieles mehr bedeutet harte Arbeit.

Wie Sie dieses Buch nutzen sollten

Sie können dieses Buch in beliebiger Reihenfolge lesen. Jede der sieben Erkenntnisse entspricht einer Aufgabe, die für einen erfolgreichen Umsetzungsprozess wichtig ist. Sie können das entsprechende Kapitel während der Durchführung einer Initiative, als Vorbereitung oder im Anschluss daran als Nachbereitung oder zur Verbesserung lesen.

Aber natürlich zieht sich gleichzeitig ein roter Faden durch die Kapitel (siehe Abbildung 1).

Abbildung 1   Der rote Faden des Buches

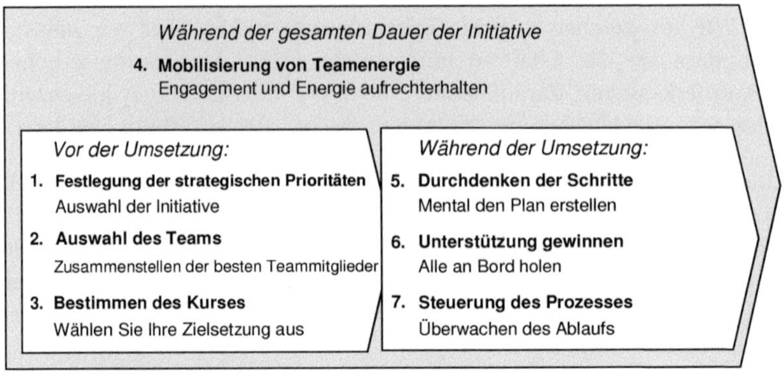

Während der gesamten Dauer der Initiative

4. Mobilisierung von Teamenergie
Engagement und Energie aufrechterhalten

Vor der Umsetzung:

1. Festlegung der strategischen Prioritäten
Auswahl der Initiative

2. Auswahl des Teams
Zusammenstellen der besten Teammitglieder

3. Bestimmen des Kurses
Wählen Sie Ihre Zielsetzung aus

Während der Umsetzung:

5. Durchdenken der Schritte
Mental den Plan erstellen

6. Unterstützung gewinnen
Alle an Bord holen

7. Steuerung des Prozesses
Überwachen des Ablaufs

- Gewisse Erkenntnisse sind bereits von Bedeutung, bevor Sie mit der Umsetzung beginnen: wenn Sie die vielversprechendste Initiative auswählen, wenn Sie Ihr Team zusammenstellen und wenn Sie die Zielsetzung Ihrer Initiative definieren. Sie finden diese Themen in den Kapiteln 1, 2 und 3.

- Gewisse Erkenntnisse müssen während der gesamten Zeit der Umsetzung angewandt werden: wenn Sie die nächsten Schritte durchdenken, wenn Sie zusätzliche Mitarbeiter aus dem Unternehmen mit an Bord holen und wenn Sie den Prozessfortschritt steuern. Sie finden diese Themen in den Kapiteln 5, 6 und 7.

- Eine Erkenntnis gilt die gesamte Zeit über, also vor und während der Umsetzung, denn es geht darum, wie Sie Ihre Mitarbeiter auf den Erfolg einstimmen. Diesen Punkt finden Sie in der Mitte des Buches in Kapitel 4.

Natürlich sind alle sieben Erkenntnisse eng miteinander verknüpft. Sie werden deshalb möglicherweise den Eindruck haben, dass sich vieles wiederholt, und es gibt tatsächlich Wiederholungen. Ähnliche Themen wiederholen sich immer wieder, in allen Aktivitäten, beispielsweise, wie man ein effektiver Sponsor ist, wie man ein effektiver Teamleiter ist, wie man produktive Diskussionen abhält, wie man kommuniziert, wie man Energie mobilisiert, wie man von anderen Unterstützung einholt – um nur einige zu nennen. Diese Themen sollen Ihnen helfen, in Ihrem Unternehmen Schritt für Schritt eine erfolgreiche Umsetzungskultur zu implementieren.

1 Festlegen der strategischen Prioritäten

„Wir arbeiten an zu vielen Projekten gleichzeitig, und es ist schwierig, ein Gefühl dafür zu entwickeln, worauf sie hinauslaufen!", teilte uns ein Vorstandsvorsitzender zu Beginn eines Gespräches mit.

Er führte weiter aus: „Viele dieser Projekte sind Teil unserer derzeitigen Bemühungen um Kostensenkung. In den vergangenen achtzehn Monaten mussten wir tatsächlich kämpfen, um unsere Marktposition zu halten. Einige Projekte sind ein eindeutiger Beitrag zur Kostensenkung. Aber sind sie wirklich strategisch sinnvoll? Wenn man sie alle zusammenfasst, wahrscheinlich schon. Wir haben hohe Erwartungen an diese Projekte. In einigen Bereichen sind wir geradezu überheblich geworden.

Einige Projekte stammen noch aus einem früheren Erfolgszyklus. Vielleicht sind sie deshalb von geringer Relevanz. Zwei Projekte laufen schon seit mehreren Jahren und sind immer noch nicht implementiert, weil ständig neue Probleme aufgetaucht sind und Fristen verpasst wurden. Sie sollten eigentlich bereits vom Tisch sein. Wenn dies geschehen wäre, würden wir zumindest über Produkte verfügen, die uns in vorrangigen Marktpositionen gehalten hätten. In der Euphorie des letzten Erfolgszyklus wurden sie auf Basis einer Technologie eingeführt, die erst noch verwirklicht werden muss.

Dass diese Projekte noch nicht abgeschlossen sind, lässt uns im Hinblick auf strategische Initiativen nicht sehr glaubwürdig erscheinen und hat bei vielen bereits zu Skepsis geführt. Gerade in einer Zeit, in der wir jeden mobilisieren müssen, ist dies in keiner Weise hilfreich.

Wir haben uns stark auf den Gewinn dieses Jahres konzentriert, was sehr kurzsichtig ist. Wir sollten uns auch damit beschäftigen, was wir längerfristig erreichen möchten, und wir sollten herausfinden, ob unsere unmittelbaren Handlungen diese Ziele nicht ausschließen. Aber ich bin mir nicht sicher, ob wir die Zeit und die Ressourcen haben, das tatsächlich zu tun."

Dieser Vorstandsvorsitzende steht mit seinen Sorgen nicht alleine da. Fast täglich verfolgen wir ähnliche Diskussionen. Die Herausforderung, mit der dieser Vorstandsvorsitzende und viele seiner Kollegen konfrontiert sind, besteht vor allem darin, nicht nur die wichtigsten akuten Probleme zu bearbeiten, sondern gleichzeitig auch längerfristige Möglichkeiten einzubeziehen, ohne den Fokus zu verlieren. Wie können Sie die Energie des Unternehmens auf die Aufgaben konzentrieren, die die stärksten positiven Auswirkungen auf die Wettbewerbsfähigkeit und die Gewinnmöglichkeiten haben, und das nicht nur unmittelbar und kurzfristig, sondern auch auf die längerfristige Zukunft bezogen?

Der Zweck strategischer Initiativen ist es, die Energien des Unternehmens auf die Sachverhalte zu konzentrieren, die wirklich von Bedeutung sind, denn schließlich gibt es immer viele Dinge, die erledigt werden müssen. In einem Unternehmen der Spitzentechnologie, das medizinische Geräte herstellt, fragten wir das Spitzenteam nach einer langen Diskussion über die Strategie nach ihren vorrangigen strategischen Prioritäten. Wir versuchten das Team zu stoppen, nachdem es bereits fünfzehn aufgezählt hatte, aber der Vorstandsvorsitzende hatte noch ein paar mehr in petto, die er für absolut bedeutsam erachtete. Kein Unternehmen kann aber auf der Basis von zwanzig oder mehr Prioritäten wirklich effektiv arbeiten. Es braucht einige wenige, gut nachvollziehbare Prioritäten. Alle strategischen Initiativen sollen diese Prioritäten lediglich unterstützen – nichts weiter.

Die Herausforderung besteht also darin, strategische Initiativen danach auszuwählen, wie sie sich auf Ihre Prioritäten auswirken. Dabei muss außerdem sichergestellt sein, dass diese strategischen Initiativen ohne untragbaren Aufwand für das Unternehmen durchführbar sind.

Wirksamkeit und Durchführbarkeit sind demnach die beiden wichtigsten Auswahlkriterien. Sie klingen einfach, lassen sich aber tatsächlich gar nicht so einfach anwenden, denn sie spiegeln viele verschiedene Faktoren wider, die miteinander kombiniert werden müssen. Dabei gibt es kein Patentrezept, und die Entscheidung stützt sich allein auf das Urteilsvermögen des Managements.

1.1   Initiativen mit strategischer Auswirkung

Ihre strategischen Prioritäten werden bedingt durch Ihre Erfolgsformel im Wettbewerb. Überraschenderweise sind sich viele Firmen nicht im Klaren über diese Erfolgsformel und die ständig notwendigen Anpassungen in Anbetracht des Wettbewerbes. Es ist hilfreich, wenn man in der Lage ist, sie in ein paar griffigen Stichworten zusammenzufassen, die eingängig sind und sich leicht merken lassen.

1.1.1   Ihre Erfolgsformel im Wettbewerb (Business Modell)

Ihre Erfolgsformel im Wettbewerb beruht auf vier Bausteinen:

■ **Ihre Zielmärkte und Kundenzielgruppen**

Die meisten Firmen gehen ganz selbstverständlich davon aus, dass sie ihre Kunden kennen. Unsere Erfahrung hat aber gezeigt, dass dies oftmals nicht der Fall ist. Wir haben häufig Initiativen gesehen, die sich an Kunden außerhalb der Zielgruppen wenden, während sie diejenigen, an die sie sich eigentlich richten sollten, unbeachtet lassen.

Zielmärkte und Zielkunden müssen präzise definiert werden. Die wichtigsten Fragen in diesem Zusammenhang lauten: „Welchen Wert hat Ihr Angebot für Ihre Zielkunden?", und „Wofür sind sie tatsächlich bereit – oder nicht bereit – zu zahlen?"

■ Ihr Angebot

Ihr Angebot ist nur schwer von Ihren Zielkunden trennbar. Gemeinsam stellen beide die „Kundenerfahrung" dar und bestimmen somit, welche Erfahrungen ein Kunde macht, wenn er Ihre Produkte und Dienstleistungen kauft und anwendet.

Viele Firmen bieten zwar gute Produkte an, verderben dann aber die Kundenerfahrung durch unzuverlässige Lieferung und unpersönlichen Service. Oder sie statten ihre Produkte mit zusätzlichen Merkmalen und Eigenschaften aus, für die bei den Kunden keine Zahlungsbereitschaft besteht.

■ Ihr Geschäftssystem

Ihr Geschäftssystem umfasst alle unternehmerischen Aktivitäten, die nötig sind, um Ihr Angebot von der Forschung und Entwicklung bis zu Ihren Zielkunden zu bringen. Dies wird auch als erweiterte Wertschöpfungskette bezeichnet. Bei der Abwicklung Ihres Geschäftssystems sind Sie nicht allein. Sie vergeben möglicherweise Patente, Sie gliedern die Produktion oder die Logistik aus, Sie nehmen Originalhersteller oder spezielle Vertriebskanäle in Anspruch. Bedenken Sie immer, dass die in Ihrem Geschäftssystem mit Ihnen verbundenen Unternehmen um einen Anteil am Kundenwert konkurrieren. Deshalb ist die Auswahl Ihrer Geschäftspartner eine wichtige Entscheidung. Ihre Partner sollten ersetzbar sein, und gleichzeitig sollten Sie sich selbst für den Kunden unersetzlich machen. Dies ist nicht immer möglich, und oftmals sind Kompromisse notwendig.

■ Ihr Wirtschaftsmodell

Ihr Wirtschaftsmodell beschreibt, wie Sie auf Basis der oben erwähnten Entscheidungen Gewinn machen. Ihr Gewinn könnte auf Differenzierungsvorteile zurückzuführen sein, die es Ihnen erlauben, Höchstpreise zu fordern, oder auf ein großes Geschäftsvolumen aufgrund einer preisbedingten Wettbewerbsfähigkeit. Mit beiden Ansätzen lässt sich Geld verdienen. Der Wettbewerb auf der Basis von Differenzierungsvorteilen erfordert andere Märkte, andere Angebote und andere Geschäftssysteme als der auf der Basis von Preisvorteilen.

Oft sind sich Führungskräfte nicht darüber im Klaren, welcher Aspekt bei ihrer Strategie am wichtigsten ist. Bei einer Umfrage in Unternehmen, welche an der Einführung von strategischen Initiativen arbeiteten, stellte sich heraus, dass mehr als 30 % des höheren Managements keine klare Vorstellung davon hatten, ob Volumen oder Differenzierung die wichtigste treibende Kraft für ihren Gewinn darstellte.

In jedem Fall ist es ein charakteristisches Merkmal aller Wirtschaftsmodelle, dass es darum geht, im jeweiligen Marktsegment mit den geringsten Kosten zu arbeiten. Uns ist mehrfach die Ausrede zu Ohren gekommen, dass höhere Kosten eben der Preis dafür seien, Branchenführer zu sein. Doch worin liegt der Nutzen, Branchenführer zu sein, wenn man am Ende weniger Geld verdient?

1.2 Die strategischen Prioritäten bestimmen

Ihre strategischen Prioritäten müssen auf die Bausteine Ihrer Wettbewerbsformel ausgerichtet sein, entweder einzeln oder in Kombination. Alle strategischen Initiativen sollten spezifische Projekte darstellen, die Ihren Prioritäten dienen.

■ *Verbesserung des Kundenfokus:* Mehr Verständnis für die Kundenbedürfnisse entwickeln und neue Märkte aufbauen.

■ *Verbesserung des Angebotes:* Entwicklung neuer Produkte und Dienstleistungen, Verbesserung der Übereinstimmung zwischen Ihrem Angebot und Ihren Zielkunden.

■ *Verbesserung des Geschäftssystems:* Verbesserung der Koordination zwischen allen Aktivitäten des Geschäftssystems, Erweiterung oder Reduzierung des Umfangs.

Diese Prioritäten verfolgen alle das gleiche Ziel, nämlich das Wirtschaftsmodell produktiver zu machen. Dies stellt gleichzeitig eine Möglichkeit dar, die Auswirkungen Ihrer strategischen Prioritäten zu messen.

Wie können Sie also die verschiedenen Möglichkeiten eingrenzen und eine knappe Liste wirklich wichtiger strategischer Prioritäten aufstellen?

1.2.1 Bewertung der wirtschaftlichen Auswirkungen

Ein möglicher Ansatz dafür ist die Bewertung der wirtschaftlichen Wertschöpfung, also die Berechnung des Geschäftsergebnisses abzüglich der Kosten des eingesetzten Kapitals.[4]

Dabei könnte man den Eindruck bekommen, dass es sich um ein relativ exaktes Ergebnis handelt. Aber je länger sich die Umsetzung der Initiative hinzieht, desto mehr ist sie mit Ungewissheiten behaftet. Trotzdem ist eine positive Zahl am Ende der Kalkulation ziemlich beruhigend.

Meist ist beispielsweise die Wirtschaftlichkeit von Initiativen im Bereich von Stammdaten oder Beschaffungsketten nur sehr schwer eindeutig nachweisbar. Berater liefern oft magische Zahlen für die möglichen Einsparungen in der Beschaffung oder im Umlaufvermögen, die vielen wie himmlische Versprechungen in den Ohren klingen. In der Praxis ist es jedoch schwierig, Zahlen für die notwendige Gesamtinvestition ebenso wie für den Nutzen festzulegen. Hier ist die Angst, etwas zu versäumen, oft größer als der doch recht unsichere Nutzen.

Je weiter man in die Zukunft schaut, desto weniger fassbar werden die Kalkulationen. Ordnet man vergleichbare Projektinitiativen nach dem wirtschaftlichen Wert, der im

---

[4]   Am einfachsten erhält man diese Zahl, wenn man den Kapitalwert des Netto-Cashflows berechnet, der durch eine Initiative während deren gesamter Dauer generiert wurde.

Erfolgsfall durch sie generiert wird, kann man ein Gefühl dafür bekommen, wo die Ressourcen sinnvoll eingesetzt werden sollten. Alles in allem ist jedoch immer noch das Urteilsvermögen des Managements entscheidend, selbst wenn verlockende Zahlen präsentiert werden.

1.2.2 Bewertung des Zeithorizonts

Die wirtschaftlichen Auswirkungen sind selbstverständlich wichtig. Gleichzeitig sollte man aber auch den Zeithorizont der Maßnahmen im Auge behalten, und zwar nicht nur deshalb, weil zeitlich weit entfernte wirtschaftliche Auswirkungen wesentlich mehr Ungewissheit in sich bergen, sondern auch, weil das Unternehmen in einem sich ständig verändernden Wettbewerbsumfeld leistungsfähig bleiben muss.

Daher sollten strategische Auswirkungen über verschiedene Zeithorizonte hinweg geplant werden. Wir empfehlen drei verschiedene Stufen mit drei verschiedenen Zeitfenstern:

1. Sie sollten sicherstellen, dass Ihre Wettbewerbsformel *jetzt* wirksam ist.

2. Sie sollten dafür sorgen, dass Ihre Wettbewerbsformel in einem sich entwickelnden Umfeld weiterhin wirksam bleibt.

3. Gleichzeitig sollten Sie an Ihrer Wettbewerbsformel für die Zukunft arbeiten.

1. Korrektur Ihrer Wettbewerbsformel

Diese Initiativen sollen dazu dienen, Ihre Wettbewerbsformel wieder auf Vordermann zu bringen, wenn sie den Ansprüchen nicht mehr genügt oder wenn sie aufgrund unvorhersehbarer Veränderungen im Umfeld nicht mehr passend ist. Unter Umständen können sie auch dazu genutzt werden, leicht verfügbare und schnell umsetzbare Vorteile zu nutzen. Sie sind also reaktiv und in folgenden Fällen angebracht:

- Sie müssen Ihren Fokus auf Ihre Zielmärkte verbessern, weil diese sich entwickelt haben und Sie nur noch unwichtige Kunden bedienen, die eigentlich nicht zu Ihrer Wettbewerbsformel passen.

- Sie müssen Ihr Angebot verbessern, weil Ihre Zielkunden mit einigen Aspekten nicht mehr zufrieden sind. Gewisse Funktionen, die diese Kunden erwarten, fehlen oder entsprechen nicht mehr dem neuesten Stand.

- Sie müssen Ihr Geschäftssystem verbessern, weil sich Schwachstellen entwickelt haben, die die Zufriedenheit Ihrer Kunden mindern. Wenn Sie sich auf Ihre Zielkunden konzentrieren und Ihr Angebot verbessern, werden Sie häufig feststellen, dass Ihr Geschäftssystem ebenfalls korrigiert werden muss, zum Beispiel, weil Ihre Vertriebskanäle für Ihre Zielkunden nicht mehr stimmen oder weil Ihre Beschaffungskette dringend rationalisiert werden muss, um im Wettbewerb mithalten zu können.

Initiativen zur Leistungsverbesserung konzentrieren sich nur darauf, das bereits Bestehende zu korrigieren. Selten liefern sie einen signifikanten Wettbewerbsvorteil. Vielmehr haben sie lediglich den Zweck, mit Ihren erfolgreichsten Wettbewerbern mitzuhalten. Wenn sich daraus tatsächlich Verbesserungen ergeben, ist es für gute Wettbewerber relativ leicht, mitzuhalten. Derartige Verbesserungen sind also „notwendig, aber nicht ausreichend".

Die Ergebnisse Ihrer *Korrektur*-Initiativen sollten folglich in einer relativ kurzen Zeitspanne sichtbar werden, in der Regel innerhalb von sechs bis achtzehn Monaten. Wenn Sie damit mehrere Jahre verbringen müssen, haben Sie wahrscheinlich ein größeres Problem. Und auch wenn Sie sich um Ihre Zielmärkte und Ihr Angebot gleichzeitig kümmern müssen, handelt es sich wahrscheinlich um mehr als nur eine *Korrektur*-Initiative.

2. Entwicklung Ihrer Wettbewerbsformel

In absehbarer Zukunft werden sich einige Tendenzen Ihres Wettbewerbsumfelds in einer mehr oder weniger vorhersehbaren Weise entwickeln. Es geht jetzt darum, die Leistungsfähigkeit Ihrer Wettbewerbsformel während dieser Veränderungsphase zu erhalten. Proaktiv und schrittweise sorgen *Entwicklungs*-Initiativen dafür, dass Ihre Wettbewerbsformel stets auf dem neuesten Stand ist und im Einklang mit den neuen Möglichkeiten und Risiken, die aus den Veränderungen im Umfeld resultieren.

- ■ Sie sprechen mit Ihrem aktuellen Angebot und mit geringen Anpassungen Ihres Geschäftssystems einen neuen Zielmarkt an. Dies könnte beispielsweise notwendig werden, wenn Ihr aktueller Zielmarkt nicht die nötigen Wachstumsmöglichkeiten bietet.

- ■ Sie ändern Ihr Angebot an Ihren Zielmarkt signifikant, mit lediglich kleinen Anpassungen Ihres Geschäftssystems. Sie sind vielleicht zu dem Schluss gekommen, dass Ihr aktuelles Angebot veraltet ist, oder Sie erkennen zusätzliche Aspekte zu Ihrem Angebot, die Ihre Zielkunden bislang noch nicht als einen potenziellen zukünftigen Bedarf erkannt haben.

- ■ Sie ändern Ihr Geschäftssystem, ohne Veränderungen bei Zielkunden und Angebot. Sie bauen zum Beispiel einen direkten Vertriebsweg auf, der stufenweise einen Großteil der indirekten Vertriebswege ersetzen soll. Auf diese Weise können Sie sich alle aktuellen Zielkunden erhalten.

Entwicklungs-Initiativen bedeuten im Allgemeinen Wettbewerbsvorteile für diejenigen, die sie als erste implementieren. Sie erfordern keine besonderen Erkenntnisse. Aber wenn Sie schnell genug handeln und wenn Sie eine komplette Lösung bieten können, das heißt einen Zielmarkt, ein Angebot und ein Geschäftssystem, die gut zusammenpassen, kann es für Ihre Wettbewerber relativ schwierig sein, mit Ihrem Vorteil mitzuhalten, da es um zahlreiche Details geht, die miteinander harmonieren müssen.

Nespressos Reaktion auf billigere Alternativen zu seinem Espresso-System (Kaffeekapseln plus Markenkaffeemaschine) ist ein Beispiel für eine Entwicklungsinitiative. Statt mit einem eigenen

Billigsystem zu antworten, mit Systemen für neue Zielmärkte oder gar mit einer Reihe von billigeren Kaffeekapseln, glaubte Nespresso an ein Wachstum des Hochpreissegments, das das Unternehmen im Prinzip bereits beherrschte. Es wurde also eine Initiative gestartet, welche die Nespresso-Clubmitgliedschaft durch neue Aspekte aufwertete, und eine neue Designlinie für die Espressomaschinen entwickelt. Hätte Nespresso nicht auf diese Weise seine Vorherrschaft über das lukrative höhere Marktsegment deutlich gemacht und seine Kunden in Bezug auf seine Markt-position im Unklaren gelassen, hätte vermutlich ein anderes Unternehmen seinen Platz ein-genommen.

Entwicklungs-Initiativen haben mittelfristige Auswirkungen auf das Ergebnis; sie sollten ungefähr in einem Zeitraum zwischen sechs Monaten und drei Jahren sichtbar werden. Diese längere Zeitspanne macht einen erfolgreichen Abschluss schon weniger gewiss. Deshalb sollten Sie die Initiative möglichst in eine Abfolge von Umsetzungsschritten auf-teilen, so dass Ressourcen zunächst nur für die ersten Schritte festgelegt werden müssen. Der Lernprozess, der sich aus den anfänglichen Schritten ergibt, hilft dann bei der Ent-scheidung, wie die nächsten Schritte gestaltet werden sollten.

3. Transformation Ihrer Wettbewerbsformel

Der Zweck dieser Initiativen ist die Gestaltung der Zukunft, statt die Zukunft von anderen gestalten zu lassen. Diese Initiativen sind darauf ausgerichtet, das Wettbewerbsumfeld umzugestalten, indem Sie eine neue Wettbewerbsformel einführen, die zu Ihnen passt.

- Mit der Zeit verändern sich die Zielmärkte und entwickeln neue Erwartungen. Sie müssen diese neuen Märkte definieren, weil es keine Marktanalyse gibt, die Ihnen sagen könnte, wie diese aussehen werden und was sie benötigen.

- Ebenso führen neue Technologien immer wieder dazu, dass sich die Grenzen von Produkten und Dienstleistungen verschieben, so dass Sie gezwungen sind, voll-kommen neue Angebote zu entwickeln. Manche dieser Technologien sind möglicher-weise noch gar nicht in Ihren Entwicklungslabors angekommen. Auch dazu kann Ihnen keine Marktanalyse detaillierte Aussagen liefern.

- Natürlich verändern sich auch die Geschäftspraktiken. Angesichts der Geschwindig-keit, mit der sich manche Volkswirtschaften entwickeln, sind es insbesondere die Be-schaffungsketten, die sich voraussichtlich fundamental verändern werden. Deshalb ist Ihre Präsenz auf neuen Märkten unbedingt erforderlich, wenn es um Wachstum und Volumen geht.

Ganz offensichtlich haben Sie und Ihre Firma keine andere Wahl, als in neue Territorien vorzudringen. Ihre Geschäftsfelder werden sich in diese Bereiche hinein entwickeln, mit oder ohne Sie. Wenn Sie diese Felder nicht selbst gestalten, wird es ein anderer tun, was zur Folge hat, dass Sie dann in ein paar Jahren damit zu kämpfen haben, wieder den An-schluss zu finden.

Der zeitliche Rahmen, in dem sich *Transformations*-Initiativen auf den Gewinn auswirken, liegt ungefähr zwischen achtzehn Monaten und fünf Jahren, je nach Geschäftsfeld. In einigen Branchen wie beispielsweise der Unterhaltungselektronik kann der zeitliche Rahmen kürzer sein, in anderen Branchen wie z.B. der Stromversorgung ist er dagegen sehr lang. Solch lange Zeithorizonte sind natürlich definitiv mit Unsicherheiten verbunden, was der Grund dafür ist, dass viele Firmen vor *Transformations*-Initiativen zurückschrecken.

Doch wenn Sie diese Initiativen in kleine Schritte unterteilen, haben Sie die Möglichkeit, Ihren Weg in die Zukunft sozusagen Schritt für Schritt zu erlernen. *Transformations*-Initiativen erfordern viel Ausprobieren und Experimentieren. Sie müssen von einem relativ bekannten Territorium ausgehen, ähnlich wie ein Bergsteiger, der sich absichert, bevor er den nächsten Schritt in Angriff nimmt. Schrittweise können diese Experimente dann zu einer neuen Wettbewerbsformel führen, wobei jeder Schritt auf dem vorhergehenden aufbaut. Eine *Transformations*-Initiative mit einem einzigen Schritt und dem vagen Versprechen auf ein Ergebnis innerhalb von drei bis fünf Jahren ist ein sicheres Rezept für einen Misserfolg.

1.3   Auswahl der strategischen Initiativen

Der strategische Wert einer Initiative ergibt sich aus der ökonomischen Kalkulation des strategischen Wertes sowie der Bestimmung des Umfangs und Zeithorizonts der Umsetzung. Das Denken über einen gewissen Zeitraum hinweg ist das, was die Strategie tatsächlich ausmacht.

Sie sollten also gleichzeitig eine Reihe verschiedener Initiativen auf Ihrem strategischen Plan haben, die sich auf unterschiedliche Zeithorizonte beziehen, also einige *Korrektur-* und *Entwicklungs*-Initiativen und mindestens eine *Transformations*-Initiative.

Sich ausschließlich mit *Korrektur*-Initiativen zu beschäftigen ist wenig zukunftsträchtig. Natürlich werden Sie rasch Übung darin bekommen, Dinge auszubessern, aber das wird dann auch alles sein, was Sie jemals tun werden. Gleichzeitig sollten also immer auch *Entwicklungs-* und *Transformations*-Initiativen auf Ihrem strategischen Plan stehen. Andernfalls besteht die Gefahr, Ihre Wettbewerbsformel so zu korrigieren, dass Sie sich der Freiheit berauben, Ihre Zukunft selbst zu gestalten.

Es genügt auch nicht, lediglich an einer *Transformations*-Initiative zu arbeiten, da die kurzfristige Perspektive dabei untergehen kann. Ist Ihre derzeitige Wettbewerbsformel wirklich so perfekt? Verlieren Sie womöglich Geld, indem Sie keinerlei Vorteile aus den vorhersehbaren Möglichkeiten Ihrer Umgebung ziehen?

Die Bewertung der strategischen Auswirkungen von geplanten Initiativen erfordert also ein relativ hohes Maß an strategischem Urteilsvermögen. Üblicherweise kann das kollektive Wissen eines gut funktionierenden Teams von Führungskräften sehr hilfreich sein bei der Bewertung, welche Initiativen am wichtigsten sind (siehe unten *Kollektive Weisheit*).

Kollektive Weisheit[5]

Es ist erwiesen, dass eine Gruppe von Experten, die komplexe Themen gemeinsam bearbeitet, erfolgreichere Entscheidungen trifft als jeder einzelne Experte der Gruppe, wenn er für sich alleine entscheiden würde.

Allerdings müssen hierfür drei Bedingungen gegeben sein:

Vielfältigkeit

Die Teilnehmer der Gruppe sollten vielfältige Perspektiven bezüglich des Problems haben. Unternehmerische Fragestellungen sind häufig so komplex, dass sich selbst in einem optimalen Umsetzungsteam kein Experte findet, der sich in allen Dimensionen des Problems gleichermaßen auskennt. Es gibt Experten für diesen oder jenen Aspekt und für manche Aspekte sogar keinen einzigen.

Unabhängigkeit

Jedes Mitglied der Gruppe sollte in der Lage sein, sich unabhängig von den anderen Gruppenmitgliedern eine Meinung zu bilden. Dies gestaltet sich jedoch häufig schwierig. Viele Teams halten sich bei der Meinungsbildung an ihren Chef. In anderen bilden sich wechselnde Allianzen, je nachdem, was sich im Außen gerade ereignet. Es gibt aber auch Teams, in denen sich die Mitarbeiter unabhängig voneinander ihre eigene Meinung bilden.

Offenheit für unterschiedliche Meinungen

Meinungsverschiedenheiten und Streitigkeiten sind unerlässlich, müssen jedoch mit ausreichender Offenheit ausgetragen werden, damit die Erkenntnisse, die aus den einzelnen Meinungen resultieren können, in den gemeinsamen Meinungsbildungsprozess einfließen können. Wir haben bei starken Umsetzungsteams beobachtet, dass sie in der Lage sind, die Ansichten aller Mitglieder angemessen zu hinterfragen, um die nützlichen Erkenntnisse daraus zu integrieren. Die Ansichten können sich dann schrittweise aneinander annähern, ohne dass einer nachgeben muss. Echter Spielraum für einen Konflikt sowie der Wille, ihn zu Ende zu denken, müssen dabei ebenfalls vorhanden sein.

Zunächst einmal gilt es, die Realisierbarkeit der beabsichtigten strategischen Initiativen zu bewerten. Eine strategische Initiative kann theoretisch im Hinblick auf den strategischen Plan wichtig, aber dennoch wenig sinnvoll sein, weil die Realisierung einen zu großen Aufwand für das Unternehmen bedeuten würde.

---

[5]   Zum Konzept der kollektiven Weisheit siehe beispielsweise James Suroviecki, The Wisdom of Crowds, Abacus, 2006. Die drei Bedingungen für einen Erfolg, die Suroviecki herausgearbeitet hat, sind Vielfältigkeit, Unabhängigkeit und ein dezentraler Prozess der Bündelung von Entscheidungen wie zum Beispiel Wahlen.

Eine Firma, die Bestückungsautomaten für Chipbauteile herstellt, plante eine neue Generation von Maschinen, die auf einer neuen Technologie basierte. Um diese Maschinen mit Vorsprung vor der Konkurrenz auf den Markt zu bringen, wurde eine strategische Initiative gestartet. Achtzehn Monate später kämpften die Ingenieure noch immer mit der neuen Technologie. Die Firma hatte außerdem herausgefunden, dass diese neue Technologie nur in Märkten nachgefragt wurde, die das Unternehmen bisher noch nicht beliefert hatte. Letztlich stellte sich heraus, dass es notwendig war, die Produktion nach Asien zu verlagern, um die Maschinen zu einem wettbewerbsfähigen Preis realisieren zu können. Auf dem Papier war die strategische Bedeutung immens, in der Praxis war die Bewertung jedoch unrealistisch, sobald die tatsächlichen Kosten bis zur Marktreife berücksichtigt wurden. Diese Erkenntnis kam allerdings zu spät.

Dies ist kein Einzelfall. Zahlreiche Initiativen werden auf der Basis nicht erfüllbarer Versprechungen und ungeklärter Annahmen gestartet, die erst dann verifiziert werden können, wenn es bereits zu spät ist. Nur wenn Sie die Realisierbarkeit der geplanten Initiativen früh genug bewerten, können Sie Ihre Ressourcen auf die Projekte konzentrieren, die Ihnen die besten Erfolgschancen bieten.

Verschiedene Faktoren haben einen Einfluss auf die Komplexität und Realisierbarkeit Ihrer Initiativen.

1.3.1   Überschaubarer Umfang

Viele strategische Initiativen tauchen zunächst als grundlegende Ideen auf, was anfangs vollkommen normal ist. Im Folgenden finden Sie einige Beispiele aus Firmen, mit denen wir gearbeitet haben:

- Einrichtung von Systemen und Prozessen, um Innovationen gemeinsam mit externen Partnern zu nutzen und dadurch das interne Wachstum zu fördern.

- Verbesserung des Angebots durch den Einkauf qualitativ hochwertiger Produkte.

- Einführung optimaler Personalentwicklungsmaßnahmen, um eine kundenorientierte Organisation aufzubauen.

- Reduzierung der Komplexität durch Eliminierung wenig profitabler und nicht strategischer Produkte und Standardisierung der Produktverpackungen.

Möglicherweise hatten die Führungskräfte, die diese Initiativen vorschlugen, bestimmte begrenzte Anwendungsbereiche im Kopf. Doch für Außenstehende klingen diese Ideen sehr weitreichend und wenig präzise. Arbeitsfreudige und ambitionierte Umsetzungsteams neigen dazu, solchermaßen formulierte Initiativen sehr weit zu interpretieren.

Der Umfang einer geplanten Initiative lässt sich danach beurteilen, wie viel man mit ihr auf einmal erreichen möchte: wie viele Zielmärkte man mit ihr ansprechen möchte, wie viele Produkte und Dienstleistungen sie abdecken soll, auf wie viele Aktivitäten im Geschäftssystem sie ausgerichtet ist, wie sie sich auf die Anzahl und die Stärke der Wettbewerber auswirkt. Der entscheidende Punkt dabei ist: Je breiter der Umfang, desto größer die Komplexität und desto geringer die Realisierbarkeit. Natürlich ist ein breiter Anwendungsbereich verführerisch, allein schon aufgrund der stärkeren Auswirkungen. Aber gleichzeitig erhöht dies auch die Risiken bei der Umsetzung. Eine fokussierte Zielsetzung erreicht selbstverständlich weniger, ist aber leichter realisierbar und liefert – was noch entscheidender ist – schneller Ergebnisse.

Um die Realisierbarkeit einer Initiative mit breitem Anwendungsbereich zu verbessern, gilt es zu prüfen, ob und wie sich die Zielsetzung anfangs fokussierter gestalten lässt. Danach kann man den Umfang der Initiative auf der Basis des bislang gewonnenen Wissens allmählich und Schritt für Schritt ausweiten. Das kann bedeuten, dass man

- auf weniger Marktsegmente abzielt, indem man beispielsweise mit einem oder zwei Pilotmärkten beginnt, bevor man weiter expandiert;

- sich auf einen Teilbereich des Angebots beschränkt, indem man sich auf eine begrenzte Anzahl an Produkteigenschaften konzentriert und andere erst in späteren Versionen überprüft;

- zunächst nur einzelne Aspekte des Geschäftsmodells überarbeitet und die übrigen später angeht.

Wenn Sie Ihre strategischen Initiativen schrittweise von bekannten in unbekannte Bereiche hin ausdehnen, bekommt das Umsetzungsteam Gelegenheit, Kenntnisse und Erfahrungen in realistischen und praxisbezogenen Schritten aufzubauen. Die Realisierbarkeit ist somit größer und das Risiko kleiner, als wenn Sie Ihre Ressourcen vollständig und auf einmal an eine komplexe Zielsetzung binden.

1.3.2   Verfügbarkeit von Ressourcen

In manchen Unternehmen ist es ein nahezu unmögliches Unterfangen, Ressourcen über alle Fachabteilungen hinweg zu sammeln. Aus diesem Grund werden viele Initiativen gestartet, ohne dass die Verfügbarkeit der erforderlichen Fähigkeiten und Ressourcen verifiziert wurde. Es würde schlichtweg ewig dauern. Und die Tatsache, dass die Ressourcen irgendwo im Unternehmen existieren, lässt die Mitarbeiter einfach daran glauben, dass sie schon zum rechten Zeitpunkt verfügbar sein werden.

Die Verfügbarkeit von Mitarbeitern mit den benötigten Fähigkeiten stellt zu Beginn einer Initiative stets einen Engpass dar. Sobald man Mitarbeiter strategischen Initiativen zuteilt, bedeutet dies, dass sie nicht mehr vollständig für die Aufgaben zur Verfügung stehen, an denen sie bisher gearbeitet haben. Wir haben schon häufig beobachtet, dass diese einfache Rechnung ganz offensichtlich ignoriert wird. Letztendlich fühlen sich die Mitarbeiter dann überfordert, was die Umsetzung ins Wanken bringt.

Wie komplex die Aufgabe ist, Ressourcen und Mitarbeiter aus verschiedenen Teilen des Unternehmens zu beschaffen, wird oftmals stark unterschätzt. Strategische Initiativen werden im Allgemeinen mit kurzer Vorlaufzeit gestartet, während die Geschäftspläne für den Rest des Unternehmens bereits festgelegt sind. Ressourcen gibt es durchaus, aber oft sind sie gerade dann nicht verfügbar, wenn sie benötigt werden. Dies führt häufig zu Verzögerungen, und dann kann es passieren, dass die günstige Gelegenheit, die ursprünglich der Auslöser für eine strategische Initiative war, verpasst wird. Trotz bester Absichten kann allein schon der Rotationseffekt beim Neufestlegen von Prioritäten innerhalb des Unternehmens zu Chaos führen. Mitarbeiter schrecken häufig davor zurück, den Bedarf an Ressourcen systematisch zu planen. Statt sich mit der Mangelsituation auseinander zu setzen, versuchen sie die Engpässe einfach zu ignorieren und das Beste zu hoffen, nach dem Motto: „Es wird schon alles zur rechten Zeit funktionieren." Doch wenn wir ehrlich sind, funktioniert es so normalerweise nicht.

Wir haben auch schon erlebt, dass Firmen glaubten, die notwendigen Fähigkeiten und Ressourcen zu besitzen, obwohl dem nicht so war. Das ist insbesondere dann oft der Fall, wenn es um technologische Neuentwicklungen geht. Manchmal führen auch lokale Bedingungen zu Überraschungen. So wird die Komplexität, welche die Integration von Systemen der Informationstechnologie mit sich bringt, häufig unterschätzt. Manchmal können die fehlenden Fähigkeiten entwickelt oder erworben werden, aber so manches lässt sich innerhalb des geplanten Umsetzungszeitraums einfach nicht realisieren. Das hat dann häufig unzureichende oder verspätete Ergebnisse zur Folge.

Wenn Sie die Realitäten und ihre unausweichlichen Konsequenzen anerkennen, lässt sich die Realisierbarkeit Ihrer Initiativen verbessern. Das mag vielleicht dazu führen, dass Ihr Ehrgeiz geringer wird, doch gleichzeitig schützt es vor späteren kostspieligen Misserfolgen. Wenn Sie ressourcenintensive Initiativen in kleinere Schritte unterteilen, sind Sie in der Lage, die erforderlichen Ressourcen mit größerer Verlässlichkeit zu identifizieren. Dann können Sie die einzelnen Umsetzungsschritte so festlegen, dass die Verfügbarkeit der erforderlichen Ressourcen dabei berücksichtigt wird.

1.3.3   Wie viel Veränderung ist machbar?

Die meisten Menschen mögen keine Veränderungen. Wir alle neigen dazu, ihnen wie einer schweren Krankheit zu begegnen, wobei die bekannten Phasen auftauchen, die von Verleugnung über Wut, Verhandeln, Depression bis zur Akzeptanz[6] verlaufen. Dabei kann es sich um einen langen Weg handeln, wobei manche Menschen ihn nicht zu Ende gehen, sondern irgendwo in der Mitte stehen bleiben.

Die Steuerung von Veränderungsprozessen ist natürlich ein wesentlicher Teil der Umsetzung einer strategischen Initiative. Wir werden dies in jedem Kapitel ausführlich behandeln, insbesondere jedoch in Kapitel 4, *Mobilisieren von Energie*, sowie in Kapitel 6, *Einholen von Unterstützung*. In der Anfangsphase braucht es jedoch eine frühzeitige Ein-

---

[6]   Diese Schritte entsprechen den Trauerphasen nach Kübler-Ross. Diese Schweizer Ärztin hat als erste beschrieben, wie Patienten mit Trauer und Verlust umgehen: Elisabeth Kübler-Ross, Über den Tod und das Leben danach, Silberschnur, 2005.

schätzung, wie viel Veränderung impliziert ist und wahrgenommen wird, um die Komplexität der Umsetzung Ihrer Initiative beurteilen zu können.

Es existieren einige mehr oder weniger objektive Kriterien, mit denen man die Komplexität einer Veränderung feststellen kann: die Größe der zu schließenden Lücke, der Dringlichkeitsgrad, die Anzahl der involvierten Personen, der Umfang der Veränderung sowie die Geschwindigkeit, mit der die Veränderung eintritt. Für eine erste Einschätzung sind diese Kriterien hilfreich. Aber sie überzeugen nicht unbedingt diejenigen, die von den Veränderungen am meisten betroffen sind.

Das *wahrgenommene* Ausmaß der Veränderung ist dabei von entscheidender Bedeutung. Leitende Angestellte sind sich dieser Wahrnehmungen meist überhaupt nicht bewusst. Viele Mitarbeiter innerhalb des Unternehmens werden die Initiative als eine unwillkommene Störung ihrer regulären Tätigkeiten betrachten. Die Fragen, die oft unterschwellig vorhanden sind, lauten: Warum ist eine Änderung überhaupt notwendig? Und warum sollte man den derzeitigen Zustand, der vielleicht nicht optimal, aber zumindest erträglich ist, wegen eines vagen Versprechens auf eine bessere, aber ungewisse Zukunft aufgeben? Für die meisten Menschen ist eine bessere, aber unsichere Zukunft nicht sonderlich attraktiv – es sei denn, es ist wirklich Not am Mann und das komplette Unternehmen steht auf dem Spiel.

Um die Wahrnehmung von Veränderungsprozessen innerhalb des Unternehmens abzuschätzen, sollten Sie sich an Beispielfällen orientieren. Wie waren die Erfahrungen mit früheren strategischen Initiativen? Diese werden den Mitarbeitern als Referenz dienen, um die aktuelle Initiative zu bewerten. Aufgegebene, gescheiterte und unangenehme strategische Initiativen in der Vergangenheit erhöhen die Komplexität der Umsetzung. In den wenigsten Unternehmen ist Veränderung ein völlig normaler Prozess, der akzeptiert wird, weil es sich bisher immer gelohnt hat. In den meisten Fällen begegnen die Mitarbeiter allen Veränderungen mit Widerstand.

Diese Ausführungen zeigen, dass der emotionale Aspekt einer Initiative leicht zu einem zusätzlichen Komplexitätsfaktor bei der Umsetzung werden kann. Sie glauben vielleicht, dass Ihre geschäftliche Logik vollkommen überzeugend ist. Sie haben vielleicht die beste PowerPoint-Präsentation vorbereitet, um sie zu kommunizieren. Sie fordern möglicherweise völlig zu Recht mehr Disziplin von Ihren Mitarbeitern ein. Und trotzdem sind diese nicht motiviert.

1.3.4   Ungewissheit

Je länger die Zeitspanne, über die sich eine Initiative hinzieht, desto größer die Ungewissheit, ob sie wirklich halten kann, was sie verspricht. Dies liegt nicht nur daran, dass eine Initiative über einen längeren Zeitraum schwieriger zu organisieren ist. Es kann auch passieren, dass ihre Ergebnisse (falls sie überhaupt Ergebnisse erbringt) in der Zwischenzeit bedeutungslos geworden sind, weil sich die Umstände verändert haben.

■ *Korrektur*-Initiativen werden für einen bekannten und stabilen Kontext entworfen. Sie müssen lediglich sehr schnell umgesetzt werden, damit die Annahmen, auf denen sie basieren, noch ihre Gültigkeit haben. Ihre relativ bescheidenen Auswirkungen rechtfertigen keinerlei länger dauernde Risiken.

■ *Entwicklungs*-Initiativen werden aufgrund absehbarer Entwicklungstendenzen im Wettbewerbsumfeld gestartet. Wenn man sie nicht schnell umsetzt, kann sich die günstige Gelegenheit jedoch in Luft auflösen. Können Entwicklungs-Initiativen nicht schnell genug umgesetzt werden, müssen sie in einzelne Schritte aufgeteilt werden. So hat man die Möglichkeit, bevor man einen Schritt unternimmt und seine Ressourcen daran bindet, die jeweiligen Annahmen vorab zu verifizieren. Somit besteht stets die Chance, die Initiative so zu steuern, dass sie von Bedeutung bleibt, oder aber sie zu beenden, falls eine entsprechende Entwicklung nicht mehr realistisch erscheint.

■ Das Ergebnis von *Tranformations*-Initiativen ist von Natur aus ungewiss. Wie sich ein Industriezweig in der Zukunft entwickeln wird, ist schwer abzuschätzen. Allerdings ist gewiss, dass irgendein Unternehmen innerhalb einer Industrie immer gestaltend tätig sein wird, und dass alle anderen darauf reagieren müssen, um mitzuhalten. Transformations-Initiativen erfordern daher erhebliches Engagement, und gleichzeitig funktionieren sie nur auf der Basis eines systematischen Ausprobierens. In bekannten Bereichen müssen zunächst viele Versuchs-Initiativen gestartet werden, um herauszufinden, was funktioniert. Im einem nächsten Schritt legt man den Fokus auf das, was am besten funktioniert, wobei bereits mehr Ressourcen gebunden werden. Daraus kann dann schließlich ein rückhaltloses Engagement für die gewählte Wettbewerbsformel entstehen, die nun gute Chancen hat, zu funktionieren.

Dieser Ansatz ist nicht so gewagt, wie er vielleicht erscheinen mag. Zwar begibt man sich mit *Transformations*-Initiativen immer an die Grenzen, bleibt aber gleichzeitig auf vertrautem Gebiet (solange sich Uhrmacher nicht an Autos versuchen). Bei einer rational durchdachten verfügen die Manager stets über ausreichend Ressourcen, die es ihnen erlauben, einen alternativen Weg einzuschlagen, falls der ursprüngliche nicht funktionieren sollte. Deshalb sind solche Initiativen weniger riskant für diejenigen, die die Veränderungen anstoßen, als für die Wettbewerber, die darauf reagieren müssen.

Was dagegen äußerst gewagt ist, ist eine kompromisslose Verpflichtung zu einem langen Weg in eine ungewisse Zukunft. Die Wahrscheinlichkeit ist extrem hoch, dass nach drei Jahren noch kein wesentlicher Erfolg erzielt wurde und es gleichzeitig keine Ressourcen mehr gibt, um Alternativen auszuprobieren. Dennoch ist dies genau das, was viele Firmen tun. Ein Beispiel dafür ist der Versuch von Swissair, sich Ende der 90er Jahre zu einer globalen Fluggesellschaft zu entwickeln.

1.3.5 Ausmaß der Komplexität

Bei der Bewertung der Realisierbarkeit der angedachten Initiativen kann man sich nicht auf einen eindeutigen, rechnerisch festgelegten Wert verlassen. Vielmehr hängt alles vom Urteilsvermögen der Führungskräfte ab. Bei der tatsächlichen Bewertung von Initiativen ist es notwendig, eine große Anzahl vorwiegend qualitativer Faktoren zu berücksichtigen.

Wir schlagen vor, dass Sie Ihre Initiativen so organisieren, dass sie den Fähigkeiten Ihres Unternehmens entsprechen, mit den komplexen Faktoren umzugehen, die Sie bei der Bewertung der Initiativen identifiziert haben. Wie viel Erfahrung und Wissen ist in Ihrem Unternehmen vorhanden, um diese Komplexität zu bewältigen?

■ *Vertraute* Initiativen sind diejenigen, mit denen Sie bereits Erfahrungen gesammelt haben. Es gibt identifizierte Komplexitätsfaktoren, und Sie haben entsprechende Situationen bereits erfolgreich gemeistert.

■ *Teilweise vertraute* Initiativen beinhalten Komplexitätsfaktoren, die Sie noch nicht gemeistert haben. Gleichzeitig sind Sie zuversichtlich, dass Sie den Umgang mit ihnen erlernen können. Entsprechendes Wissen ist in bestimmten Teilen des Unternehmens vorhanden, oder Sie haben die Möglichkeit, auf Ressourcen von außen zurückzugreifen.

■ *Unvertraute* Initiativen beziehen sich auf vollkommen neue Gebiete. Es existieren viele Komplexitätsfaktoren, von denen Sie nicht wissen, ob Sie und Ihre Unternehmung sie meistern können. Möglicherweise gibt es sogar Faktoren, die Sie noch gar nicht kennen.

1.4 Die strategische Marschroute festlegen

Es gibt verschiedene Möglichkeiten, sich einen Überblick über mögliche strategische Initiativen zu verschaffen, und sie weisen alle gewisse Ähnlichkeiten auf.[7] Wir schlagen vor, dass Sie eine Einteilung nach den zwei Dimensionen der strategischen Auswirkungen und des Komplexitätsgrades vornehmen. Die Kombination dieser zwei Dimensionen ermöglicht Ihnen einen Ausblick auf Ihre strategische Marschroute und auf die Risiken, die damit verbunden sind. Der wirtschaftliche Wert der verschiedenen Initiativen im Falle eines Erfolges kann als dritte Dimension dargestellt werden.

---

[7] Siehe beispielsweise Peter Killing, Thomas Malnight und Tracey Keys, Must-Win Battles, Prentice Hall Financial Times, 2005, oder Lowell L. Bryan, Just-in-Time Strategy for a Turbulent World, The McKinsey Quarterly, 2002, Special Edition Risk and Resilience.

Abbildung 1.1   Überblick über die strategischen Marschrouten

---

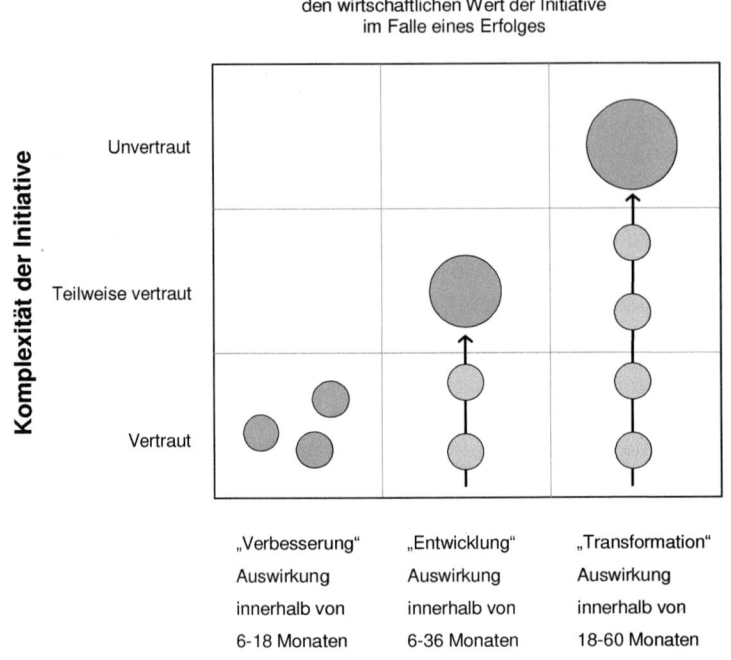

Die Größe des Kreises repräsentiert
den wirtschaftlichen Wert der Initiative
im Falle eines Erfolges

Zeitliche Dauer der Initiative

1.4.1   Der strategische Übersichtsplan

Abbildung 1.1 gibt einen Überblick über die möglichen Marschrouten. Alle in der Übersicht aufgeführten Initiativen sollten entscheidende strategische Auswirkungen haben. Hier ist kein Platz für unwichtige und nebensächliche Ideen mit geringem strategischem Einfluss.

Bei einer Umfrage unter den Führungskräften verschiedener Unternehmen stellten wir jedoch fest, dass 20 % der Initiativen in Unternehmen als Projekte mit geringen oder gar keinen strategischen Auswirkungen eingestuft wurden. Alle Initiativen kosten wertvolle Managementzeit, und alle können „Verdauungsbeschwerden" im Unternehmen verursachen. Denn Projekte mit geringen oder gar keinen strategischen Auswirkungen bestärken nur die weit verbreitete Meinung, dass solche Initiativen sowieso bedeutungslos sind. Unserer Meinung nach hat jeder, der Ressourcen für ein solches Projekt übrig hat, im Grunde zu viele Ressourcen zur Verfügung. Um solche Projekte zu rechtfertigen, wird meist die Ausrede bemüht, man könne damit schnelle Erfolge erzielen. Dagegen möchten wir einwenden, dass sich auch Ihre schnellen Erfolge immer auf etwas beziehen sollten, das für die Zukunft des Unternehmens wirklich von Bedeutung ist.

Bei einem Blick auf Ihren strategischen Übersichtsplan sollten Sie in der Lage sein, sofort zu erkennen, ob Lücken oder ungünstig platzierte Initiativen vorhanden sind.

- Wenn sich Ihre Initiativen größtenteils auf der *Korrektur*seite befinden, stellt sich die Frage, ob Sie tatsächlich so schlecht dastehen. Selbst wenn dies der Fall sein sollte, stellt ein Blick auf das, was Sie als nächstes tun wollen, sicher, dass Ihre *Korrektur*-Initiativen zukünftige bessere Optionen nicht ausschließen.

- Wenn sie sich auf der *Transformations*seite häufen, fehlt Ihnen dann nicht etwas? Ist Ihr derzeitiges Geschäft wirklich so optimal aufgestellt? Oder kann man es überhaupt nicht mehr retten?

- Wenn sie sich überwiegend auf der *vertrauten* Seite befinden, sind Sie sich dann sicher, dass sie wirklich überzeugende Wettbewerbsvorteile hervorbringen können? Bemühen Sie sich in dieser Hinsicht ernsthaft genug?

- Wenn sie sich vor allem auf der *unvertrauten* Seite befinden, in unerforschten Gebieten, wie hoch sind dann Ihre tatsächlichen Erfolgschancen?

- Wenn sie vorwiegend in einem einzigen Areal des Portfolios liegen, werden Sie dann die notwendigen Ressourcen haben, um alle Initiativen auszuführen? Selbst wenn sie sich alle in Bereichen hoher Realisierbarkeit befinden, könnten sie Ihre Ressourcen stark strapazieren, obwohl jeder weiß, was er zu tun hat.

An dieser Stelle fragen Sie sich möglicherweise, wie viele strategische Initiativen nun eigentlich auf Ihrem strategischen Plan stehen sollten. Wenn Ihre Analysen bezüglich der Auswirkungen und der Realisierbarkeit realistisch sind, sollten Sie automatisch auf die richtige Anzahl an Initiativen kommen, weil ihre Realisierbarkeit abnimmt, wenn Ihre Ressourcen strapaziert werden. Unserer Erfahrung nach ist ein leitendes Management-Team in der Lage, drei, vielleicht vier wichtige strategische Initiativen bzw. Gruppen strategischer Initiativen gleichzeitig zu organisieren. Innerhalb dieser Gruppen findet sich eventuell eine größere Anzahl an kleineren Initiativen, insbesondere im Fall von Transformations-Initiativen, die anfangs zahlreiche Orientierungsstudien sowie einige Machbarkeitsstudien und Pilotinitiativen umfassen.

Eine Firma, mit der wir zusammengearbeitet haben, hatte beispielsweise drei Kerngruppen von strategischen Initiativen, die in zehn kleinere Machbarkeitsinitiativen aufgeteilt wurden. Sechs Monate später waren einige davon neu sortiert und andere fallengelassen worden. Alles in allem wurden acht von ihnen weiterverfolgt.

Eine andere Firma hatte zwei Kerngruppen von strategischen Initiativen, eine in Bezug auf Kostensenkung, eine andere in Bezug auf internes Wachstum. Die interne Wachstumsumsinitiative bestand aus zwei Teilen. Jeder Teil beinhaltete ungefähr zehn Initiativen, die sich mit dem Austesten neuer Produkte und neuer Märkte befassten. Ein

Jahr später waren davon noch etwa sechs Initiativen übrig geblieben, die weiterhin Bestand hatten und auf welche die Ressourcen konzentriert wurden.

Selbst *Korrektur*-Initiativen bestehen möglicherweise aus einer begrenzten Anzahl an parallel laufenden Richtungen, die allesamt das gleiche Ziel anstreben. Eine Initiative, mit der wir gearbeitet haben, setzte sich beispielsweise aus drei Teilinitiativen zusammen, die sich mit den Großkunden, der Preisgestaltung und Service-Dienstleistungen befassten. Jede dieser Teilinitiativen wurde ihrerseits in parallel laufende Projekte aufgeteilt.

Ein Beispiel für die Strukturierung verschiedener strategischer Initiativen innerhalb eines Unternehmens zeigt die folgende **Abbildung 1.2**.

Abbildung 1.2   **Strategische Initiativen bei Grundfos**

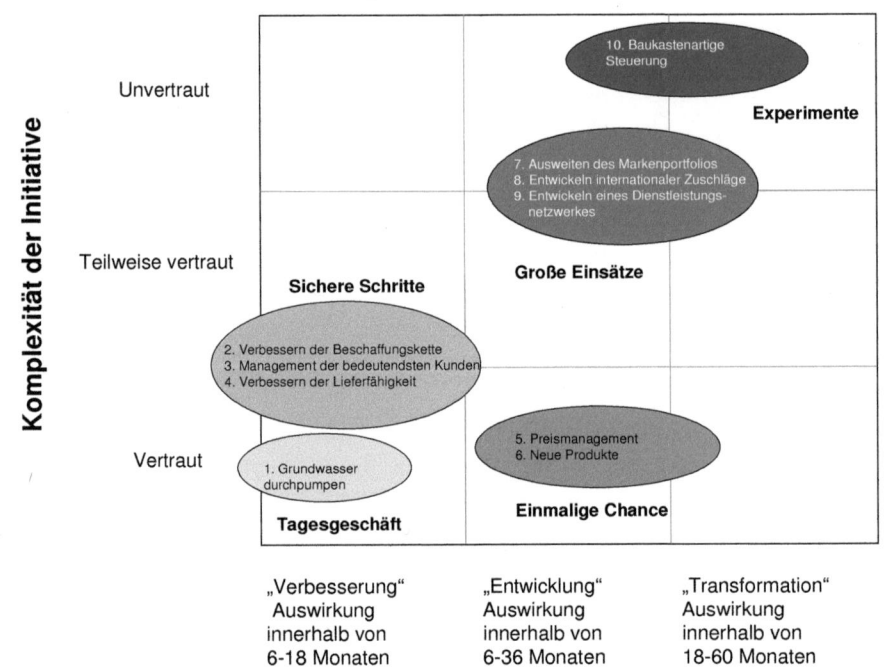

Entwicklung eines strategischen Plans bei Grundfos

Im Jahr 2005 rang der Leiter einer Geschäftseinheit bei Grundfos, einem dänischen Pumpenhersteller, mit der Entscheidung, worauf er als Manager seine Aufmerksamkeit in den nächsten zwei bis drei Jahren richten sollte, um den finanziellen Ertrag zu maximieren.

Er war für vier verschiedene Geschäftssegmente verantwortlich:

- Industrieller Erstausrüster,

- Industrieller Endverbrauchermarkt,

- Dienstleistungen im Hinblick auf Wasser und

- Abwasser.

In allen diesen Segmenten konnte er leicht eine große Anzahl an strategischen Initiativen erkennen, auf die sich die Geschäftseinheit einlassen konnte. Die Priorisierung dieser Möglichkeiten und der Aufbau eines strategisch erfolgreichen Portfolios waren entscheidend.

Die Firma unterteilte die geplanten Initiativen in fünf Kategorien:

- Normaler Betrieb: sollte beschleunigt werden

- Sichere Schritte: offensichtliche und wichtige Ideen, relativ leicht realisierbar

- Einmalige Chancen: hochgradig realisierbar, Entwicklungen mit großen Auswirkungen

- Große Einsätze: entscheidende Entwicklungen, aber mit ungewisser Realisierbarkeit

- Experimente: großes Potenzial, das zu mehr führen könnte, jedoch mit hoher Unsicherheit.

Letztlich wurden zehn Initiativen ausgewählt, welche die Aufmerksamkeit und das Engagement der Leitung eines jeden Geschäftssegmentes erforderten.

1.4.2 Engagement des leitenden Managements

Der strategische Übersichtsplan ist ein entscheidender Faktor für ein Unternehmen. Es geht darum, sich einen Überblick über die Optionen zu verschaffen und dann zu klären, welche Initiativen sich realistischerweise ausführen lassen. Dabei sollte sichergestellt werden, dass die aufgelisteten Optionen Ihr Unternehmen auch wirklich in die Richtung führen können, in die es sich in Zukunft bewegen soll, denn einen Faktor gilt es bei der Entscheidung über die strategischen Optionen immer zu beachten. Welche Initiativen Sie auch auswählen, sie werden immer Ressourcen in Anspruch nehmen, die dann für das Tagesgeschäft nicht mehr zur Verfügung stehen. Falls Sie nicht in der glücklichen Lage sein sollten, über so viele Ressourcen zu verfügen, dass Sie die geplanten Initiativen völlig neu und unabhängig ausstatten können, werden Sie die benötigten Ressourcen immer von den vorhandenen abzweigen müssen. Das zwingt Sie, Prioritäten zu setzen.

Das Portfolio der strategischen Initiativen sollte immer auf dem Top-Management-Level ausgearbeitet und kontrolliert werden. Selbstverständlich müssen viele Mitarbeiter im Unternehmen ihren Beitrag dazu leisten. Die Mitarbeiter an vorderster Front, die tagtäglich unmittelbar an der strategischen Umsetzung arbeiten, werden auf die Bereiche hinweisen, die besonderer Aufmerksamkeit bedürfen. Die strategische Abteilungen liefern die Daten und die Analysen, auf deren Basis sich die strategischen Initiativen auswählen und positionieren lassen. Doch nur das Managementteam hat den notwendigen Überblick, um die knappen Ressourcen strategisch zu verteilen. Nachdem der strategische Übersichtsplan erstellt ist, muss sich das Managementteam daher laufend mit folgenden Fragen auseinander setzen:

- Ist Ihr Plan eine präzise Darstellung der geplanten zukünftigen Positionen? Möchten Sie hierfür Ihre Ressourcen einsetzen?

- Sind diese Initiativen zusammen genommen sinnvoll? Passen alle Teile zueinander? Ergibt sich aus diesen Initiativen ein möglicher Weg in die Zukunft?

- Gibt es irgendetwas, das nicht passt? Gibt es irgendetwas, das fehl am Platz erscheint? Gibt es irgendetwas, das ein mulmiges Gefühl in Ihnen erzeugt? Oder fehlt etwas?

Und die wichtigsten Fragen:

- Sind Sie bereit, sich an diesen strategischen Plan zu halten?

- Sind Sie bereit, die Aufmerksamkeit Ihres Unternehmens auf diese Strategie zu konzentrieren?

- Sind Sie bereit, diesen Weg bis zum Ende zu gehen?

1.5   Zusammenfassung

Strategische Initiativen ermöglichen es Ihnen, den Fokus auf die Umsetzung Ihrer Strategie zu legen. Strategische Initiativen konzentrieren sich auf die Elemente Ihrer Wettbewerbsformel, die von entscheidender Bedeutung sind:

- Ihre Zielmärkte und Zielkunden,

- Ihr Angebot,

- Ihr Geschäftssystem.

Eine strategische Initiative bezieht sich jeweils nur auf ein Element oder aber auf eine Kombination dieser Elemente. Das Ziel einer Initiative ist, die Produktivität Ihres wirtschaftlichen Modells zu verbessern. Auf diese Weise können Sie die Auswirkungen Ihrer strategischen Initiativen auf Basis ihrer wirtschaftlichen Wertigkeit messen.

Aber dies allein reicht nicht aus. Die wirtschaftliche Wertigkeit sagt nicht viel darüber aus, wie Sie die kurzfristigen und langfristigen Aspekte in Ihrem strategischen Denken in ein Gleichgewicht bringen können. Dazu müssen Sie die erwarteten Auswirkungen Ihrer Initiativen über einen längeren Zeitraum hinweg betrachten:

- Sie benötigen *Korrektur*-Initiativen, um Ihre Wettbewerbsformel produktiv zu erhalten,

- Sie benötigen *Entwicklungs*-Initiativen, um Ihre Wettbewerbsformel auch bei Veränderungen des Umfelds funktionsfähig zu halten,

- Sie benötigen *Transformations*-Initiativen, um Ihre zukünftige Wettbewerbsformel zu gestalten.

Prioritäten lassen sich setzen, wenn die wirtschaftlichen und strategischen Auswirkungen der geplanten Initiativen durch ein erfahrenes Managementteam geprüft und bewertet werden.

Sie sollten außerdem die Realisierbarkeit Ihrer beabsichtigten strategischen Initiativen bewerten: Wie erfahren und vertraut sind Sie im Umgang mit deren natürlicher Komplexität?

Faktoren, welche die Komplexität der Umsetzung beeinflussen, sind:

- eine breite Zielsetzung in der Umsetzung,

- verstreute Ressourcen und bereits überbeanspruchte Ressourcen,

- der Umfang an erforderlichen Veränderungen,

- der Zeitrahmen der Umsetzung.

Werden diese Komplexitätsfaktoren durch ein erfahrenes, strategisch denkendes Managementteam analysiert, sollte es möglich sein zu beurteilen, welche Fähigkeiten und Ressourcen vorhanden sind.

Durch die Bewertung der strategischen Auswirkungen und der Komplexität ihrer Umsetzung lässt sich ein Überblick über die möglichen Marschrouten für die Zukunft entwickeln. Letztendlich muss dann das führende Management aus der eigenen Erfahrung heraus entscheiden, welche strategischen Initiativen in Angriff genommen werden sollen. Es sollte deutlich geworden sein, dass diese Bewertung, Priorisierung und Planung auf dem obersten Managementlevel stattfinden muss.

2   Auswahl des Teams

Frank Scharfenberg seufzte, als er die Tür zu seinem Büro schloss und sich vor seinen Computer setzte. Kurt Schmidt, der Sponsor der Initiative Komplexitätsreduzierung, die Scharfenberg leitete, hatte zum dritten Mal hintereinander in diesem Monat eine Besprechung abgesagt. Scharfenberg fragte sich deshalb, wie er ohne die Unterstützung des leitenden Managements mit seiner strategischen Initiative weiterkommen sollte.

Bis zu einem gewissen Grad konnte Scharfenberg durchaus verstehen, dass Schmidt nicht genügend Zeit hatte, um sich ausgiebig damit zu befassen. Schmidt war immerhin erst seit vier Monaten Mitglied der Geschäftsleitung und offensichtlich sehr stark von seiner neuen Rolle beansprucht. Sein dringlichstes Problem als neuer Betriebsleiter der größten Brauerei Europas war es, den Aufbau einer Dependance in Russland abzuschließen. Dieses Projekt lag bereits sechs Monate hinter dem Zeitplan. Scharfenberg war sich bewusst, dass die Initiative Komplexitätsreduzierung für Schmidt kaum von großer Bedeutung war.

Während Scharfenberg über die Absage der Besprechungen nachdachte, fielen ihm mehrere dringende Entscheidungen ein, die nicht länger aufgeschoben werden konnten. Allerdings hatte nur Schmidt die angemessene Entscheidungsgewalt in dieser Angelegenheit.

Eine der dringlichsten Freigaben, die Scharfenberg benötigte, war die für eine Änderung der Teamzusammensetzung. Zwei der Teammitglieder waren äußerst inkompetent, einer davon aus dem Bereich Logistik. Gerade in diesem Bereich war ein kompetenter Mitarbeiter unerlässlich. Die zweite Person war ein Berufsanfänger, der gerade seine Ausbildung beendet hatte und keinerlei relevante Erfahrungen mitbrachte.

Aber das wirkliche Problem war Andreas Steinle, der Leiter des Bereichs Supply Chain Management. Steinle hatte zuvor bereits an zwei Projekten der Komplexitätsreduzierung gearbeitet und erzählte dem Rest des Teams immer wieder stolz: „Ich habe das alles schon erlebt. Das leitende Management traut sich nicht, den Länderverantwortlichen zu sagen, dass sie ihre Prozesse standardisieren sollen. Deshalb wird diese Initiative wie die anderen scheitern." Seine negativen Prophezeiungen hatten allmählich Einfluss auf die Moral des Teams. Sprach man ihn direkt auf sein Verhalten an, schien sich die Angelegenheit noch zu verschlechtern.

Scharfenberg beabsichtigte diese beiden Teammitglieder zu ersetzen und zusätzlich eine Marketingkraft in das Team zu holen. Es war ihm nämlich ein Rätsel, wie ein Team, das eine Komplexitätsreduzierung organisieren sollte, ohne Einbeziehung des Marketings erfolgreich sein sollte.

Die anderen beiden Teammitglieder aus den Bereichen Finanzen und Produktion hatten sich tatsächlich als gute Wahl erwiesen. Beide trugen erfolgreich zur Arbeit des Teams bei. Scharfenberg war daher schockiert, als einer der beiden zu ihm sagte: „Bitte suchen Sie einen Ersatz für mich. Mein Vorgesetzter benötigt mich wieder Vollzeit." Und der andere hatte erst tags zuvor erwähnt, dass sein Bonus aus seiner länderspezifischen Einheit im Falle eines Erfolgs der Initiative auf die Hälfte reduziert würde.

Scharfenberg seufzte erneut. Während er eine E-Mail an Schmidts persönliche Assistentin schrieb, um erneut um einen Besprechungstermin zu bitten, glaubte er fast selbst, dass Steinle am Ende doch Recht hatte. Die Initiative Komplexitätsreduzierung würde wahrscheinlich am Ende genauso scheitern wie alle anderen zuvor.

2.1   Auswahl der Besten

Die Auswahl der Teammitglieder ist entscheidend für den Erfolg jeder strategischen Initiative. Man sollte deshalb immer das bestmögliche Team rekrutieren. Und das bedeutet nicht unbedingt das am leichtesten verfügbare Team.

Der Grund dafür ist offensichtlich, denn mit dem besten Team erhöht man die Wahrscheinlichkeit, dass die Initiative erfolgreich ist. Aber es gibt noch einen weniger offensichtlichen Grund. Die Auswahl der Teammitglieder stellt einen Indikator für das Unternehmen dar, der allen vermittelt, wie wichtig die Initiative ist. Dabei zählt nicht nur, wer zum Team gehört. Es zählen auch die Sorgfalt und die Aufmerksamkeit bei der Auswahl der Teammitglieder. Wenn das leitende Managementteam den Teamleiter sorgfältig auswählt und jedes der Teammitglieder persönlich und individuell darum gebeten wird, sich dem Team anzuschließen, zeigt dies von Beginn an, wie ernst die Sache genommen wird.

Aber für viele Firmen ist es fast unmöglich, das beste Team zu rekrutieren, da die besten Mitarbeiter bereits vollständig ausgelastet sind. Da die Unternehmen zu immer höherer Produktivität gezwungen sind und immer mehr zu einem Lean Management mit möglichst wenigen Managern übergehen, wird von diesen erwartet, mehr und mehr zu übernehmen. Dies führt dazu, dass sie einen dauerhaft vollen Terminkalender haben.

Was können Sie also tun? Sollen Sie dennoch die besten Mitarbeiter auswählen und darauf hoffen, dass sie in der Lage sein werden, ihre laufenden Verpflichtungen wie durch ein Wunder mit einem zusätzlichen Projekt zu vereinbaren? Damit riskieren Sie, dass der Manager der Initiative und dem Team nicht genügend Zeit und Energie widmen kann. Und außerdem riskieren Sie damit, dass Ihre besten Mitarbeiter irgendwann vollkommen überarbeitet, gestresst und ausgebrannt sind. Das ist also keine praktikable Lösung.

Besser ist es, das Personalwesen so zu organisieren, dass der Einsatz in strategischen Projektteams als Pluspunkt für die Karriere behandelt wird. In vielen Firmen gelten solche Einsätze leider immer noch als unspektakuläre, lästige Zeitverschwendung, die für die Karriere nichts bringt. Wie uns ein führender Personalleiter sagte: „Ich rate den Führungskräften, die Projektdauer wie einen Erziehungsurlaub zu sehen und dankbar zu sein, dass es sich nicht um einen Autounfall handelt." Diese Einstellung ist gar nicht so selten. Dabei wäre es für alle Beteiligten vorteilhafter, das Thema Besetzung von strategischen Initiativen als Aspekt des internen Talentmanagements zu betrachten. Vorgesetzte sollten erwarten können, dass ihre besten Mitarbeiter Möglichkeiten zur Weiterentwicklung erhalten und dass dazu insbesondere die Mitarbeit in einem strategischen Projektteam zählt.

In diesem Kapitel umreißen wir die drei Rollen im Zusammenhang mit strategischen Initiativen, welche die Aufmerksamkeit des leitenden Managements benötigen: den Sponsor, den Teamleiter und die Teammitglieder. Wir geben Ihnen außerdem einige Tipps zur Rekrutierung.

2.2   Auswahl des Sponsors

Der Sponsor ist in diesem Zusammenhang die Person, welche die Ressourcen und die Unterstützung für die Initiative bereitstellt sowie innerhalb des Unternehmens die Verantwortung für den Erfolg trägt.

Das leitende Managementteam ist gemeinsam für die Umsetzung aller strategischen Initiativen verantwortlich. Jedoch ist es in der Praxis sinnvoll, wenn jeweils eine Person aus dem führenden Managementteam oder eine von diesem Team bestimmte Person für die spezifische Betreuung jeder einzelnen Initiative eingesetzt wird. Diese Person, die wir als den *Sponsor* einer Initiative bezeichnen, ist dann gegenüber der Geschäftsleitung für die Ergebnisse verantwortlich.

Wie bereits erwähnt, wird das Unternehmen die Initiative nicht als dringlich oder wichtig wahrnehmen, wenn die eindeutige Unterstützung seitens des leitenden Managements fehlt. Der Sponsor der Initiative verkörpert diese Unterstützung. Wenn man sich entscheidet, keinen hochrangigen Sponsor zu bestimmen, bedeutet dies häufig geringe Erfolgsaussichten für die Initiative. Ein Manager erklärte uns nach dem erfolgreichen Abschluss einer Initiative: „Der strategische Imperativ für unsere Initiative kam direkt von der Geschäftsleitung und von unserem Sponsor. Beide erzeugten ein Gefühl von Dringlichkeit und Erwartung. Der Geschäftsführer selbst hat immer wieder ausdrücklich und öffentlich betont, wie wichtig die Arbeit des Teams sei. Ohne diese Faktoren wären wir nicht erfolgreich gewesen."

2.2.1   Aufgaben des Sponsors

Wie sehr der Sponsor in seinem jeweiligen Projekt involviert ist, hängt von verschiedenen Faktoren ab, unter anderem von dem Risiko, das die Initiative in sich birgt, der Erfahrung des Teamleiters, dem Zeithorizont der geplanten Maßnahmen etc. Um dem Team wirklich von Nutzen zu sein, ist es unerlässlich, dass der Sponsor eine gewisse Distanz zu den konkreten Umsetzungsschritten hat. Das bedeutet aber definitiv nicht, dass er eine begrenzte Rolle spielt. Vielmehr kommt dem Sponsor in jeder der sieben Umsetzungsaufgaben, auf die wir uns in diesem Band konzentrieren, eine Schlüsselrolle zu.

■ **Festlegung der Richtung und der Prioritäten**

Wenn sich das Team in Details verliert, ist es die Aufgabe des Sponsors, die Teammitglieder an die Verbindung von Strategie und Initiative zu erinnern und dabei immer wieder auf den Gesamtzusammenhang zu verweisen. Der Sponsor muss außerdem Entscheidungen im Namen des Teams treffen. Darunter fallen beispielsweise Entscheidungen über die grundsätzliche Richtung des weiteren Vorgehens, über die Auswechslung von Teammitgliedern oder die grundlegende Entscheidung über die Fortsetzung oder den Abbruch der Initiative.

■ Teambildung

Der Sponsor sollte ein Mitspracherecht bei der Auswahl des Teamleiters haben, mit dem er während der Umsetzung selbst sehr eng zusammenarbeiten wird. Andererseits sollte die Auswahl der einzelnen Teammitglieder dem Teamleiter überlassen werden. Der Sponsor hat eine ganz bestimmte Funktion, nämlich sicherzustellen, dass das Team effektiv arbeiten kann. In manchen Unternehmen wird dazu auch gehören, dass der Sponsor eingreift, um sicherzugehen, dass Teammitglieder aus unterschiedlichen Abteilungen des Unternehmens genügend Zeit haben, an der Initiative zu arbeiten.

■ Bestimmung der Zielsetzung

Der Sponsor bestimmt zusammen mit dem Team das Gesamtziel der Initiative und legt damit auch die einzelnen Ziele fest, die das Team anstreben soll.

Wie wir in Kapitel 3, *Bestimmen des Kurses*, ausführen werden, ist die Bestimmung der Zielsetzung eine wesentliche Entscheidung, denn damit wird ein erster Leitfaden für die Initiative festgelegt. Dieser ist während der Umsetzungsphase die einzige Möglichkeit für das Team, zu prüfen, ob es sich auf dem richtigen Kurs befindet, und gegebenenfalls Kurskorrekturen vorzunehmen.

■ Erhaltung des Energieniveaus während der Umsetzung

Das Energieniveau des Sponsors ist ansteckend, wie das eines Fußballtrainers, der sein Team zu mehr Leistung anspornt. Der Sponsor kann durch sein persönliches Engagement während der formellen Meetings ebenso wie bei spontanen, informellen Besprechungen mit den Teammitgliedern positive Energie auf das Team übertragen. Gleichzeitig sollte der Sponsor ein Gespür dafür haben, wie das Team arbeitet und ob es Probleme gibt.

■ Durchdenken der nächsten Schritte mit dem Team

Der Sponsor fungiert als Sparringspartner, um die Überlegungen des Teams zu testen. Er stellt die Ideen der Teammitglieder in Frage, prüft ihre Annahmen und deren Stringenz, fordert zur Untersuchung von Alternativen und anderen Möglichkeiten auf und stellt Fragen wie: „Und was geschieht, wenn?" Er ist auch in der Lage, die einfachen und scheinbar naiven Fragen zu stellen, die das Team übersehen hat, weil es zu nah am Geschehen ist. Er hält ständig Ausschau nach Risiken, welche die Initiative gefährden könnten, und hinterfragt, wie das Team mit diesen Risiken umzugehen plant.

■ Synchronisationsaufgaben

Der Sponsor spielt eine wichtige Rolle, indem er den Rest des Unternehmens auf die strategische Initiative einstimmt. Natürlich wird vom Team erwartet, dass es die alltäglichen Schnittstellen zu anderen Bereichen des Unternehmens managt. Es können sich aber Situationen ergeben, in denen ein Eingreifen seitens des Sponsors hilfreich ist. Teams können beispielsweise manchmal Probleme haben, zum richtigen Zeitpunkt auf die Dienstleistungen anderer Abteilungen oder Funktionen zugreifen zu können. Denn aus der Perspektive dieser Abteilungen werden zusätzliche Anforderungen, die durch die Initiativen gestellt werden, nicht immer positiv betrachtet.

Der Sponsor muss auch als Botschafter des Teams fungieren, um Unterstützung und Zustimmung seitens einflussreicher Instanzen innerhalb des Unternehmens zu mobilisieren. Dabei sollte er ständig für eine positive Stimmung und Energie bezüglich der Initiative sorgen. Denn ein positiver Ruf trägt dazu bei, die Motivation zu stabilisieren und die Priorität zu erhalten.

■ **Kontrolle der Umsetzung**

Der Sponsor überwacht die Entwicklung der Initiative bis hin zu ihrem erfolgreichen Abschluss. Dies ist der Hauptzweck der Umsetzungskontrolle. Diese Aufgabe kann der Sponsor nicht delegieren.

Der Sponsor muss dafür sorgen, dass das Team aus den gemachten Erfahrungen lernt, um sicherzugehen, dass die Umsetzung sich immer weiter verbessert und dass die nächsten Schritte mit einem handfesten Grundlagenwissen umgesetzt werden.

Wie wir in Kapitel 7, *Steuerung des Prozesses*, erörtern werden, scheuen viele Führungskräfte vor dieser Rolle zurück und schützen wichtigere Aufgaben vor. Dabei ist dies die wichtigste Rolle des Sponsors, weil er letztendlich für die Initiative verantwortlich ist und für ihre Ergebnisse Rechenschaft ablegen muss.

Wie an dieser Auflistung unschwer zu erkennen ist, ist die Aufgabe des Sponsors durchaus praktisch und konkret. Angesichts all dieser Verantwortlichkeiten sollte man sich durchaus fragen, wie viel Zeit es tatsächlich in Anspruch nimmt, um den Erfolg einer strategischen Initiative zu gewährleisten. Unserer Einschätzung nach ist durchschnittlich mit einem Tag pro Woche zu rechnen.

Es geht aber nicht nur um den Faktor Zeiteinsatz, es geht auch um die Wirkung, die der Sponsor auf das Team hat.

2.2.2   Wirkung des Sponsors auf das Team

Es ist wichtig, den richtigen Sponsor auszuwählen. Und dennoch wird dies unserer Erfahrung nach nicht immer getan. Manchmal treffen Firmen hier fundamental schlechte Entscheidungen.

Einige Sponsoren sind sich beispielsweise nicht sicher, was sie von ihrer Initiative erwarten. Ein Team sagte uns: „Jedes Mal, wenn wir mit unserem Sponsor darüber zu diskutieren versuchten, was wir einbeziehen sollten und was nicht, wurde er unverbindlich. Doch immer wenn wir etwas aus der Zielsetzung herausnehmen wollte, sagte er uns, wir sollten es mit einbeziehen. Er war nicht bereit, sich auf die eine oder andere Art zu entscheiden." Sicher ist die exakte Zielsetzung zu Beginn einer Initiative nicht immer vollkommen klar, aber die allgemeine Zielvorstellung muss deutlich sein. Es reicht nicht aus, wenn der Sponsor sagt: „Ich werde sie erkennen, wenn ich sie vor mir sehe."

Andere Sponsoren haben stets wichtigere Dinge zu erledigen. Sie sehen zwar ein, dass das gelegentliche Sponsoring einer Initiative unvermeidbar ist, aber diese Aufgabe ist Ihnen nicht wirklich wichtig. Ein sichtbarer Mangel an Interesse an der Initiative wirkt sich aber negativ auf die Motivation des Teams aus. Ein Team erzählte uns: „Unser Sponsor hat gerade eine neue Aufgabe innerhalb der Firma übernommen. Er leitet einen wichtigen Restrukturierungsplan innerhalb einer der Abteilungen. Wir haben ihn schon seit sechs Monaten nicht mehr gesehen." Diese Initiative wird sicher keine baldigen Erfolge zeitigen.

Nachfolgend finden Sie eine kurze Liste der grundlegende Qualitäten, die einen guten Sponsor aus unserer Sicht auszeichnen.

■ Der Sponsor muss sichtbaren Einsatz für den Erfolg der Initiative zeigen. Scheitern darf keinesfalls eine Alternative sein und sollte Konsequenzen für den Sponsor wie auch für das restliche Team haben. Das Team muss spüren, dass der Sponsor die Risiken der Umsetzung zusammen mit seinem Team übernimmt und nicht etwa diesem die Schuld zuweist, wenn die Initiative scheitert.

■ Der Sponsor muss im Unternehmen ein glaubwürdiges Vorbild sein und seine Fähigkeit, Veränderungen einzuleiten und zu steuern, bereits unter Beweis gestellt haben. Die Wahl eines Sponsors mit einem umstrittenen Ruf, sei es in Bezug auf seinen Führungsstil oder seine bisherigen Erfolge, signalisiert dem Unternehmen, dass der Stil der Umsetzung oder die Ergebnisse nicht wirklich von Bedeutung sind.

■ An einem Sponsor, der eine klare Meinung dazu hat, wie eine Aufgabe erledigt werden sollte, ist nichts auszusetzen. Allerdings sollte er gleichzeitig die Fähigkeit besitzen, unvoreingenommen an mögliche alternative Ansätze heranzugehen. Wenn das Team von seinem Sponsor unter Druck gesetzt wird, die von ihm gewünschten Antworten zu liefern, wird es sich wahrscheinlich fügen. Aber es wird daraus auch schließen, dass die Initiative (und die eigene Bemühung) vergebens war.

Ein Team, mit dem wir gearbeitet haben, wurde beispielsweise beauftragt, die Möglichkeiten eines zentralisierten oder dezentralisierten IT-Systems im europäischen Geschäftsfeld des Unternehmens zu bewerten. Der Leiter der Informationtechnologie als Sponsor des Projekts gab dem Team eine klare Richtung vor. Er erwartete, dass das Team ausschließlich Argumente für ein zentralisiertes IT-System sammelte. Das Team gab schließlich auf, da es erkannte, dass die beiden Optionen trotz einiger Argumente für eine dezentrale Lösung keine gleichberechtigte Chance hatten.

2.2.3   Ein Sponsor, der etwas in Bewegung setzt

Im Jahr 2003 führte Allianz Global Investors ein Projekt ein, um zu entscheiden, wie die separaten Einheiten innerhalb der Firma in Zukunft arbeiten sollten. Sollten sie weiterhin unter ihrem eigenen Markennamen firmieren oder sollten sie gemeinsam zu einer globalen Marke werden?

Die Firma beauftragte ein Team aus erstklassigen Nachwuchstalenten, an dem Problem zu arbeiten. Die Empfehlungen dieses Teams würden jedoch die Zustimmung des Managements erfordern. Deshalb war die Auswahl eines Sponsors, der eng mit der Unternehmensleitung verbunden war, eine frühzeitige und wichtige Entscheidung. Man wählte schließlich als Sponsor einen Manager aus, der direkt an den Geschäftsführer der Gruppe berichtete. Auf diese Weise konnte er die Zwischenergebnisse unmittelbar an die Geschäftsführung weiterleiten.

Dieser Manager war bekannt für seine Fähigkeit, andere Menschen zu motivieren und zu unterstützen, sowie dafür, dass er stets klare Anweisungen gab. Darüber hinaus hatte er selbst ein großes Interesse an dem Thema. Er war bereit, sich Zeit für regelmäßige Diskussionen mit dem Team zu nehmen.

Die Ergebnisse der Gruppe, die aus erstklassigen Talenten bestand, führten letztlich zu dem Wechsel der Marke von Allianz Dresdner Asset Management zu Allianz Global Investors.

2.2.4   Sponsor oder Führungskomitee?

Manche Firmen bevorzugen den Einsatz eines Führungskomitees anstelle eines einzelnen Sponsors, was durchaus Vorteile haben kann. Zum einen kann ein Komitee mehr politische Macht aufbieten und demonstriert natürlich eindrucksvoll das Engagement des leitenden Managements. Zum zweiten kann ein Komitee schon im Vorfeld sehr viel mehr unterschiedliche Meinungen einholen und hat auch während der Umsetzung mehr Möglichkeiten für einen fruchtbaren Gedankenaustausch. Und schließlich hat ein Team unter Umständen leichteren Zugang zu Ressourcen, wenn es mit einer ganzen Gruppe von Sponsoren arbeitet.

Dem stehen aber einige wichtige Nachteile gegenüber. Oft ist es schon schwierig genug, Treffen mit einer einzelnen vielbeschäftigten Führungskraft zu vereinbaren; mit einer ganzen Gruppe wird es noch viel problematischer. Ferner besteht die Tendenz, dass sich zwar jeder im Komitee zuständig fühlt, aber schlussendlich niemand die Verantwortung übernimmt. Wir haben einmal mit einem Team gearbeitet, das zwei Sponsoren hatte. Jeder dieser Sponsoren sagte dem Team immer wieder, dass der andere Sponsor die Entscheidungsgewalt besäße. Tatsächlich hatten die beiden jedoch gegensätzliche politische Ausrichtungen und versuchten das Projektteam jeweils für ihre Zwecke einzusetzen. Dies führte dazu, dass der Teamleiter schließlich kündigte und die Initiative ihr Ziel vollkommen aus den Augen verlor, bis das Unternehmen einen einzelnen Sponsor bestimmte.

Zusammenfassend lässt sich sagen: Wenn ein Führungskomitee gut funktioniert, kann es für das Team sehr unterstützend sein. Wenn dies nicht der Fall ist, ist das Team jedoch in einer äußerst schwierigen Situation und wäre ohne Sponsor vermutlich besser dran.

2.3   Rekrutierung des Teamleiters

Die Rekrutierung des Teamleiters ist keine leichte Entscheidung. Der Teamleiter spielt in jeder strategischen Initiative eine zentrale Rolle und ist direkt für deren erfolgreichen Abschluss verantwortlich. Aufgrund der Bedeutung dieser Person sollte das leitende Management immer direkt in den Auswahlprozess involviert sein. Damit wird einerseits die beste Wahl gewährleistet und gleichzeitig wird dem gesamten Unternehmen signalisiert, wie wichtig die Initiative ist.

Es sollte hier unbedingt erwähnt werden, dass die Rolle des Teamleiters vielschichtig und nicht einfach ist. Der Teamleiter ist der Manager des Teams im Hinblick auf das strategische Projekt. Aber gleichzeitig bleibt die Beziehung zwischen den Teammitgliedern und deren direkten Vorgesetzten bezüglich ihrer regulären Aufgaben bestehen. Deshalb hat der Teamleiter tatsächlich nur eine begrenzte formale Autorität über jedes Teammitglied. Es wird also vom Teamleiter erwartet, eine strategisch wichtige Initiative zu organisieren, wobei gleichzeitig ein Netz aus diversen Berichtslinien der Teammitglieder zu deren Vorgesetzten zu berücksichtigen ist. Man kann sich leicht vorstellen, dass dies eine Herausforderung darstellt.

2.3.1   Aufgaben des Teamleiters

Wie der Teamsponsor hat auch der Teamleiter eine wichtige Rolle in jedem der sieben Aufgabenfelder der Umsetzung.

■ **Festlegen der Prioritäten in der Umsetzung**

Während der Umsetzung erinnert der Teamleiter das Team stets an das endgültige Ziel und an die Prioritäten bezüglich der termingerechten Ausführung. Er braucht ein starkes Gespür für die erfolgskritischen Details, die letztlich große Auswirkungen auf die Umsetzung haben. Das sind Details, die weitreichende Folgen in Bezug auf den Gesamtzusammenhang haben, wie beispielsweise ein Überblick über die wichtigen Unterprojekte oder der Kontakt zu den Lieferanten, deren Kooperation für das Projekt erforderlich ist.

■ **Teambildung**

Das Management hat wahrscheinlich eine eigene Meinung darüber, wer im Team sein sollte. Aber letztlich ist es die Aufgabe des Teamleiters, die endgültige Auswahl zu treffen. Man kann einen Teamleiter niemals für ein Team verantwortlich machen, das

er nicht selbst ausgewählt hat. Der Teamleiter sollte daher die Auswahl der Teammitglieder weitgehend selbst bestimmen.

■ Zielsetzung

Der Teamleiter arbeitet mit dem Team an der Formulierung der Zielsetzung der
Initiative. Er stellt sicher, dass das Problem vollständig erfasst wird und dass das Team
auf die von der Initiative erwarteten Ergebnisse abgestimmt ist. Gemeinsam mit dem
Team definiert er die grundlegenden Maßnahmen, die durchgeführt werden müssen.
Er stellt sicher, dass diese Maßnahmen auf eine Weise aufeinander abgestimmt sind,
die Flexibilität in der Umsetzung gewährleistet. Wir werden diesen Prozess ausführlicher in Kapitel 3, *Bestimmen des Kurses*, diskutieren.

■ Energieniveau

Es liegt am Teamleiter, die Energie des Teams tagtäglich aufrechtzuerhalten. Um dies
zu erreichen, muss er in engem Kontakt mit jedem Teammitglied stehen und ein
persönliches Interesse daran haben, jeden einzelnen anzuspornen. Er muss sich auf die
Mitglieder einlassen, deren Stimmungsschwankungen spüren und bereit sein, sie in
den Phasen, in denen ihre Stimmung am Boden ist, wieder aufzubauen. Weil er in der
besten Position ist, die Leistung der Teammitglieder zu beurteilen, ist er auch der erste,
der gute Leistungen erkennen und honorieren kann. Wir werden diesen Aspekt ausführlich in Kapitel 4, *Mobilisieren von Teamenergie*, diskutieren.

■ Überprüfen der Umsetzungsschritte

Der Teamleiter prüft jeden Umsetzungsschritt gemeinsam mit seinem Team. Er stellt
sicher, dass jedes Teammitglied auf das, was als nächstes ansteht, vorbereitet ist. Für
jeden Schritt setzt er Zwischenziele, so dass leicht festzustellen ist, wenn einzelne
Teammitglieder im Rückstand sind oder sich gar vom Ziel entfernen. Er muss ständig
vorausdenken, um allen Risiken, welche die Initiative aus der Bahn werfen könnten,
zuvorzukommen. Er stellt sicher, dass das Team seine Ressourcen parat und Notfallpläne in petto hat. Wir werden diesen Prozess ausführlicher in Kapitel 5, *Durchdenken
der Schritte*, erläutern.

■ Synchronisierung

Verschiedenste Kräfte können dazu führen, dass einzelne Teammitglieder ausscheren
und nicht mehr auf der gemeinsamen Spur sind. Der Teamleiter ist dafür zuständig,
das Team intern sowie gegenüber den verschiedenen Abteilungen zu synchronisieren.
Er sorgt dafür, dass der Sponsor auf dem Laufenden gehalten wird und mit der
Arbeitsweise des Teams einverstanden ist. Wir werden dies ausführlicher in Kapitel 5,
Durchdenken der Schritte, diskutieren.

Er hält darüber hinaus den Rest des Unternehmens auf dem Laufenden und involviert
wichtige Schnittstellen, so dass das Team auf Ressourcen zurückgreifen, Interessenver-
treter mit einbeziehen und die Energie der Initiative aufrechterhalten kann. Dieser
Aspekt wird ausführlich in Kapitel 6, *Unterstützung gewinnen*, behandelt.

■ **Umsetzungskontrolle**

Die Steuerung und Kontrolle des Umsetzungsprozesses ist eine entscheidende Aufgabe, die der Teamleiter gemeinsam mit dem Sponsor wahrnimmt. Er überwacht fortwährend die Entwicklung und stellt sicher, dass das Team in Bezug auf die aktuelle Lage und die bereits erreichten Ziele realistisch ist. Er steht an vorderster Front, um die Dynamik des Teams aufrechtzuerhalten.

2.3.2 Wichtige Auswahlkriterien

Angesichts der vielfältigen Aufgaben und Funktionen des Teamleiters ist verständlich, dass dessen Auswahl keine routinemäßige Entscheidung ist. Es braucht sorgfältige Vorbereitung, um die geeignete Person für ein Projekt zu finden. Natürlich gilt es eine ganze Reihe an Führungsfähigkeiten zu berücksichtigen. Hier sind die wesentlichen:

■ Wählen Sie einen Manager aus, der den Ruf hat, Dinge wirklich bis zum Abschluss zu führen. Dies sollte beinhalten:

  – Erfolge im Projektmanagement,
  – Erfahrungen im Change Management,
  – Die Fähigkeit, ohne Autorität Einfluss auszuüben, und
  – Erfahrungen mit abteilungsübergreifendem Arbeiten.

■ Er sollte in der Lage sein, sichtbares persönliches Engagement für den Erfolg des Teams und eines jeden Teammitgliedes zu zeigen. Dazu zählt:

  – Engagement für den persönlichen Erfolg der Teammitglieder, statt sich selbst ins Rampenlicht zu stellen,
  – ansteckende persönliche Energie und
  – die Fähigkeit, für persönliche Werte und Überzeugungen einzustehen.

■ Der Teamleiter muss seine eigenen Schwächen kennen und wissen, wie er diese kompensieren kann, indem er Mitarbeiter mit ergänzenden Stärken ins Team einbezieht.

2.3.3 Zusammenarbeit von Sponsor und Teamleiter

Die Grenzen zwischen den Aufgaben des Sponsors und denen des Teamleiters sind fließend. Sie variieren je nachdem, was beide miteinander vereinbart haben. Es gibt Überschneidungen, aber auch Unterschiede.

Die Unterschiede in den Rollen sind wichtig und hilfreich. Der Sponsor konzentriert sich definitiv auf den Gesamtzusammenhang, nämlich darauf, wie sich die Initiative in die Gesamtstrategie des Unternehmens einfügt. Der Teamleiter muss sich hingegen auf die tägliche Umsetzung konzentrieren. Der Sponsor bestimmt die erste Zielvorgabe und die hauptsächlichen Umsetzungsschritte. Der Teamleiter ist für die detaillierte Umsetzung jeden einzelnen Schritts verantwortlich. Der Sponsor konzentriert sich im übertragenen Sinne auf den Wald, der Teamleiter hingegen auf die Bäume. Der eine kann nicht ohne den anderen arbeiten.

Aufgrund seines größeren Abstandes zur Umsetzung kann der Sponsor als Rückhalt dienen und gleichzeitig die Richtung überwachen. Wenn das Team auf Abwege gerät, aus welchen Gründen auch immer, kann der Sponsor eingreifen. Der Abstand ist für den Sponsor insofern hilfreich, als er einen besseren Überblick gewährleistet.

Es besteht aber durchaus auch eine Überschneidung der beiden Rollen. Reguläre Teambesprechungen werden beispielsweise vom Teamleiter geführt, doch kann der Sponsor an einigen davon teilnehmen, um sich ein Bild zu machen, wie das Team vorankommt. Wenn es um die Planung der nächsten Schritte geht, kann der Sponsor anwesend sein, um seine Erfahrungen einzubringen und das Team durch Nachhaken und unbequeme Fragen zu fordern. Wie wir in Kapitel 7, *Steuerung des Prozesses*, sehen werden, kann es während der Umsetzung immer wieder kritische Momente geben, in denen die Anwesenheit des Sponsors hilfreich ist, um den Teamleiter zu unterstützen.

Die Qualität der Zusammenarbeit zwischen Sponsor und Teamleiter ist von entscheidender Bedeutung für die Umsetzung der Initiative. Spannungen werden vom Team sofort wahrgenommen, und die Leistung des Teams wird darunter unausweichlich leiden. Der Teamleiter muss den Sponsor über alles, was sich im Team abspielt, auf dem Laufenden halten. Der Sponsor wiederum kann dem Teamleiter als Sparringspartner oder Coach dienen. Gelingt die Zusammenarbeit, werden Sponsor und Teamleiter ein von ihnen selbst definiertes Gleichgewicht ihrer beiden Rollen finden.

2.4   Rekrutierung der Teammitglieder

Die Zusammenstellung eines gut funktionierenden Teams ist keine Aufgabe, die man an eine dritte Instanz, wie beispielsweise die Personalabteilung, abgeben kann. Natürlich kann die Personalabteilung Hilfestellung leisten, doch die Mitarbeiter dort besitzen nicht das detaillierte Wissen, das erforderlich ist, um die jeweils benötigten Fähigkeiten zu beurteilen. Oftmals verfügen sie auch nicht über ausreichenden Einfluss, um die am besten geeigneten Kandidaten von ihren aktuellen Aufgaben abzuziehen.

Wer sollte also die Teammitglieder auswählen? Wie bereits zu Beginn dieses Kapitels erwähnt, stärkt die persönliche Mitwirkung des Managements bei der Auswahl des Teams die Bedeutung der Initiative und deren Platz in der unternehmerischen Tagesordnung. Dies ist auch immer eine gute Gelegenheit für das leitende Management, Talente auszumachen und zu fördern.

Visa International startet beispielsweise jedes Jahr eine kleine Zahl von strategischen Initiativen, die als Training für die angehenden Manager genutzt werden. Sobald ein Manager erfolgreich als Teammitglied gearbeitet hat, kann er erwarten, in den nächsten Jahren ein eigenes Projektteam

*leiten zu dürfen. Eine Beförderung in eine Führungsposition innerhalb der Firma setzt voraus, dass
der Manager ein Projektteam erfolgreich geleitet hat.*

Doch auch wenn das leitende Management ein Mitspracherecht in Bezug auf die Zusammensetzung des Teams hat, sollte doch der Teamleiter die endgültige Entscheidung treffen. Denn er ist schließlich derjenige, der mit diesen Mitarbeitern täglich zusammenarbeiten muss und für die Umsetzung der Initiative verantwortlich ist.

*Im April 2000 erhielt Chris Johnson, ein 39 Jahre alter Amerikaner, der die Geschäfte von Nestlé in
Taiwan leitete, einen Anruf von seinem Vorgesetzten. Chris Johnson war ausgewählt worden, eine
bedeutende strategische Initiative mit dem Namen „Globe Programm" zu leiten. Ziel des
Programms war es, die zahlreichen unabhängigen Geschäftseinheiten des Unternehmens in eine
integrierte, globale Firma umzuwandeln.*

*Bei seiner ersten Besprechung mit seinem neuen Vorgesetzten, dem Vizepräsidenten der Bereiche
Finanzen und Verwaltung, in Nestlés Hauptsitz in Vevey, erhielt er eine Liste von Personen, die
seinem Team angehören sollten. Chris Johnson hatte sich jedoch bereits Gedanken über sein ideales
Team gemacht. Es sollte sich um eine kleine Gruppe handeln, ohne Eitelkeiten, mit wenigen Titeln,
dafür aber mit einem Höchstmaß an Entwicklungspotenzial und Glaubwürdigkeit sowie einem
bereits vorhandenen Netzwerk innerhalb der Organisation. Als er Informationen über die ausgewählten Personen einholte, wurde er mit negativen Berichten über ein potenzielles Teammitglied
konfrontiert. Dies erzeugte in Chris Johnson Unsicherheit, ob er denjenigen mit ins Team nehmen
sollte oder nicht. Da diesem Mitarbeiter bereits eine Position im Team versprochen worden war,
musste er sich entscheiden, ob er seinem neuen Vorgesetzten widersprechen sollte. Schließlich beschloss er, dass er kein Teammitglied aufnehmen würde, dass er nicht selbst ausgewählt hatte. Er
ging sogar so weit, dies zur Bedingung für die Übernahme der Aufgabe zu machen. Weil er letztendlich verantwortlich für das Ergebnis der Initiative sein würde, wollte er mit dem bestmöglichen
Team starten.*[8]

2.4.1   Größe des Teams

Zwar gibt es keine absolut perfekte Zahl an Teammitgliedern, für größere Initiativen ist eine ungerade Zahl wie sieben jedoch erfahrungsgemäß kein schlechter Start. Selbstverständlich können während bestimmter Projektphasen auch weitere Personen mit dem Kernteam zusammenarbeiten, aber sieben ist eine Anzahl an Teammitgliedern, die gut funktioniert.

Bei mehr als acht oder neun Personen werden die Teambesprechungen zu langwierig und ermüdend, und es dauert zu lange, sich jeden Standpunkt anzuhören. Die anderen Teammitglieder sind in der Zwischenzeit mental schon zum nächsten Punkt übergegangen. Außerdem besteht die große Gefahr, dass das Team sich in verschiedene Gruppen aufteilt.

---

[8]   Peter Killing, Nestlés Globe Program (A): The Early Months, IMD Case 3-1334, 2005.

Bei weniger als sieben Personen können Entscheidungen schon fast zu einfach werden, denn es gibt nicht genügend Meinungen, die einen rasch erzielten Konsens herausfordern könnten. Eine Vielfalt an Meinungen ist vorteilhaft. Es braucht genügend Personen mit unterschiedlichen Erfahrungen und Hintergründen, so dass das Team als Ganzes alle Seiten einer Sache in Betracht ziehen kann.

Sieben ist auch eine gute Zahl, um eine gewisse Vielfältigkeit in Bezug auf die Sachkompetenz zu gewährleisten. Die hohe Komplexität vieler strategischer Initiativen erfordert Sachkompetenz in vielerlei Bereichen. Gleichzeitig ist jedoch niemand ein Experte für alles. Es sollte immer jemanden geben, der die dummen Fragen zum Kompetenzbereich eines anderen Teammitglieds stellen kann.

2.4.2 Auswahlkriterien für die Teammitglieder

Die Zusammenstellung des besten Teams ist eher eine Kunst als eine Wissenschaft. Selbstverständlich werden Mitarbeiter mit den richtigen Fähigkeiten und dem erforderlichen Fachwissen benötigt. Aber wie wir nachfolgend diskutieren werden, gibt es weitere Faktoren, die man in Betracht ziehen sollte.

Bevor Sie über die potenziellen Teammitglieder nachdenken, sollten Sie eine Liste mit den wichtigsten Aspekten der strategischen Initiative erstellen: den Zielen, den Aufgaben und den erforderlichen Fähigkeiten. Verwenden Sie diese Liste als Basis, während Sie das Team gedanklich zusammenstellen, um zu sehen, wie die einzelnen Personen zueinander passen und welche Rolle jedes Teammitglied einnehmen könnte.

■ **Welche Bereiche technischen Fachwissens sind erforderlich?**

Wir arbeiteten mit einem neuen Produktentwicklungsteam, das vollständig aus Mitarbeitern der Abteilung Forschung und Entwicklung bestand. Ohne Input aus der Abteilung Marketing und Vertrieb hatte dieses Team keine Ahnung, was die Kunden wollten. Und ohne das Knowhow der Produktion hatte das Team keine Ahnung, ob die möglichen neuen Produkte auf rentable Weise hergestellt werden konnten. Dies war eine suboptimale Besetzung.

■ **Worum geht es?**

Handelt es sich um eine Initiative, die einen großen Wandel für die Organisation bedeutet? In diesem Fall müssen sich die Teammitglieder mit dem Widerstand verschiedener Interessengruppen auseinander setzen. Oder handelt es sich um eine Produktentwicklungsinitiative? In diesem Fall benötigt das Team Kreativität und Einfallsreichtum. Oder ist die Initiative in einem politisch komplexen und schwierigen Bereich angesiedelt? In diesem Fall sollte das Team Personen enthalten, die gut verhandeln und zwischen verschiedenen Gruppen vermitteln können.

Einbindung aller Interessengruppen

Es ist von entscheidender Bedeutung, dass das Team in der Lage ist, die Standpunkte aller Hauptinteressengruppen zu repräsentieren.

■ Beispielsweise sollten diejenigen, die zukünftig die Ergebnisse einer Initiative anwenden, auch bei der Analyse der aktuellen Lage mit einbezogen werden. Sie kennen die kritischen Punkte und können somit wichtiges Feedback liefern.

■ Die zukünftigen Anbieter von Ressourcen sollten Experten in Bezug auf die Durchführbarkeit das beabsichtigten Ansatzes sein. Das Team sollte in der Lage sein, das notwendige Fachwissen für die Durchführung der Initiative im Unternehmen anzuzapfen.

Teamatmosphäre

Der Atmosphäre innerhalb eines Teams wird bei der Zusammenstellung nur selten Beachtung geschenkt. Man erwartet einfach, dass die Teammitglieder erwachsene und reife Menschen sind, die unter allen Umständen ihre optimale Leistung erbringen. Die Atmosphäre innerhalb des Teams spielt jedoch eine wichtige Rolle, da ein Team nicht nur von den einzelnen Individuen profitiert, sondern vor allem von ihrer Zusammenarbeit untereinander.

Wir haben einmal mit einem Team gearbeitet, in dem alle Mitglieder sehr kreative, extrovertierte Individualisten waren. Teambesprechungen waren sehr laut und unorganisiert, da jeder versuchte, die anderen von seiner neuesten brillanten Idee zu überzeugen. Nicht ein einziges Teammitglied war bereit, auch einmal zuzuhören. Es war das reinste Chaos.

Achten Sie also auch auf die Atmosphäre im Team. Wenn ein Teammitglied sich unangemessen verhält, kann sich das wie ein Virus ausbreiten.

Diversität

Eine gewisse Diversität kommt jedem Team zugute. Diversität kann sich auf verschiedene Merkmale beziehen, wie zum Beispiel Kultur, Geschlecht, Hintergrund, Berufserfahrung oder Denkweise. Untersuchungen zeigen, dass sehr diverse globale Teams oft schlechtere Leistungen erbringen als homogene Teams, dass sie allerdings wesentlich besser als diese abschneiden, wenn sie gut geführt werden.[9] Eine gewisse Diversität innerhalb eines Teams führt zu mehr Kreativität und Innovation. Aber eine zu große Diversität innerhalb eines Teams macht es schwieriger, gemeinsame Lösungen zu finden und einen Arbeitsstil, der zu allen passt.

Bei der Zusammenstellung des Teams sollten Sie deshalb die Persönlichkeit der potenziellen Teammitglieder beachten. Es ist zum Beispiel nützlich, in jedem Team eine Mischung verschiedener Profilen zu haben. Diese lassen sich mit Hilfe verschiedener Analyse-Instrumente (z.B. MBTI[10], NEO PI-R[11] oder Diversity Icebreaker[12]) bestimmen.

---

[9]   Joseph J. DiStefano; Martha L. Maznevski, Creating Value with Diverse Teams in Global Management, Organizational Dynamics, 2000.

[10]   Myers-Briggs Type Indicator®, Myers & Briggs Stiftung.

Wir schlagen drei Dimensionen vor, innerhalb derer sich eine gewisse Diversität als nützlich erweist:

■ **Überblick und Detailorientierung**

Jedes Team benötigt Mitglieder, die den Überblick haben und in der Lage sind, den Gesamtzusammenhang zu erkennen. Sie helfen dem Team, die Schwerpunkte richtig zu setzen, und verhindern, dass das Team sich in weniger relevanten Details verliert. Gleichzeitig braucht es aber auch einzelne Mitglieder, die bereit sind, tiefer in die Detailplanung einzutauchen.

■ **Macher und Denker**

Ein Team benötigt außerdem eine Balance zwischen Mitgliedern, die dazu neigen, lieber erst einmal nachzudenken, und denen, die dazu tendieren, erst einmal zu handeln. Wenn ein Team ausschließlich aus Denkern besteht, wird sich vermutlich nicht viel tun. Andererseits nimmt sich ein Team, das nur aus Machern besteht, oft nicht ausreichend Zeit, seinen Ansatz zunächst gründlich zu durchdenken.

■ **Rationalisten und Beziehungsorientierte**

Es braucht einige Mitglieder im Team, die ein aufrichtiges Interesse an menschlichen Motiven und Beweggründen haben. Rationale Denker glauben oft, dass eine einwandfreie logische Herleitung von Argumenten bereits ausreicht, um andere Menschen zum Handeln zu bewegen. Dann braucht es Teammitglieder, die sich trauen, Fragen nach den emotionalen Aspekten zu stellen, wie z.B.: „Wie verkaufen wir dies unserer Belegschaft? Warum sollten sie diesem Plan zustimmen?"

Prinzip der gegenseitigen Ergänzung

Sie sollten dafür sorgen, dass die Schwächen einzelner Teammitglieder immer durch Stärken anderer Mitglieder ausgeglichen werden. So haben wir zum Beispiel einmal mit einem Team gearbeitet, dessen Leiter nur begrenzte Erfahrungen mit Projektmanagement besaß, was jedoch durch zwei erfahrene Projektmanager im Team ausgeglichen wurde.

Einstellung kontra Fachwissen

Bei der Auswahl der Teammitglieder sollten Sie einer positiven Einstellung immer den Vorrang vor dem Fachwissen geben. Einsame Experten sind nutzlos. Es braucht ein Team von Menschen, die einander unterstützen und herausfordern können. Menschen mit einem großen Ego können beides nicht. Diese sollten daher nicht in ein Projektteam aufgenommen und höchstens temporär einbezogen werden.

---

[11] NEO PI-R ist ein Persönlichkeitstest.

[12] Diversity Icebreaker TM; Human Factors AS, Oslo, Norwegen.

2.5   Zwei mögliche Zeitbomben

Sie haben also das bestmögliche Team ausgewählt. Alles sieht gut aus. Aber nehmen Sie sich in Acht, denn Sie könnten zwei Zeitbomben in Ihrem Team haben.

Zeitliche Verfügbarkeit

Die erste Zeitbombe ist die zeitliche Verfügbarkeit. Sie wird relativ schnell anfangen zu ticken. Wir haben bereits mehrfach darauf hingewiesen.

Wenn Ihre Teammitglieder der Initiative zugeteilt werden, bleiben ihnen gleichzeitig ihre normalen Aufgaben erhalten. Was davon werden sie nicht mehr erledigen können, um Raum für die Initiative zu schaffen?

Man kann schätzen, dass die Arbeit an größeren Initiativen in der Regel zwei bis drei Tage in der Woche in Anspruch nimmt. Wenn der Teamleiter zu Beginn diese Aussage macht, wird sie meist nicht geglaubt. Die Teammitglieder halten das zunächst für übertrieben und glauben häufig, dass sie produktiver sind. Viele Mitarbeiter können sich nicht vorstellen, dass sie nicht in der Lage sein werden, die zusätzlichen Aufgaben zu bewältigen. Dies führt dazu, dass das Problem zunächst unter den Teppich gekehrt wird. Zwangsläufig wird es jedoch sehr bald auf die Tagesordnung kommen, denn man kann nicht davon ausgehen, dass die besten Mitarbeiter der Firma noch über freie Kapazitäten verfügen, die fast 50 % ihrer Zeit ausmachen.

Es gibt in der Tat keine andere Möglichkeit, als mit jedem potenziellen Teammitglied sowie mit dem jeweiligen Vorgesetzten ganz offen darüber zu sprechen, wie viel Zeit der Mitarbeiter der Initiative opfern muss. Die logische Schlussfolgerung ist, dass es Dinge gibt, die dann nicht mehr erledigt werden können. Wenn das Unternehmen langjährige Erfahrung mit bereichsübergreifenden Initiativen hat, können die Teammitglieder die zeitlichen Absprachen wahrscheinlich direkt mit ihren Vorgesetzten treffen. In anderen Fällen muss der Teamleiter oder Sponsor in die Absprache involviert sein. Einige Firmen, mit denen wir zusammengearbeitet haben, verwenden ein Formblatt zum Abzeichnen, um diese Art von Absprache vollkommen deutlich zu machen. Das folgende Beispiel illustriert die Bedeutung dieser Punkte.

Im Jahr 2003 startete eine europäische Chemiefirma eine Serie von Wachstumsinitiativen. Zu Beginn dieser Projekte waren die Teamleiter formal dazu abgestellt, 50 % ihrer Arbeitszeit in die Initiative zu investieren. Die Teammitglieder der jeweiligen Initiativen sollten 25 % ihrer Zeit der jeweiligen Initiative widmen. Die Geschäftsleitung stimmte diesen Zeitzuteilungen in Absprache mit den Vorgesetzten der Teamleiter und der Teammitglieder zu. Die meisten Projektteams waren virtuelle Teams, denn die Teammitglieder arbeiteten über den Globus verteilt und trafen sich lediglich vier bis fünfmal pro Jahr.

Innerhalb eines Jahres wurde deutlich, dass für die meisten Initiativen die angesetzte Zeit einfach nicht ausreichte. Die meisten Teammitglieder waren so stark in ihr Tagesgeschäft eingebunden, dass sie recht wenig Zeit in die Initiative investieren konnten. Die Teams verpassten Fristen und er-

reichten ihre anfangs festgesetzten Ziele nicht. Die Teamleiter beschwerten sich darüber, dass die Teammitglieder kaum Engagement zeigten und wenig Ergebnisverantwortung an den Tag legten. Dagegen waren die wenigen Initiativen, bei denen die Teams ganztägig an ihrem Projekt arbeiteten, durchweg erfolgreich und entwickelten sich wie geplant. Infolgedessen verhandelten die Verantwortlichen für die Wachstumsinitiativen 2005 die Verpflichtungen der Teammitglieder mit deren Vorgesetzten neu. Wo es möglich war, wurden alle Teamleiter zu 100 % und die Teammitglieder zu 50 % den Projekten zugeteilt.

Leistungsmanagement

Beim Leistungsmanagement handelt es sich um die zweite Zeitbombe. Es dauert im Allgemeinen etwas länger, bis sie offensichtlich wird. Die folgenden Beispiele illustrieren das Problem.

Maria hatte sich gerade mit ihrem direkten Vorgesetzten über die Bonuskriterien für ihre Aufgaben geeinigt. Die Papiere waren an die Personalabteilung weitergeleitet worden. Aber dann wurde sie einem Projektteam zugeteilt, was bedeutete, dass sie zu fünfzig Prozent ihrer Zeit einem anderen Vorgesetzten zugewiesen war. Wie wird ihre Leistung nun bewertet, von wem und nach welchen Kriterien?

Jörg erhält einen Bonus auf der Basis des Erfolgs seiner lokalen Geschäftseinheit. Als Mitglied eines Projektteams ist er jedoch gleichzeitig für die Eingliederung dieser Einheit in eine globale Einheit zuständig. Eigentlich ist dies ein einfach zu lösendes Problem, denn die Bonuskriterien von Jörg könnten geändert werden. Diese Anpassung scheint jedoch in vielen Unternehmen eine größere Hürde darzustellen.

Den Prozessen des Leistungsmanagements fehlt es oftmals an Flexibilität, um solche ungeplanten Veränderungen zu integrieren. Und es gibt keine Vorgaben zum Umgang mit Leistungskriterien, die sich potenziell widersprechen.

Als Teamleiter müssen Sie so früh wie möglich die Leistungskriterien mit Ihren Teammitgliedern diskutieren, um entsprechende Probleme erkennen zu können. Im Anschluss müssen diese Probleme individuell gelöst werden. Sowohl der direkte Vorgesetzte als auch der Teamleiter müssen sich damit auseinander setzen; manchmal muss auch der Sponsor dabei helfen. Manchmal wird man den offiziellen Prozess umgehen müssen, um besondere Fälle berücksichtigen zu können. Und teilweise werden Veränderungen bei den ursprünglich vereinbarten Leistungskriterien eines Teammitglieds notwendig werden.

Firmen, die eine bereichsübergreifende Teamkultur haben, sind hier definitiv im Vorteil. Manche Firmen verfügen dazu über entsprechend ausgestaltete Formblätter zu den Zielvorgaben, bei denen der Manager in einem speziellen Abschnitt seine Projektarbeit im Laufe des Jahres ergänzen kann. Das nachfolgende Beispiel illustriert, wie dieses Instrument optimal genutzt werden kann.

Im Jahr 2002 startete eine große Firma für Konsumgüter, die durch eine Reihe von Firmenaufkäufen rasch gewachsen war, eine Initiative im Bereich Logistik, die von der Zentrale ausging. Ziel der Initiative war es, einen neuen Geschäftsbereich aufzubauen und bereits vorhandene

Installationen (Labors) für das neue Geschäft zu nutzen. Die Initiative wurde von einem Projekt-leiter der Zentrale geführt. Im Team befanden sich regionale Länderverantwortliche. Um den lokalen Organisationen eine möglichst rasche Umsetzung der geplanten Veränderungen zu ermög-lichen, stellte der Teamleiter jedem Teammitglied ein großzügiges Budget zur Verfügung, um Experten oder Berater zu engagieren.

Ende 2003 war der Teamleiter äußerst enttäuscht. Die regionalen Verantwortlichen hatten sehr wenig unternommen. Weder gab es neue Kunden noch stellten die lokalen Organisationen ihre Labors zur Verfügung. Die meisten hatten das Geld, das er ihnen für die Initiative zur Verfügung gestellt hatte, gar nicht dafür eingesetzt, sondern hatten es einfach zu ihrem eigenen Budget hinzu-gefügt.

Als der Teamleiter versuchte, die Gründe für diese unbefriedigende Entwicklung auszumachen, stellte er fest, dass die regionalen Länderverantwortlichen ausschließlich auf der Basis der Verkaufs-zahlen ihres bestehenden Geschäftes entlohnt wurden. Maßnahmen zur Förderung des neuen Ge-schäftes waren irrelevant. In Zusammenarbeit mit der Geschäftsleitung und der Personalabteilung konnte er bewirken, dass die entsprechenden Maßnahmen zu ihren Zielvorgaben hinzugefügt wurden. Am Ende des Jahres 2004 sah das Bild dann schon völlig anders aus. Die Anzahl der neuen Kunden hatte sich deutlich erhöht. Infolge der Ausweitung dieses neuen Geschäftsbereiches auf neue Länderorganisationen konnte die Firma bereits2004 weitere 20 Millionen Euro Wachstum generieren.

2.6   Soziale Interaktion des Teams

Um als Team eine gute Leistung zu erzielen, ist eine intensive soziale Interaktion not-wendig. Deshalb ist es oberste Priorität, ein positives Umfeld für das Team zu schaffen, wenn die Teammitglieder sich zum ersten Mal treffen.

Wie wir in Kapitel 4, *Mobilisieren von Teamenergie*, erörtern werden, brauchen die meisten Menschen soziale Anerkennung, um ihre bestmögliche Leistung erbringen zu können. Für Menschen, die einander zum ersten Mal begegnen, ist die Angst vor Ablehnung voll-kommen natürlich. Dies kann zu scheinbar irrationalen Verhaltensweisen führen, die von primären Abwehrmechanismen ausgelöst werden. Meist loten die Teammitglieder un-bewusst aus, ob der Rest des Teams sie akzeptiert. Sie schätzen ab, wo sie in der Rang-ordnung stehen und wer die dominanten Teammitglieder sind.

Es ist wichtig, beim ersten Treffen den Prozess des Kennenlernens zu beobachten und zu überwachen, um zu verhindern, dass Teammitglieder konträre Standpunkte einnehmen, was in der Folge die Effektivität des Teams stören könnte. Zwei Maßnahmen sind in diesem Fall besonders wichtig.

Einander kennen lernen

Um die ersten Treffen eines Teams so stressfrei wie möglich zu gestalten und um den Aufbau sozialer Bindungen zu ermöglichen, sollte der Schwerpunkt der ersten Treffen bei der Teamentwicklung liegen. Es ist deshalb sinnvoll, sich Zeit für gemeinsame Aktivitäten zu nehmen, bei denen sich die einzelnen Teammitglieder kennen lernen können. Günstig ist es, Unternehmungen einzuplanen, die die offene Kommunikation fördern, die dazu beitragen können, Hemmschwellen abzubauen oder bei denen gegenseitige Unterstützung im Team gefragt ist.

Dafür gibt es viele Möglichkeiten. Es ist nicht notwendig, in teure Outdoortrainings zu investieren. Einfache Aktivitäten wie zum Beispiel gemeinsame Wanderungen erweisen sich in dieser frühen Phase als ebenso geeignet. Auch gemeinsames Singen, Theaterspielen oder Trommeln können sehr effektiv sein. Spiele, bei denen es am Ende Gewinner und Verlierer gibt, sind zu diesem Zeitpunkt dagegen weniger hilfreich.

Einführen von Teamregeln

Teamregeln sind äußerst wichtig. Sie sind kein Luxus, den man vernachlässigen könnte, sondern ein wichtiges Werkzeug für Produktivität. Sie sollen es den Teammitgliedern ermöglichen, sich auf die vorhandene Arbeit zu konzentrieren und Frustrationen zu vermeiden, durch die unnötig Energie verschwendet würde.

Die Regeln sollten vom Team gemeinsam festgelegt werden. Durch sie wird erwünschtes und unerwünschtes Verhalten definiert, so dass alle darauf zurückgreifen können. Bei einem unangemessenen Verhalten eines Teammitglieds genügt es dann, auf die Regeln zu verweisen, ohne dass man jedes Mail neu darüber diskutieren muss.

Die Klärung der Teamregeln liegt im Verantwortungsbereich des Teamleiters. Bevor das Team die Arbeit aufnimmt, sollten Sie also eine Sitzung anberaumen, in der Sie gemeinsam mit dem Team die grundlegenden Regeln für die Zusammenarbeit miteinander festlegen. Es gibt kein Richtig oder Falsch im Hinblick auf die Teamregeln. Wichtig ist jedoch, dass jedes Teammitglied eingeladen wird, sich beim Aufstellen der Regeln einzubringen, und dass das gesamte Team sich auf die Regeln einigt. Es sollten nicht zu viele Regeln sein, damit sie leicht abrufbar sind; fünf bis sechs grundlegende Regeln sind eine gute Basis.

Hier folgen einige Themen, die Sie beim Aufstellen der Regeln in Betracht ziehen sollten:

- ■ Regeln in Bezug auf die Organisation der Teamarbeit, zum Beispiel Rollenverteilung, Anwesenheit, Pünktlichkeit, Vorbereitung auf Treffen, Umgang mit Unterbrechungen in Form von Anrufen oder E-Mails

- ■ Regeln in Bezug auf das Verhalten bei Diskussionen, zum Beispiel andere aussprechen lassen, nicht unterbrechen, sich kurz fassen, beim Thema bleiben.

- ■ Regeln zum Umgang mit Konflikten. Diese sind besonders wichtig, weil sie dafür sorgen, dass die Teammitglieder sich „sicher" fühlen können, wenn sie anderer Meinung sind als andere Teammitglieder. Dieses Problem wird ausführlich in Kapitel 7, *Steuerung des Prozesses*, diskutiert.

■ Regeln in Bezug auf die Entscheidungsfindung des Teams, zum Beispiel durch Konsens, Mehrheitswahl oder indem der Teamleiter das letzte Wort hat.

■ Regeln über die Umgangsformen im E-Mail-Verkehr, zum Beispiel kurze E-Mails, Hervorheben der wichtigsten Punkte, Klärung des Personenkreises, der in Kenntnis gesetzt werden darf etc.

Wenn Sie sich auf bestimmte Regeln geeinigt haben, sollten Sie diese schriftlich niederlegen und dort aushängen, wo Sie sich regelmäßig als Team treffen. Sie müssen sich auch darüber einigen, wie Sie das Einhalten der Regeln überwachen wollen. Insbesondere müssen Sie sich darüber einig sein, wie mit Regelverstößen anderer umgegangen wird. In einigen Fällen kann es durchaus sein, dass Sie sich auf kleine Strafen einigen, wie beispielsweise kleine Spenden an eine Wohltätigkeitsorganisation. Es ist erfahrungsgemäß sinnvoll, sich am Ende jeder Besprechung Zeit für eine kurze Reflexion zu nehmen und zu prüfen, worauf bei der nächsten Besprechung besonders geachtet werden sollte.

Als Team sollten Sie Ihre Regeln in regelmäßigen Abständen überprüfen und auf den neuesten Stand bringen. Es kann Regeln geben, die allen in Fleisch und Blut übergegangen sind und deshalb von der Liste gestrichen werden können. Aber es können auch neue Probleme auftauchen, die neue Regeln erforderlich machen, um den Teamprozess zu verbessern.

2.7   Zusammenfassung

Die Auswahl eines Teams für strategische Initiativen ist keine beiläufige Entscheidung. Sie ist vielmehr eine echte personelle Planungsentscheidung und beinhaltet Karriereplanung und Folgeplanung.

Sie benötigen die bestmöglichen Mitarbeiter, um eine strategische Initiative erfolgreich umzusetzen. Für Ihre Firma steht viel auf dem Spiel. Woran also sollten Ihre besten Mitarbeiter sonst arbeiten?

Neben der Auswahl des Teams selbst sind zwei wichtige Aufgaben zu vergeben.

■ Der *Sponsor* vertritt vor dem Team das führende Management. Er zeigt die Gesamtrichtung an und unterstützt das Team mit Ressourcen.

Es gibt sieben wichtige Aufgaben, die der Sponsor übernehmen muss:

– Vorgabe der strategischen Richtung der Initiative,
– Auswahl des Teamleiters,
– Festlegen des Ziels,
– Überwachung der Umsetzungsenergie,
– Sicherstellen, dass jeder Umsetzungsschritt vorab im Detail durchdacht wurde,
– Einholen der nötigen Unterstützung aus dem Unternehmen,
– Steuerung des Prozesses.

Auch der Führungsstil des Sponsors ist ein wichtiger Gesichtspunkt. Der Sponsor muss signalisieren, worauf es bei der Umsetzung ankommt, aber er leitet diese nicht.

■ Der *Teamleiter* ist verantwortlich für den operativen Teil der Umsetzung im Tagesgeschäft.

Er hat ebenfalls sieben wichtige Aufgaben zu erfüllen, die sich aber stärker als beim Sponsor auf das operative Niveau beziehen:

– Setzen von Prioritäten in der Umsetzung,
– Rekrutieren des Teams,
– Setzen der Ziele für jeden Schritt in der Umsetzung,
– Aufrechterhalten der Teamenergie,
– Einüben eines jeden Schrittes in der Umsetzung mit dem Team,
– Synchronisierung innerhalb des Teams sowie mit dem Rest des Unternehmens,
– Steuerung des Prozesses.

Alles in allem muss der Teamleiter ein glaubwürdiger operativer Manager sein.

■ Die Art, wie der *Sponsor* und der *Teamleiter* miteinander arbeiten, ist entscheidend. Es sind Überschneidungen und Unterschiede zwischen den beiden Rollen vorhanden. Beide Rollen sind jedoch essenziell wichtig.

Der *Teamleiter* konzentriert sich gewissermaßen auf die Bäume. Der *Sponsor* hat den Überblick über den Wald.

■ Die Auswahl des *Teams* ist eine wichtige Rekrutierungsaufgabe.

Sie ist die Aufgabe des Teamleiters. Das Management, der Sponsor und die Personalabteilung dürfen durchaus ihre Meinung vertreten, aber der Teamleiter sollte idealerweise das letzte Wort haben.

Obwohl es keine ideale Größe des Teams gibt, sollten Sie sich explizit Gedanken über die Anzahl der Teammitglieder machen.

Das Identifizieren der erforderlichen Fähigkeiten potenzieller Teammitglieder ist eine in mehrfacher Hinsicht bedeutende Entscheidung:

– Die grundlegenden Fähigkeiten werden von der Art der Initiative vorgegeben.
– Die zukünftigen Nutzer der Initiative und die Lieferanten der Ressourcen müssen im Team vertreten sein.
– Für eine angemessene Atmosphäre im Team sind eine gewisse Diversität und ein Gleichgewicht der Profile erforderlich.
– Letztlich zählt das Verhalten der Personen sehr stark. Eingefleischte Einzelgänger sind wenig hilfreich.

Wenn Sie ein Team bilden, müssen Sie sich vor zwei Zeitbomben in Acht nehmen:

– Die zeitliche Verfügbarkeit der Teammitglieder wird häufig als selbstverständlich angesehen, ist es jedoch nicht.

- Oft wird ignoriert, dass die Leistungsbeurteilung am regulären Arbeitsplatz eines Teammitglieds entsprechend angepasst werden muss, um nicht mit dem Aufwand, den die Initiative erfordert, zu konkurrieren. Geschieht dies nicht, kann das zu Problemen führen und stark kontraproduktiv sein.

Letztendlich muss ein Team als eine soziale Gruppe seine Art der Interaktion sehr früh festlegen.

- Es braucht Zeit, bis die Teammitglieder sich miteinander vertraut gemacht haben.
- Das frühe Festlegen von Regeln hilft dem Team, produktiv zu bleiben.

3 Bestimmen des Kurses

Freitag, 01. Juni 2007, 17.00 Uhr: Bernd Walldorf saß in seinem Büro und starrte die Wand an. Bernd Walldorf war für eine der Initiativen verantwortlich, die von TLM, einer Firma für elektrische Haushaltsgeräte, zur Erneuerung der Produktlinie gestartet worden war. In den letzten zwei Jahren hatten Walldorf und sein Team an einer neuen Kaffeemaschine mit dem Spitznamen MyCoffee gearbeitet. Das Neue an dem Gerät war seine Benutzerfreundlichkeit. Sie sollte zum Jahresende auf den Markt kommen.

Walldorf dachte an die letzte Woche zurück, die ihm wie eine Aneinanderreihung von Alpträumen erschien. Am Montagmorgen hatte er eine E-Mail von Markus Altkamp, dem Marketingmanager des Geschäftsbereichs Kaffee, erhalten. Die E-Mail enthielt einen Internetlink und die Frage: „Haben Sie das schon gesehen?" Der Klick auf den Link führte Bernd Walldorf auf die Webseite der Firma Storup, Hauptkonkurrent von TLM. Das Unternehmen gab das Erscheinen einer neuen Kaffeemaschine bekannt. Bernd Walldorf war entsetzt, wieviel Ähnlichkeit das Gerät von Storup mit MyCoffee hatte. Es war sogar schon in begrenzter Anzahl im Einzelhandel erhältlich.

Wie konnte das sein? Wie war es Storup gelungen, das Produkt vor TLM auf den Markt zu bringen? Bernd Walldorf wusste mit Sicherheit, dass sich das Produkt vor sechs Monaten auch bei Storup noch nicht in der Entwicklung befunden hatte. Dennoch war es dem Unternehmen gelungen, das Gerät bereits in die Läden zu bringen.

Am Mittwochnachmittag hatte sich Walldorf mit dem technischen Experten des Teams getroffen, dem es gelungen war, das Produkt von Storup zu kaufen, und der gerade dabei war, es zu untersuchen. Im Grunde war es eine vereinfachte Version von MyCoffee. Es besaß alle wichtigen Funktionen, insbesondere die Einfachheit in der Bedienung. Ihm fehlte einiges an anspruchsvollen Eigenschaften, die TLM so viel Zeit in der Entwicklung gekostet hatten. Walldorf konnte aber auch erkennen, dass das Produkt in vielerlei Hinsicht geschickt konstruiert war. So würde es einfach sein, es zu verbessern und neue Funktionen hinzuzufügen.

Als Walldorf über das Storup-Produkt nachdachte, erkannte er, dass TLM schon vor einem Jahr ein recht ähnliches Produkt hätte auf den Markt bringen können. Warum nur hatte man das nicht getan? Während er darüber nachsann, erinnerte er sich an die lange Auflistung von Produktspezifikationen, die er von der Marketingabteilung erhalten hatte. Sein Team hatte damals begonnen, zusammen mit der Abteilung Forschung & Entwicklung an der Umsetzung zu arbeiten.

In einer Besprechung zur Bewertung des Fortschritts vor einem Jahr hatten allerdings alle erkannt, dass nicht jeder der gleichen Meinung war, was „benutzerfreundlich" bedeutete. Die Abteilungen Marketing und Forschung & Entwicklung hatten sich nicht darauf einigen können, wie lange das Gerät stromnetzunabhängig funktionieren sollte. Die Marketingabteilung setzte sich letztlich durch. Dies bedeutete allerdings, dass die Abteilung Forschung & Entwicklung die Form der Pumpe überarbeiten musste.

Ursprünglich gab es die Idee, das Produkt zunächst in den Ländern einzuführen, in denen TLM einen hohen Marktanteil im Bereich Kaffeemaschinen hatte. Als man das Produkt jedoch vor sechs Monaten den nationalen Bereichsleitern vorstellte, löste es einen unerwarteten Enthusiasmus aus. Viele Länderverantwortliche waren der Meinung, dass MyCoffee ein perfektes Einführungsprodukt wäre, um die Verkäufe in den Ländern zu steigern, in denen TLM bisher nicht so stark war. Walldorf widerstrebte dies, weil seine Pläne zur Einführung in den ursprünglichen Zielländern bereits relativ gut ausgereift waren. Aber die nationalen Bereichsleiter wurden letztlich vom Management unterstützt und somit sollte das Produkt in vielen Ländern gleichzeitig eingeführt werden.

Ferner bestand ein Problem im Vertriebsweg. Ursprünglich hatte man die Idee, das Gerät auf die Zielgruppe „junge Erwachsene" auszurichten. Es sollte durch den weit gestreuten Einzelhandel verkauft werden. Einige Länder gaben jedoch eindeutig zu verstehen, dass darüber hinaus Warenhäuser mit einbezogen werden müssten. Von diesen Vertriebswegen erwarteten sich die Länder eine höhere Gewinnspanne. Daraus resultierte eine lange Diskussion über die Positionierung von MyCoffee.

Während Walldorf überlegte, wurde ihm klar, dass sein Team immer wieder von vorne hatte anfangen müssen. Somit musste die gleiche Arbeit mehrmals gemacht werden. Einige Punkte, die eigentlich schon diskutiert worden waren, wurden erneut zur Diskussion gestellt. Dies führte unter anderem dazu, dass das Design geändert werden musste.

Walldorf stellte auch fest, dass er und sein Team nicht besonders gut darin gewesen waren, die ständigen neuen Anforderungen zu hinterfragen. MyCoffee war ein bewegliches Ziel. Die Firma arbeitete nach dem Grundsatz, nur perfekte Produkte auf den Markt zu bringen. Gemessen an den Standards von TLM, war Storups Produkt nicht perfekt. Aber dafür war es bereits auf dem Markt.

Walldorf war gerade aus einer Besprechung mit Rainer Feuerstein, dem Sponsor des Projekts, gekommen: „Ich habe mich darauf verlassen, dass Storup nichts vorzuweisen hat! Nun hat man uns den Markt vor der Nase weggeschnappt. Welchen Marktanteil können wir jetzt noch erwarten? Werden unsere Verkäufe überhaupt die bereits getätigten Ausgaben decken?"

Walldorf seufzte. Feuerstein hatte Recht. TLM hatte in dem Glauben investiert, dass man als Erster auf dem Markt sein würde. Aber nun war Storup diejenige Firma, die in den nächsten sechs Monaten Gewinn machen würde. Wenn er doch nur in der Lage gewesen wäre, den stetigen Strom neuer Anforderungen unter Kontrolle zu halten! Wenn Feuerstein doch nur ein wenig geholfen hätte, die Zielsetzung des Projekts auf irgendeine Weise bescheidener zu halten!

Bevor Sie zu einem Segeltörn über den Atlantik aufbrechen, schauen Sie sich vermutlich eine Seekarte an. Sie markieren darauf, wo Sie sich befinden und wohin Sie segeln wollen. Außerdem zeichnen Sie eine vorläufige Route ein, wobei Sie den Wetterbericht, die Strömungen, die jahreszeitlich üblichen Winde und die wichtigsten Anlaufhäfen berücksichtigen.

Die Kursfestlegung bei einer strategischen Initiative funktioniert auf die gleiche Weise. Sie ist eine unabdingbare Vorbereitung für die lange Reise der Umsetzung. Ohne einen weiträumigen Überblick wird sich die Umsetzung einer strategischen Initiative schwierig gestalten. Denn von diesem Überblick ausgehend werden Sie zu gegebener Zeit in der Lage sein, zu gewährleisten, dass Ihre kleineren Umsetzungsschritte stimmig sind und in die richtige Richtung weisen.

3.1 Die Initiative auf Kurs bringen

Bevor die Ziele festgelegt wurden, ist eine strategische Initiative nur eine vage allgemeine Idee. Die Projektleitung sowie die Sponsoren glauben meist, dass sie genau wissen, was sie wollen. Wenn Sie jedoch die Hauptinteressenvertreter befragen, stellen Sie schnell fest, dass jeder die Initiative anders sieht. Jeder hat eine andere Vorstellung von den zu lösenden Problemen, vom erwarteten Ergebnis und von den notwendigen Schritten dazwischen.

Der Zweck dieses Vorbereitungsschritts besteht also darin, aus einer allgemeinen Idee ein greifbares und umsetzbares Unterfangen zu machen und dieses auf den richtigen Kurs zu bringen. Das klingt eigentlich recht klar und einfach, und das ist es auch. Die exakte Festlegung der Ziele benötigt zwar Zeit, aber diese Zeit ist gut investiert. Wenn Sie dagegen glauben, dass Sie auch ohne eine gründliche Klärung der Zielsetzung auskommen, sind ernsthafte Probleme vorprogrammiert. Allzu oft scheitern Initiativen daran, dass ungeduldige Manager meinen, den Vorbereitungsprozess abkürzen zu können, wie die folgenden Beispiele zeigen.

- ◼ Manchmal sind die Ziele einer Initiative zu anspruchsvoll. Dies ist im Allgemeinen auf Unentschlossenheit zurückzuführen. Man möchte nicht riskieren, etwas außer Acht zu lassen, weil es sich am Ende als wichtig herausstellen könnte. Das macht jedoch das Risiko nicht geringer, sondern größer. Wie das Beispiel zu Beginn des Kapitels zeigt, ist es meist besser, etwas Unvollständiges abzuliefern und es später zu vervollständigen, als es überhaupt nicht oder nicht rechtzeitig zu liefern.

- ◼ Manche Firmen tauchen sofort in die detaillierte Umsetzungsplanung ein, so als würden sie Dutzende genauer Pläne mit kleinem Maßstab nebeneinander legen, um eine weite Reise darzustellen. Schon sehr bald wissen sie jedoch nicht mehr, wo sie sich befinden und wie diese Pläne miteinander zusammenhängen.

- ◼ Manchmal bleibt die Zielsetzung zu undeutlich, was sehr schnell dazu führen kann, dass die Initiative ins Trudeln gerät. Denn die verschiedenen Abteilungen kommen dann immer wieder mit neuen Ideen und neuen Anforderungen, die das Team zwingen, die Zielsetzung ständig neu anzupassen, um den neuesten Vorschlag zu berücksichtigen. Das Team verfolgt in diesem Fall ein bewegliches Ziel. Dadurch erhöht sich die Komplexität und die Initiative kommt niemals zum Abschluss. Eine klare Zielsetzung hilft dem Team zu entscheiden, ob die vorgeschlagenen Veränderungen sinnvoll sind oder ob sie besser erst im nächsten Schritt verfolgt werden sollten. Nur so lässt sich eindeutig klären, was nicht umgesetzt werden soll.

■ Manchmal ist die Zielsetzung äußerst bescheiden. Dies ist im Allgemeinen ein Zeichen dafür, dass das Team die Initiative auf eine wenig ambitionierte Zielsetzung reduziert hat, damit sie mit den alltäglichen Aufgaben der Teammitglieder vereinbar ist. Das kann darauf zurückzuführen sein, dass die Mitarbeiter krampfhaft versuchen, produktiv zu werden, obwohl sie eigentlich vollkommen überlastet sind. Aber es kann auch sein, dass die Mitarbeiter einfach nur versuchen, den zusätzlichen Aufwand zu minimieren. In jedem Fall ist es nicht gerechtfertigt, solch ein Projekt als strategische Initiative zu bezeichnen.

Die gemeinsame Festlegung der Zielsetzung dient in erster Linie dem Team selbst, den Menschen, die das Projekt erfolgreich durchführen und abschließen sollen. In manchen Firmen erhält das Team die Zielsetzung wie eine Betriebsanweisung, die es nur noch umsetzen muss. Das ist allerdings kein guter Ansatz. Es gibt zwei Gründe, aus denen die Zielsetzung der Initiative vom Team selbst erarbeitet werden sollte:

■ Erstens bewirkt das gemeinsame Erarbeiten der Zielsetzung eine Abstimmung der Teammitglieder untereinander. Sie müssen sich darüber einig werden, wo das Problem liegt, was das Ziel sein sollte und wie der Weg dorthin aussehen könnte. Diese Punkte müssen gemeinsam geklärt werden.

■ Zweitens ist die Erarbeitung der Zielsetzung die erste wichtige Gelegenheit für die Teammitglieder, als Team zu arbeiten. Die Diskussion über die Festlegung der Ziele führt dazu, dass das Team gemeinsam die Verantwortung für die Initiative übernimmt. Die Ziele werden zu ihren eigenen Zielen, wodurch sich die Mitglieder des Teams zu ihrer Umsetzung verpflichtet fühlen.

Manchmal machen sich die leitenden Manager bei dieser Vorgehensweise Sorgen, ob die Zielsetzung des Teams nicht irgendwann von der ursprünglichen Idee völlig abweicht. Wie wir sehen werden, ist dieses Risiko jedoch sehr gering. Für den Sponsor gibt es zahlreiche Gelegenheiten und Möglichkeiten, die Überlegungen des Teams zu beeinflussen und sicherzustellen, dass die letztendlich verabschiedete Zielsetzung auch von strategischer Bedeutung ist.

Tatsächlich ist es so, dass viele Teams Angst davor haben, einen Fehler zu machen, die „falsche" Zielsetzung zu wählen und damit Unzufriedenheit im höheren Management auszulösen. In diesem frühen Stadium besteht üblicherweise nur ein begrenztes Verständnis für das Problem. Deshalb wenden sich die Teammitglieder häufig an den Sponsor, um von ihm die „richtige Antwort" zu erhalten. Der Sponsor sollte aber eben nicht die Antwort haben. Er sollte den Teammitgliedern vielmehr klar machen, dass sie gerade deshalb in diesem Team sind, um selbst ihre eigenen Antworten zu finden. Der Sponsor sollte also den Ball an das Team zurückgeben und es herausfordern, ihn aufzunehmen und abzuspielen.

Diese Diskussionen sind wichtig, um dem Team und dem Sponsor zu ermöglichen, ihre Erwartungen aufeinander abzustimmen. Das Team sollte die eigenen Ansichten sowie die Ansichten des Sponsors immer und immer wieder prüfen. Beide Parteien sollten die bestehenden Streitfragen so lange erörtern, bis sie ein gemeinsames Verständnis erreicht haben. Während dieser Debatten kann der Sponsor sein Engagement demonstrieren und dem Team seinen Kommunikationsstil vermitteln. Wie uns ein Sponsor mitteilte: „Ich gehe ein Thema gern mehr als nur einmal an und stelle die gleichen Fragen immer wieder aus verschiedenen Blickwinkeln."

3.2 Drei Schritte zum Bestimmen des Kurses

Wenn Sie sich auf eine Reise begeben, bestimmen Sie zunächst Ihren Ausgangspunkt. Dann wählen Sie das Ziel aus. Schließlich legen Sie die Route zwischen diesen beiden Punkt fest.

Das klingt ganz einfach, doch handelt es sich dabei durchaus nicht um einen geradlinigen Prozess. Es gibt immer wieder Rückkopplungsschleifen zwischen der Festlegung des Ausgangspunktes, des Endpunktes und der Route. Außerdem gibt es meist verschiedene Optionen für die Route.

Bei der Entscheidung über die Zielsetzung Ihrer strategischen Initiative durchlaufen Sie idealerweise ganz ähnliche drei Schritte. Diese drei Schritte sind (siehe Abbildung 3.1):

- ■ Einigung über das zu lösende Problem,
- ■ Einigung über das zu erwartende Ergebnis,
- ■ Einigung über den Gesamtplan zum Erreichen des Ziels mit einigen möglichen Optionen auf dem Weg dorthin.

Abbildung 3.1   Festlegen des Kurses

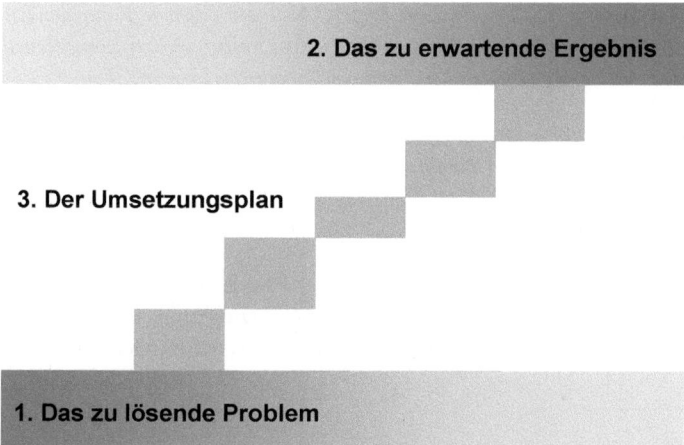

3.2.1   Einigung über das zu lösende Problem

Bei vielen Initiativen besteht keine Klarheit darüber, was eigentlich das Problem ist, das das Team lösen soll, bzw. welche strategischen Möglichkeiten und Gelegenheiten das Team nutzen soll. Oft gehen die Teammitglieder davon aus, dass bereits alles klar ist: „Wir wissen doch, wie die Situation ist. Es besteht kein Grund dafür, Zeit mit Analysen zu vergeuden!" Üblicherweise kommen solche Kommentare von handlungsorientierten Managern, die am liebsten sofort irgendwelche Maßnahmen starten würden, nur um irgendetwas zu tun, als erst einmal innezuhalten und darüber nachzudenken, wodurch die aktuelle Situation eigentlich entstanden ist. Vielfach muss man die Teammitglieder erst massiv dazu ermutigen, sich in die Details der jeweiligen Situation zu vertiefen. Denn ohne ein klares Verständnis der Ausgangssituation riskieren Sie, die falschen Probleme anzugehen und dadurch die falsche Zielsetzung zu wählen.

Der folgende Abschnitt beschreibt einen Ansatz, wie sich auf effektive Weise eine Momentaufnahme der aktuellen Situation einfangen und damit herausarbeiten lässt, welches die Hauptprobleme sind, die die Initiative lösen soll.

1. Ursachen statt Symptome

Die meisten Teams richten ihr Augenmerk zunächst oft auf die Symptome, statt sich mit den Ursachen des Problems zu befassen. Es ist jedoch allgemein bekannt, dass man das Problem nicht löst, wenn man lediglich die Symptome beseitigt.

So haben wir einmal mit einem Team gearbeitet, welches feststellte, dass das Problem der Firma im Vergleich zu den regionalen Mitbewerbern in ihrer kleinen Größe bestand. Das Team identifizierte potenzielle Akquisitionsziele unter den kleineren Mitbewerbern in der Region. Zunächst war beabsichtigt, die eigenen Kompetenzen in die aufgekauften Firmen zu übertragen und sie auf diese Weise zu konsolidieren. Um diese Strategie umzusetzen, wurde eine Initiative gestartet.

Bei näherer Betrachtung erkannte das Projektteam jedoch, dass die eigenen Kompetenzen stark fragmentiert waren. Es gab keine direkte Möglichkeit, einen Pool an bewährten Kompetenzen aufzubauen, ganz zu schweigen von einer Übertragung in die aufgekauften Firmen.

Die Teammitglieder schlugen daraufhin vor, die Zielsetzung der Initiative zu verändern. Sie regten an, zunächst die internen Kompetenzen zu vereinen. Nur so konnte die Firma sicherstellen, dass beim Kauf anderer Unternehmen die gewünschten Kompetenzen ebenfalls integriert werden konnten.

Der Ansatz, den wir vorschlagen, um die Ursachen eines Problems aufzudecken, wird als Fischgrätendiagramm oder Ursache-Wirkungs-Diagramm[13] bezeichnet. Es ist in der Qualitätssicherung allgemein bekannt. Das anzugehende Problem wird zunächst am Kopf des

---

[13]   Dieser Ansatz wurde von Kaoru Ishikawa entwickelt, einem Pionier des Qualitätssicherungsmanagements in Japan.

Diagramms niedergeschrieben. Die Ursachen werden dann in der Reihenfolge, in der sie identifiziert werden, schrittweise an die Äste gefügt (siehe Abbildung 3.2).

■ Die Untersuchung beginnt mit vier Hauptkategorien möglicher Ursachen, um zunächst die Vorstellungskraft anzuregen. In diesem Zusammenhang häufig verwendete Kategorien sind Personal, Prozesse, Unternehmenspolitik und Infrastruktur.

■ Immer wenn eine Ursache vorgeschlagen wird, folgt darauf die Frage: „Warum ist das so?", was zu einer anderen, tiefer liegenden Ursache überleitet. Die Frage: „Warum?" wird so lange wiederholt, bis das Team keine brauchbaren Antworten mehr findet.

■ Einige Ursachen werden wesentlich häufiger als andere über alle Abzweigungen hinweg zu finden sein. Dabei handelt es sich um die Ursachen, die am dringendsten zu beseitigen sind.

■ Nun wird die kollektive Weisheit des Teams genutzt, um unter den identifizierten Ursachen Prioritäten zu setzen (zum Beispiel, indem die wichtigsten rot markiert werden). Die Hauptursachen kommen dann an die Spitze der Prioritätenliste.

Abbildung 3.2   Fischgrätendiagramm

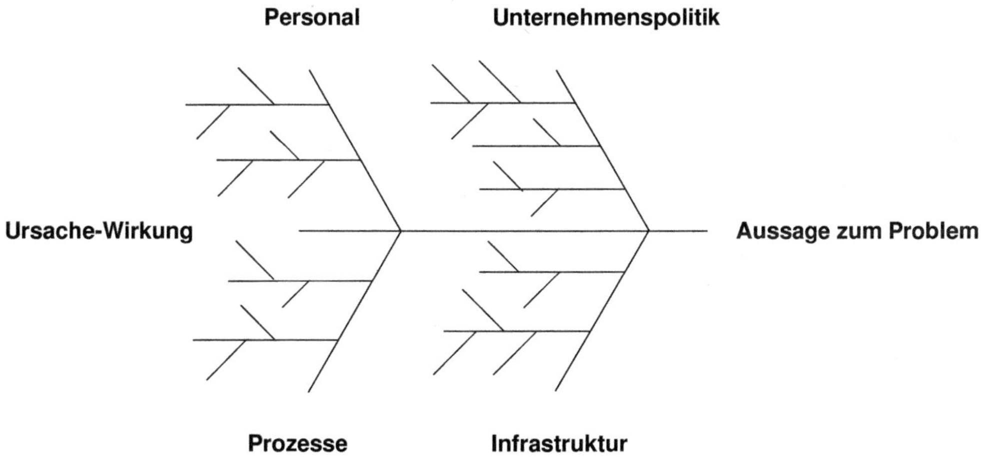

Bei dieser Analysetechnik handelt es sich um einen kollektiven Prozess. Das gesamte Team kann Ideen beisteuern und nach dem Warum fragen. Man muss keinesfalls ein Experte sein, um mögliche tiefere Ursachen zu entdecken. Dabei gilt, dass die Ursachenvorschläge nicht diskutiert oder kritisiert werden, sondern lediglich im Diagramm vermerkt werden. Durch die kollektive Weisheit werden die unwahrscheinlichen Ursachen in der Regel automatisch aussortiert. Der Prozess unterstützt das Team außerdem dabei, sich auf die möglichen Ursachen zu konzentrieren statt darauf, bestimmte Personen als „die Schuldigen" auszumachen.

2. Vorhandenes Wissen nutzen

Gleichzeitig mit den Ursachen des Problems sollten auch alle relevanten Erkenntnisse zu seiner Lösung identifiziert werden. Teams unterlassen es häufig, sich über vorangegangene Initiativen zu informieren, die sich mit ähnlichen Problemen befassten, und deren Ergebnisse zu nutzen. Manche Sponsoren verschweigen sogar frühere Initiativen und Projekte, mit der Begründung, dass das Team völlig unbefangen an die Sache herangehen sollte. Das klingt theoretisch gut, aber in der Praxis wird sich ein fähiges Team von den Fehlern anderer nicht negativ beeinflussen lassen. Im Gegenteil, es kann vielmehr aus früheren Fehlern lernen. Deshalb sollte das Team auf jeden Fall gründlich recherchieren, was in früheren Projekten bereits unternommen wurde.

Es ist auch wichtig, alle bewährten Methoden zu identifizieren, die bei der Lösung des Problems relevant sein könnten. Diese können sich innerhalb oder außerhalb der Firma finden lassen. Es besteht kein Grund, das Rad neu zu erfinden. Zum Beispiel kann es sehr aufschlussreich sein, wie dasselbe Problem in einer Firma aus einer anderen Branche gelöst wurde.

3. Einen Gesamtüberblick erarbeiten

An diesem Punkt kann es vorkommen, dass das Team plötzlich mit zu vielen Informationen konfrontiert ist. Dann sollte es sich jetzt die Zeit nehmen, am Gesamtzusammenhang zu arbeiten. Die Frage, die sich das Team stellen sollte, lautet: „Welches sind die drei kritischsten Themen, die wir angehen müssen?" Nach dem Pareto-Prinzip ist die Wahrscheinlichkeit hoch, dass damit 80 % des Gesamtproblems abgedeckt sind. Diese Themen sollten Sie nun nacheinander und Schritt für Schritt in Angriff nehmen, so dass nach jedem Umsetzungsschritt Feedback eingeholt werden kann, bevor der nächste Schritt unternommen wird.

Es ist meist sehr hilfreich, eine grafische Darstellung des Problems zu erarbeiten, zum Beispiel in Form eines Netzwerkdiagramms, das die Lage der wichtigsten Problembereiche aufzeigt, oder eines Diagramms zum Prozessfluss, welches die kritischsten Engpässe hervorhebt. Eine grafische Darstellung ist nützlich, weil sie einen Fokus für die Diskussion liefert und dem Team hilft, sich aneinander anzunähern.

Während sich die Ideen und Vorstellungen entwickeln, kann das Team die Darstellung entsprechend verändern und so die eigene Entwicklung nachvollziehen. Außerdem kann die grafische Darstellung auch Mitarbeitern anderer Abteilungen zur Prüfung und Diskussion vorgelegt werden, um weitere Sichtweisen dazu einzuholen.

4. Feedback einholen

Im letzten Teil der Situationsanalyse geht es um einen Feedbackprozess auf drei verschiedenen Ebenen. Das Team braucht Feedback untereinander, von den beteiligten Interessengruppen und vom Sponsor.

■ Erstens müssen Sie Ihre eigenen Gedankengänge überprüfen. Sie müssen die Annahmen auflisten, die Sie bei der Analyse der einzelnen Themenbereiche gemacht haben. Dann müssen diese einzeln hinterfragt werden. Was haben Sie in Ihrer Analyse vorausgesetzt? Welche Zahlen und Fakten liegen vor, die Ihre Annahmen und Behauptungen untermauern? Wenn das Team beispielsweise davon ausgeht, dass gewisse Absatzwege nicht optimal funktionieren, gilt es dies durch Fakten zu belegen.

■ Zweitens müssen Sie von den wichtigsten Interessengruppen Feedback zu Ihrem Diagramm einholen. Haben diese das Gefühl, dass die Darstellung korrekt ist? Die wichtigste Interessengruppe sind die zukünftigen Anwender des Ergebnisses Ihrer Initiative, also diejenigen, die das Problem haben. Möglicherweise sind diese der Ansicht, dass sie gar kein Problem haben, was ebenfalls eine Art von Feedback darstellt.

Auch diejenigen Mitarbeiter, die Ressourcen für die Umsetzung der Initiative zur Verfügung stellen müssen, stellen eine Interessengruppe dar. Sie haben mit Sicherheit ebenfalls eine eigene Meinung dazu, wie man die Probleme, die Sie identifiziert haben, angehen sollte.

■ Schließlich muss auch der Sponsor mit in die Analyse einbezogen werden. Indem Sie dem Sponsor das Gesamtbild im Einzelnen verdeutlichen, erklären Sie es gleichzeitig auch sich selbst noch einmal. Dieser mentale Probedurchlauf ist eine gute Gelegenheit, die Logik und Stringenz der eigenen Gedankengänge zu überprüfen.

Es ist von immenser Bedeutung, dass der Sponsor das Team zu diesem entscheidenden Zeitpunkt wirklich herausfordert und kritisch hinterfrägt. Denn nur wenn alle offenen Fragen angesprochen wurden und gemeinsam eine Einigung über das zu lösende Problem erzielt wurde, bewegen Sie sich auf einer soliden gemeinsamen Basis.

Ein Tipp: Verwenden Sie für diese Diskussionen keine Powerpoint-Präsentation. Es ist sehr viel effektiver, das Übersichtsdiagramm auf eine Tafel zu malen oder auf Papier aufzuzeichnen und an die Wand zu heften.

5. Korrekturschleifen einbauen

Diesen ersten Schritt, also die Einigung über das zu lösende Problem, sollte man keinesfalls unterschätzen. Immer wieder wird es Mitarbeiter geben, die einwenden, dass das Problem doch vollkommen offensichtlich sei. Möglicherweise zählt dazu auch Ihr Sponsor. Sie werden sich mit Teammitgliedern konfrontiert sehen, die es kaum abwarten können, endlich aktiv zu werden. Dennoch ist es überaus wichtig, dass Sie sich zu Beginn genügend Zeit nehmen, um systematisch durch diesen Prozess zu gehen und die Sichtweise des Teams von außen bestätigen oder korrigieren zu lassen. Wird das zu lösende Problem zu diesem Zeitpunkt unzureichend definiert, wird Ihnen das später immer nachhängen.

Jedoch sollten Sie auch nicht in das andere Extrem fallen, das wir manchmal beobachten, und zwar, dass alles zu einem Problem gemacht wird. Manche Menschen tendieren dazu, alle nur erdenklichen Probleme aufs Tapet zu bringen, so als könnten sie sich damit vor ihnen schützen. Der Prozess, den wir vorgeschlagen haben, soll Ihnen helfen, sich von diesem Syndrom zu befreien. Bevor die Liste der Probleme unüberschaubar wird, fassen Sie die Themen gemeinsam als Team zusammen, holen Feedback dazu ein und korrigieren die ungeklärten oder strittigen Punkte.

Der gesamte Prozess ist in der Tat ein klassisches und sehr effektives Verfahren zum Testen von Hypothesen: Man stellt eine oder mehrere Hypothesen auf und überprüft sie mittels selektiver Recherchen, worauf sie angenommen oder verworfen werden.

Am Ende sollten Sie als Team eine gemeinsame Meinung dazu vertreten, worin das zu lösende Problem besteht. Diese Meinung sollte mit den Erwartungen der wichtigsten Interessengruppen harmonieren und außerdem mit der Meinung des Sponsors weitgehend übereinstimmen.

Schließlich werden Sie erkennen, dass dieser schrittweise Prozess enorm dazu beigetragen hat, das persönliche Engagement aller Teammitglieder zu steigern.

3.2.2   Einigung über das zu erwartende Ergebnis

Das Ergebnis, das der strategischen Initiative als Ziel vorgegeben wurde, war vermutlich genauso vage und unbestimmt wie die anfängliche Definition des Problems. Ihre Aufgabe besteht nun darin, es zu konkretisieren. Wie genau soll der Zustand sein, wenn das Problem gelöst ist?

Ein Projektleiter teilte uns beispielsweise mit: „Als wir uns zum ersten Mal trafen, haben wir zunächst darum gerungen, unsere eigenen Kriterien für den Erfolg zu definieren. Diese Kriterien haben wir anschließend zur Steuerung des Projektes genutzt."

Der nachfolgende Abschnitt gibt einige Tipps, wie sich das erreichen lässt.

1.   Eine Vision entwerfen

Vision ist ganz ernst gemeint. Wenn Sie keine Visionen haben, werden Sie niemals bestehende Grenzen überschreiten und das gesamte Potenzial ausschöpfen können. Ob und wie sich die Vision erfüllen lässt, sollten Sie erst zu einem späteren Zeitpunkt entscheiden.

Zunächst jedoch ist es wichtig, eine Vision zu entwerfen, wie das Ergebnis Ihrer Initiative für die zukünftigen Anwender aussehen könnte. Wenn die Initiative beispielsweise darauf ausgerichtet ist, einen Geschäftsprozess zu verbessern, sollten Sie sich fragen, was die Anwender an vorderster Front benötigen, um ihre Aufgaben noch effektiver erfüllen zu können. Wenn es bei der Initiative um ein neues Produkt geht, sollten Sie überlegen, was potenzielle Kunden dazu anregen könnte, zu Ihrem Produkt zu wechseln.

Der Prozess, zu dem wir hier anregen möchten, bringt die Teamdynamik in Schwung und führt von der Vision zu einem ersten Entwurf, einem Prototyp. Er nutzt die Interaktion im Team, um die unterschiedlichen Sichtweisen zu eruieren und dafür zu sorgen, dass alle auf den Ideen der anderen aufbauen können. Der Prozess besteht darin, schnell möglichst viele Ideen zu sammeln, Feedback dazu einzuholen und dann darauf aufzubauen, und stammt von der kalifornischen Design- und Innovationsberatungsfirma IDEO. Das Konzept besteht aus fünf Schritten.

1. Die Herausforderung definieren

Die Herausforderung besteht in der Zielsetzung zuzüglich einiger Sachzwänge. Solch eine Zielsetzung könnte beispielsweise lauten: „Der ideale Prozess für die Zusammenarbeit mit unseren wichtigsten Großkunden", oder „Ein Serviceangebot für unsere Premium-Kunden".

Die Sachzwänge haben mit der konkreten Umsetzung der Vision zu tun. Dazu zählen beispielsweise ein festgelegter Zeitrahmen für die Implementierung, ein Limit der Gesamtkosten oder bestimmte technische Vorgaben.

2. Kollektives Wissen sammeln

Neben dem Projektteam sollten Sie eine facettenreiche Gruppe zusätzlicher Mitarbeiter zum Brainstorming einladen. Dazu zählen zum Beispiel wichtige Vertreter der beteiligten Interessengruppen, technische Experten, die mit diversen Aspekten der Initiative vertraut sind, sowie sonstige Mitarbeiter, die für ihre Kreativität und ihre unkonventionellen Ideen bekannt sind. Teilen Sie die Teilnehmer in Gruppen von jeweils vier bis fünf Personen auf.

3. Einen ersten Entwurf erstellen

Fordern Sie diese Gruppen zunächst zu einem gemeinsamen Brainstorming zu der vor-gegebenen Zielsetzung auf. Dabei gelten die üblichen Regeln des Brainstorming, nämlich Urteile zunächst zurückzuhalten und stattdessen auf den Ideen der anderen aufzubauen.

Dabei ist es hilfreich, die einzelnen Ideen auf Karteikarten oder Notizzettel zu schreiben und diese auf einen großen Tisch oder eine Arbeitsplatte zu legen, sodass sie während des Prozesses verschoben und immer wieder neu zu unterschiedlichen Kategorien gruppiert werden können.

Manche Teams würden ihren fertigen Entwurf am liebsten sofort zu Papier bringen. Dennoch sollten Sie zunächst auf Feedback bezüglich der gewünschten Funktionalitäten bestehen, bevor Sie das Entwurfsergebnis endgültig beschließen.

Als Zeitrahmen für diese Diskussionen hat sich eine Dauer von ungefähr einer Stunde bewährt.

4. Feedback einholen und korrigieren

Anschließend wird zu jedem Entwurf ein Feedback der übrigen Gruppen eingeholt. Auch das Feedback wird am besten auf Karteikarten oder Notizzetteln notiert und dazugelegt. Dadurch lässt sich vermeiden, dass das Team, dessen Entwurf jeweils diskutiert wird, sofort anfängt, Argumente für seine Lösung zu suchen und den eigenen Entwurf zu ver-teidigen. Außerdem hat man damit gleich einen schriftlichen Nachweis für das Feedbacks direkt auf der Arbeitsfläche.

Führen Sie auf diese Weise drei bis fünf Entwurf- und Feedback-Runden durch. Dabei sollten die anfänglichen Runden zunächst Entwürfe und Feedback zu den gewünschten

Funktionalitäten liefern. In den späteren Runden können dann vollständige visuelle Darstellungen entstehen, wie zum Beispiel ein Prozessfluss oder ein Produktmodell. Bei diesem Prozess ist es möglich, gute Ideen jeweils untereinander aufzugreifen und sie auszubauen.

5. Das Ergebnis festhalten

Sobald alle das Gefühl haben, dass der Prozess abgeschlossen ist, präsentiert jede Gruppe ihren endgültigen Entwurf. Die anderen Gruppen können jeweils Bewertungen dazu abgeben, zum Beispiel indem sie Sternchen oder Punkte vergeben, um die Details, die sie an einem Entwurf besonders schätzen, zu spezifizieren. Verwenden Sie dazu beispielsweise bunte, gut sichtbare Klebefolienpunkte.

An diesem Punkt kann das Projektteam die besten Merkmale der unterschiedlichen Entwürfe auswählen und zu einem Gesamtentwurf zusammenfassen, der das gewünschte Ergebnis der Initiative repräsentiert.

2. Die Vision konkretisieren

Nun müssen Sie die Vision im nächsten Schritt in ein konkretes Ergebnis übersetzen. Das bedeutet nicht, dass Sie Kompromisse eingehen sollten. Aber Sie brauchen schließlich eine Antwort auf die Frage: „Welchen Nachweis hätten wir am Ende der Umsetzungsphase gerne dafür, dass unsere Vision tatsächlich Wirklichkeit geworden ist?" Dieser Nachweis könnte zum Beispiel darin bestehen, dass sich die Leistungskennzahlen eines Prozesses verbessert haben, dass die Verkaufszahlen oder der Marktanteil eines neuen Produktes zugenommen haben, dass sich die Wertschöpfung einer Geschäftseinheit erhöht hat und so weiter.

Qualitative Bewertungskriterien sind in diesem Zusammenhang zwar einfacher festzulegen und deshalb verlockend, sollten aber unbedingt durch quantitative Indikatoren ergänzt werden. Manchmal glauben Sie vielleicht, dass es gar nicht möglich ist, das Ergebnis in Zahlen auszudrücken. Natürlich können durchaus auch immaterielle und nicht greifbare Vorteile auftreten, die per Definition schwer darzustellen sind. Doch es liegt in Ihrem eigenen Interesse, quantifizierbare Kriterien zu finden, wenn Sie möchten, dass Ihre Ergebnisse am Ende nicht angezweifelt werden können. Wie uns ein Teamleiter sagte: „Ich fordere mein Team immer auf, auch die Dinge in Zahlen auszudrücken, von denen alle glauben, dass sie sich nicht in Zahlen ausdrücken lassen." Ein Blick auf das folgende Beispiel verdeutlicht, was damit gemeint ist.

Einfallsreiche Erfolgskriterien

Ein regionales Team eines großen europäischen Energieversorgungsunternehmens startete eine Initiative, um die Beschaffungsprozesse des Unternehmens im Hinblick auf Corporate Responsibility (CR) zu prüfen. Dadurch sollten Richtlinien für eine verantwortungsvolle Beschaffung (Responsible Procurement) aufgestellt werden, die schrittweise im gesamten europäischen Markt implementiert werden sollten. Schließlich konnte der Ruf der Firma auf dem Spiel stehen, falls bei einem der Zulieferer verantwortungsloses Handeln nachgewiesen wurde.

Diese Initiative erforderte die Unterstützung vieler verschiedener Interessengruppen, unter anderem der Beschaffungsabteilung und der unternehmensinternen Rechtsabteilung, aber auf überregionaler Ebene zum Beispiel auch von CSR Europe sowie anderen Organisationen. Anfangs fiel es dem Team schwer, quantitative Erfolgskriterien zu finden, aber nach einer Brainstorming-Sitzung entschieden sich die Mitarbeiter für folgende Kriterien:

- *Bewertung der Risiken für die Markenintegrität vor und nach der Initiative durch die unternehmensinterne Rechtsabteilung,*

- *Anzahl der Erwähnungen des Themas CR bei den Verantwortlichen des Beschaffungsprozesses im Jahr vor der Initiative und im Jahr nach der Initiative,*

- *Abschneiden des Unternehmens auf Corporate-Social-Responsibility-Ranglisten von Nichtregierungsorganisationen vor und nach der Initiative.*

Termine und Fristen sind unerlässlich, um Visionen in konkrete Ergebnisse zu verwandeln.[14] Eine Vision ohne festgelegte Fristen und Zeitpläne ist nichts weiter als ein reines Fantasiegebilde.

Knappe Fristen zwingen das Team, sich effektiv zu koordinieren, rasch zu lernen und sich auf die Prioritäten zu konzentrieren. Wie wir später sehen werden, ist der Faktor Zeit in den meisten Initiativen der wichtigste Erfolgsfaktor (siehe Kapitel 5, *Durchdenken der Schritte*). Eine konkrete Zeitvorgabe für die komplette Umsetzung der Initiative ist daher unerlässlich, da sie den gesamten Umsetzungsplan definiert und kontrollierbar macht.

Lassen Sie sich nicht dazu verleiten, den Zeitplan festzulegen, indem Sie einfach nur die Phasen der einzelnen Umsetzungsschritte addieren. Stattdessen sollten Sie die Gegebenheiten in Ihrem geschäftlichen Umfeld genau prüfen. Welche Fristen gibt es, die durch Ihr Wettbewerbsumfeld bestimmt werden? Wie weit liegen Sie mit Ihrer Initiative hinter dem Wettbewerb zurück? Wie weit möchten Sie dem Wettbewerb voraus sein? Wie lange wird es dauern, bis der Wettbewerb darauf reagiert? Welche Vorteile haben Sie davon, schon zu einem früheren Zeitpunkt Ergebnisse zu erzielen?

3. Feedback zum erwarteten Ergebnis einholen

Nachdem Sie das zu erwartende Ergebnis festgelegt haben, sollten Sie das Feedback derselben Gruppen einholen, die sich bereits zur Problemstellung geäußert haben.

■ Die zukünftigen Anwender werden mit Sicherheit daran interessiert sein, Feedback zu geben. Wenn Sie die Anwender am Ende der Initiative vor vollendete Tatsachen stellen, riskieren Sie, dass die Ergebnisse niemals verwendet werden. Sie benötigen also unbedingt die Mitwirkung dieser Mitarbeiter, um von Anfang an eine Liste der wichtigsten Prioritäten im Hinblick auf die erwarteten Funktionalitäten zu erstellen. Erörtern Sie mit ihnen diese Aufstellung und die Auswahl der Prioritäten. Bitten Sie

---

[14] Siehe Jacques Horovitz, Anne-V. Ohlsson, A Dream With a Deadline, Prentice Hall Financial Times, 2007.

um Feedback. Beschreiben Sie außerdem die Erfolgskriterien und Ziele, die Sie ausgewählt haben, und finden Sie heraus, ob die zukünftigen Anwender mit diesen
Kriterien einverstanden sind.

■ Das Feedback der Mitarbeiter, die Ihrem Projektteam Ressourcen zur Verfügung
stellen, hilft Ihnen ebenfalls, die Durchführbarkeit Ihrer Maßnahmen zu überprüfen.
Außerdem lassen Sie damit alle schon frühzeitig wissen, was Sie anstreben und welche
Ressourcen Sie dafür in etwa benötigen werden.

■ Schließlich ist es zu diesem Zeitpunkt auch wichtig, Feedback von Ihrem Sponsor einzuholen, obwohl Sie dies wahrscheinlich bereits die gesamte Zeit über getan haben. Sie
brauchen seine Zustimmung zu Ihrem Ergebnisentwurf. Dabei wird Ihr Sponsor
sicherlich die Gelegenheit nutzen, die Gedankengänge des Teams nochmals im Detail
zu prüfen und zu klären, ob die Vision gleichzeitig ambitioniert und realisierbar ist.

Durch diesen interaktiven Prozess übernimmt das Projektteam mehr und mehr die Verantwortung für das erwartete Ergebnis der Initiative. Das wäre sicher nicht der Fall, wenn
die leitenden Manager ihre Ziele dem Team einfach nur aufoktroyieren würden. So aber
sollte das erwartete Ergebnis für das Team von nun an „unser Ziel" sein.

3.2.3   Einigung über den Umsetzungsplan

Nun gilt es, die Lücke zwischen dem zu lösenden Problem und dem erwarteten Ergebnis
auszufüllen. Dazu müssen Sie die wichtigsten Umsetzungsschritte bestimmen und in eine
sinnvolle Abfolge bringen. Zu diesem Zeitpunkt sollte Ihr Interesse erst einmal nur der
allgemeinen Route, also den wichtigsten Umsetzungsschritten, gelten und noch keine
detaillierte Planung beinhalten.

1. Die Abfolge der Umsetzungsschritte planen

Alle Umsetzungsschritte erfordern bestimmte Einsatzfaktoren und liefern bestimmte Ergebnisse. Diese Faktoren und Ergebnisse bilden die Leitlinie für die Abfolge der Umsetzungsschritte: Die Ergebnisse von Schritt A sind die Einsatzfaktoren für Schritt B.
Interessanterweise gibt es einen Einsatzfaktor und ein Ergebnis, die häufig vernachlässigt
werden, weil sie meist als selbstverständlich vorausgesetzt werden. Dabei handelt es sich
um den Einsatzfaktor Wissen und um das Ergebnis Cashflow.

■ **Wissen aneignen**

Eines der von uns untersuchten Teams war beauftragt worden, eine neue Technik für
die Herstellung von feuerfestem Kunststoff auf den Markt zu bringen. Das Team führte
zahlreiche Kundenbefragungen durch, um die Nachfrage nach dem neuen Produkt zu
testen. Es stand bereits kurz davor, das Produkt als Teil ihres Einführungsplanes in
einem ausgewählten Pilotmarkt zu vermarkten. Allerdings hatte man einen wichtigen
Punkt nicht ausreichend geklärt, und zwar, ob die Technik wirklich funktionierte. Zu
diesem Zeitpunkt teilte ihnen die Abteilung Forschung & Entwicklung mit, dass das
geplante Produkt leider nicht realisierbar war.

Aus diesem Beispiel wird deutlich, dass Sie für jeden der wichtigsten Umsetzungsschritte eine genaue Liste erstellen müssen, welche Einsatzfaktoren und welches Wissen dafür erforderlich sind. Überlassen Sie nichts dem Zufall. Stellen Sie bei jedem Schritt sicher, dass die Ergebnisse der vorangegangenen Schritte das erforderliche Wissen beinhalten. Auf diese Weise können Sie die Abfolge Ihrer Schritte wie einen systematischen Lernplan erstellen.

Bei jedem Lernplan gibt es Wissen, das vorausgesetzt wird. Bei einer strategischen Initiative sind dies die Wissensbausteine, ohne die diese Initiative nicht funktionieren kann, wie zum Beispiel das Wissen, dass die dafür notwendige Technologie funktioniert, dass der Markt dieses Produkt benötigt oder dass die vorhandenen Computersysteme miteinander kompatibel sind. Die Abklärung dieser Voraussetzungen muss selbstverständlich am Anfang der Umsetzungsabfolge stehen. Wenn die Technologie nicht funktioniert oder die vorhandenen Computersysteme nicht kompatibel sind, sind alle weiteren Schritte Ihres Umsetzungsplans hinfällig.

Nachfolgend finden Sie ein ausführliches Beispiel für eine solche Überprüfung der Voraussetzungen.

Verkauf der Nebenprodukte

Ein Team eines großen europäischen Mineralölkonzerns sollte untersuchen, wie sich die Rentabilität der einzelnen petrochemischen Fabriken verbessern ließe. In der Vergangenheit hatte das Unternehmen die anfallenden Nebenprodukte einfach direkt ab Fabrik verkauft, meist zu jedem beliebigen erzielbaren Preis. Nun plante das Unternehmen jedoch, mit ausgewählten Nebenprodukten zusätzlich Gewinn zu machen, indem die Derivate aufgewertet und zu einem vorteilhaften Preis verkauft wurden.

Als Teil der Zielsetzung erstellte das Team eine Liste von Voraussetzungen, die vorab zu klären waren:

- ***Es gibt einen Markt für diese Derivatprodukte.***
  Welche Kunden aus welchen Wirtschaftszweigen könnten diese Produkte kaufen?

- ***Die Kunden sind bereit, zu einem neuen Lieferanten zu wechseln.***
  Warum sollten sie daran interessiert sein, unsere Produkte zu kaufen?

- ***Wir können unser vorhandenes Geschäftsmodell nutzen.***
  Können wir diese Produkte mit unserer derzeitigen Infrastruktur vermarkten, verkaufen und liefern? Oder müssen wir uns mit einem Partnerunternehmen zusammenschließen, um dies zu tun?

- ***Wir können diese Produkte rentabel verkaufen.***
  Wie viel und zu welchem Preis können wir vermutlich verkaufen? Wie hoch wären unsere Umsatzkosten? Wie rentabel wird das Projekt sein?

- ***Dieses Geschäft wird auch in Zukunft rentabel sein.***
  Wie konjunkturabhängig sind die Preise in den entsprechenden Märkten? Wer sind die Hauptwettbewerber? Welche Marktbarrieren gibt es in diesem Geschäftsfeld?

■ **Sicherstellung des Cashflows zu einem frühen Zeitpunkt**

Bei der Erstellung des Umsetzungsplanes sollte der zukünftige Cashflow zu dem frühstmöglichen Zeitpunkt sichergestellt werden. Aus der Perspektive einer Kapitalwertanalyse erscheint diese Empfehlung selbstverständlich. Dennoch wird sie in vielen Umsetzungsplänen ignoriert. In der Praxis bedeutet das, dass Sie die notwendigen Umsetzungsschritte so planen sollten, dass die Initiative so früh wie möglich eine Rendite für das Unternehmen abwirft. Denn nur was Sie tatsächlich eingenommen haben, hat eine Auswirkung auf das Ergebnis. Zu den Einnahmen, die Sie sich für die Zukunft erhoffen, wird es vielleicht niemals kommen.

Viele Projektteams liefern ständig neue Versprechungen, von Meilenstein zu Meilenstein, nur um am Ende einsehen zu müssen, dass sich das erwartete Ergebnis nicht realisieren lässt. Das gestaltet sich ungefähr folgendermaßen: „Wir liegen mit diesem Schritt genau im Zeitplan!" – „Prima. Und wie viel bringt uns das ein?" – „Warten Sie einfach ab. Sie werden schon sehen!" Und beim nächsten Schritt: „Wir haben das Budget perfekt eingehalten!" – „Super. Und wie viel bringt uns das ein?" – „Warten Sie einfach ab. Sie werden schon sehen!" Alles wird wie geplant geliefert. Alle Berichte loben die brillante Umsetzung des Projekts. Doch noch gibt es keinerlei Nachweis für einen daraus resultierenden Mehrwert. Und je länger es dauert, bis man mit einem Projekt tatsächlich Geld verdienen kann, umso geringer ist die Wahrscheinlichkeit, dass das jemals der Fall sein wird.

Wenn Sie die kritischen Voraussetzungen und den Cashflow vor allem anderen beachten, können Sie dagegen schon zu einem frühen Zeitpunkt sagen: „Es funktioniert und wir können damit Geld verdienen!"

Sie müssen Ihre Umsetzungsschritte also möglichst so gestalten, dass Sie diese Aussage so früh und so oft wie möglich machen können. Das bedeutet, dass Sie viele kleine Implementierungsschritte mit einer schnellen Marktresonanz einplanen sollten, gemäß dem Motto von David Kelley, Gründer und CEO von IDEO: „Machen Sie frühzeitig Fehler, um schneller aus ihnen lernen zu können!"

■ **Unnötige Festlegungen vermeiden**

Das Feedback, das Sie im Laufe des Prozesses erhalten, ist manchmal ein bisschen vielschichtiger als ein einfaches „Ja, es funktioniert" oder „Nein, es funktioniert nicht". Stattdessen hören Sie vielleicht: „Ja, es funktioniert unter diesen und jenen Umständen", oder „Ja, es funktioniert, aber das Produkt hätte mehr Marktakzeptanz, wenn es auch noch diese oder jene Eigenschaft besäße."

In diesen Fällen müssen Sie bei den nachfolgenden Schritten die verschiedenen Optionen ausloten. Das bedeutet, dass die einzelnen Schritte im Umsetzungsplan auch als entsprechende Optionen mit „Wenn – dann"-Abzweigungen. angeordnet werden müssen.

Wir bezeichnen solch eine Abfolgeplanung von Umsetzungsschritten, die sich an einem Zwischenfeedback des Marktes orientiert, als *flexible* Umsetzung. Es ist wie beim

Segeln: Auch beim Segeln müssen Sie beim Festlegen des Kurses die zu jedem Zeit-punkt verfügbaren Informationen über den Wind, die Gezeiten, den letzten Wetter-bericht und so weiter berücksichtigen.

Lassen Sie beispielsweise eine begrenzte Gruppe von Anwendern einige Eigenschaften des neuen Prozesses testen. Das lässt sich relativ schnell durchführen. Hören Sie sich das Feedback an, ergänzen Sie einige Eigenschaften und testen Sie erneut. Und wenn das Feedback lautet: „Es funktioniert hier bei uns, aber das ist vielleicht auf einen Faktor zurückzuführen, der woanders nicht gegeben ist", dann probieren Sie das Konzept an einer größeren Testgruppe aus. So können Sie immer aus dem jeweiligen Feedback lernen.

Wenn Sie dagegen viele Monate lang an der Perfektionierung des Prozesses arbeiten, ohne jemals reales Feedback auf reale Ergebnisse zu erhalten, führt das mit Sicherheit dazu, dass das Ergebnis schließlich irrelevant sein wird. Wird zu lange ohne Feedback an strategischen Initiativen gearbeitet, kann es sein, dass diese nach Jahren harter Arbeit Produkte liefern, die der Markt nicht mehr benötigt.

Das bedeutet, dass Sie sich immer so lange wie möglich alle Optionen offen halten sollten. Behalten Sie sich die Möglichkeit vor, am Ende jeder Phase, also bei jedem Zwischenergebnis, die Route für Ihre Umsetzung neu festzulegen, je nachdem, was Sie in der Zwischenzeit gelernt haben, wie sich das Umfeld inzwischen geändert hat und welche neuen Möglichkeiten sich eventuell herauskristallisiert haben.

2. Feedback zum Umsetzungsplan einholen

Bevor Sie zur detaillierten Planung und Umsetzung übergehen, sollten Sie nochmals Feedback von den zukünftigen Anwendern einholen. Wie bereits erwähnt, sollten die Anwender im Verlauf der gesamten Umsetzung regelmäßig um Feedback gebeten werden. Ihre Meinung zu den einzelnen Umsetzungsschritten ist offensichtlich wichtig und außerdem auch deshalb von Bedeutung, weil Sie auf ihre kontinuierliche Unterstützung angewiesen sind.

Natürlich benötigen Sie auch das Feedback der Leute, die Ressourcen für das Projekt liefern sollen, denn der Zeitpunkt, zu dem sie aktiv werden müssen, hängt von der ge-planten Reihenfolge der einzelnen Schritte ab. Dabei muss allen Beteiligten auch die not-wendige Flexibilität in der Planung klar sein. Der Bedarf an Ressourcen und der Zeitpunkt ihrer Abfrage hängen selbstverständlich davon ab, welche Optionen im Verlauf der Um-setzung verwirklicht werden. Sie sollten die wichtigsten Ressourcenträger deshalb von Beginn an in den Planungsprozess mit einbeziehen.

Nicht zuletzt wird auch Ihr Sponsor den Umsetzungsplan nochmals gründlich prüfen und Feedback dazu geben, auch wenn er vermutlich den gesamten Prozess dorthin begleitet und kommentiert hat. Doch bei der detaillierten Abfolgeplanung, die Sie gerade vollendet haben, kann man leicht den Blick für das Ziel verlieren. Es gibt viele mögliche Routen, Optionen und Faktoren, die zu berücksichtigen sind. Aufgabe des Sponsors ist es dabei, an die Prioritäten in der Umsetzung zu erinnern und bei der Abklärung zu helfen, welche Routen von vornherein nicht in Frage kommen.

Hier noch ein wichtiger Hinweis für den Sponsor: An diesem Punkt ist es unerlässlich, dass Sie mit Ihrem Team alle Fragen nach dem „Was wäre, wenn …?" gründlich abklären. Es gibt viele solcher Fragen, die bei einer flexiblen Planung untersucht werden sollten. Ihre Hilfe ist dabei wichtig und es bedarf nun einer engen Zusammenarbeit mit dem Team angehen. Denken Sie daran, dass Sie jetzt den Umsetzungsplan für Ihre strategische Initiative erarbeiten. Dieser Plan soll Ihnen und dem Team den notwendigen Überblick verschaffen, wenn es an der Zeit ist, mögliche Optionen abzurufen. Dabei handelt es sich um wichtige Entscheidungen, die wir in Kapitel 7, *Steuerung des Prozesses*, noch näher erläutern werden. Von nun an beginnt die Umsetzung, und dafür werden Sie diesen Plan benötigen.

3.3   Zusammenfassung

Die Zielsetzung einer Initiative festzulegen gleicht dem Markieren möglicher Routen auf einer Seekarte, bevor Sie zu einem Segeltörn aufbrechen. Sie können nicht jedes Detail festlegen, vielmehr geht es darum, vorab die verschiedenen Optionen zu identifizieren und auszuloten. Später kann der Plan dann als Grundlage für wichtige Entscheidungen dienen.

Das Festlegen der Zielsetzung ist Aufgabe des Teams. Erst durch diesen Prozess wird aus einem Projekt, das den Teammitgliedern von außen zugewiesen wurde, ihre eigene Reise, für die sie selbst die Verantwortung übernehmen. Dazu gehört auch die Diskussion mit dem Sponsor, der die Vorgehensweise und die Schlussfolgerungen des Teams kritisch hinterfrägt und die Optionen gegeneinander abwägt, bevor man sich letztendlich auf eine gemeinsame Zielsetzung einigt.

■ **Einigung über das zu lösende Problem**

Die Einigung über das zu lösende Problem ist der erste Schritt im Hinblick auf die Zielsetzung der Initiative. Er gewährleistet, dass die wirklichen Ursachen des Problems in Angriff genommen werden, und nicht lediglich an Symptomen herumgedoktert wird.

Ihre Erkenntnisse müssen von den zukünftigen Anwendern, die mit dem jeweiligen Problem konfrontiert sind, bestätigt werden. Außerdem benötigen Sie auch Feedback von den Abteilungen, die Ressourcen und Know-how für das Projekt zur Verfügung stellen sollen.

Ferner sollte der Sponsor die Gedankengänge des Teams gemeinsam mit diesem aus verschiedenen Blickwinkeln beleuchten.

■ **Einigung über das zu erwartende Ergebnis**

Im zweiten Schritt geht es darum, sich über das Ziel zu einigen, das sowohl ambitioniert als auch erreichbar sein sollte.

Auch dazu benötigen Sie das Feedback der zukünftigen Anwender, die letztlich mit dem geplanten Ergebnis arbeiten werden, sowie von den Lieferanten der Ressourcen, die Ihnen helfen können, die benötigen Einsatzfaktoren zu identifizieren.

Und Sie müssen die Zielvorgaben mit Ihrem Sponsor diskutieren, um sicherzustellen, dass die angesteuerten Ergebnisse auch mit den übergeordneten strategischen Zielen des Unternehmens im Einklang sind.

■ **Einigung über den Umsetzungsplan**

Im dritten Schritt planen Sie die einzelnen Umsetzungsschritte und bringen diese in eine Abfolge, die drei Anforderungen erfüllen muss:

- Zunächst muss sichergestellt werden, dass das für jeden Schritt erforderliche Wissen tatsächlich von den vorhergehenden Schritten geliefert wird.
- Zweitens müssen die Umsetzungsschritte eine Abfolge haben, die so früh wie möglich verwertbare Zwischenergebnisse liefert. Auf diese Weise können Sie schrittweise überprüfen, was funktioniert und was auch tatsächlich lukrativ ist, bevor Sie zur jeweils nächsten Phase übergehen.
- Und schließlich sollten Sie sich nicht auf bestimmte Umsetzungsschritte festlegen, solange es nicht notwendig ist. Mit anderen Worten: Halten Sie sich alle Optionen so lange wie möglich offen.

Die Abfolge der Umsetzungsschritte sollte einen *flexiblen* Plan darstellen, der jederzeit auf Feedback, Veränderungen des Umfelds und neue Möglichkeiten reagieren kann.

Wie bereits erwähnt, müssen Sie Ihren Plan immer wieder mit den zukünftigen Anwendern abstimmen, weshalb die Anwender im Laufe der Umsetzung häufig Feedback geben sollten.

Die Abteilungen, die notwendige Ressourcen zur Verfügung stellen sollen, müssen wissen, welche Konsequenzen ein flexibler Ablaufplan für ihre jeweilige interne Planung haben kann.

Der Sponsor der Initiative muss die Annahmen und Schlussfolgerungen des Teams hinterfragen, um die Stringenz des Umsetzungsplans zu testen. Dieser Plan ist ein wichtiges Werkzeug für den Teamleiter, das Team und den Sponsor, denn er gibt den Rahmen für die Entscheidungen vor, die bei jedem einzelnen Meilenstein getroffen müssen. Eine Einigung zwischen dem Team und dem Sponsor über den Umsetzungsplan ist deshalb zu diesem Zeitpunkt von entscheidender Bedeutung.

4   Mobilisieren von Teamenergie

Die Firma hatte zwei wichtige strategische Initiativen gestartet. Um sie ins Rollen zu bringen, waren die beiden Teams für eine Woche zu einem Managementworkshop außerhalb der Firma geschickt worden. Der Zweck des Treffens war, einen vernünftigen und stabilen Umsetzungsplan zu entwerfen. Darüber hinaus sollten sich die Teams auf die Umsetzungsphase vorbereiten.

Ein Team entpuppte sich als wenig dynamisch. Es schien, als rede das Team unendlich lange um das Thema herum. Der Teamleiter trieb die Geschwindigkeit keineswegs voran. Er fragte häufiger nach, wie sich die Leute fühlten, worauf die Teammitglieder eine gewisse Zeit lang ihre eigenen Gefühle miteinander diskutierten. Vielfach kamen sie auf alte Probleme zurück, die bereits besprochen worden waren und die, wie man meinen sollte, bereits gelöst waren. Der Besprechungsraum des Teams zeugte von einer friedlichen Atmosphäre, die der eines englischen Klubs ähnelte. Trotzdem nahm ein Umsetzungsdiagramm langsam Form an. Es stellte den Prozess dar, auf den sich die Initiative konzentrieren wollte.

Das andere Team war hingegen wesentlich dynamischer. Einige der Teammitglieder schienen recht besorgt zu sein, sobald sich nicht viel ereignete. Ein Teammitglied erinnerte das Team jeden Morgen daran, dass es nicht im Zeitplan lag, wenn es sich nicht beeilte: „Kommt, Leute, lasst uns in Schwung kommen", rief er jedes Mal beim Betreten des Raumes.

Der Prozessbegleiter dieses Workshops, der mit beiden Teams arbeitete, sagte: „Ich machte mir ernsthafte Sorgen um die Entwicklung des ersten Teams. Ich war mir nicht sicher, ob ich es drängen sollte. Wenn ich den Raum betrat, schienen die Teammitglieder mich einfach zu ignorieren und mit ihren eigenen Gesprächen fortzufahren. Zumindest war im anderen Team Aktivität vorhanden."

Genauer gesagt war dort mehr als nur Aktivität vorhanden, es herrschte geradezu Chaos. Das Team war wie ein Orchester aus Solisten, die versuchten, sich gegenseitig zu übertrumpfen. Schon bald kam es zu einem Wutausbruch nach dem anderen. Folglich verspürten alle Mitglieder peinliche Schuldgefühle. Der Umsetzungsplan musste schließlich auf Eis gelegt werden, während das Team daran arbeitete, seine innere Struktur wieder in Ordnung zu bringen und sich auf eine gemeinsame Arbeitsweise zu einigen. Der Prozessbegleiter erinnert sich: „Bevor ich sie dazu bringen konnte, wieder miteinander statt nur mit mir zu reden, kam es mir vor, als müsste ich allen die Beichte abnehmen!"

Es war für einige Teammitglieder überraschend, dass eine solche Auseinandersetzung tatsächlich hilfreich war. Das Niveau der Zusammenarbeit verbesserte sich und am Ende der Woche hatte das Team ebenfalls einen vernünftigen Plan, auf den sich alle einigten.

Die beiden Teams hatten sehr unterschiedliche Ansätze, Energie aufzubauen. Das erste Team war facettenreich. Es bestand aus Mitarbeitern aus dem Bereich Informationstechnologie sowie aus verschiedenen operativen Geschäftseinheiten. Die Motivation schien anfangs vielleicht etwas schwach, doch fühlten sich alle dazu berufen, die Aufgabe anzugehen. Der eher zurückhaltende Ansatz rührte in Wirklichkeit daher, dass sie sicher gehen wollten, dass alle dringlichen Probleme berücksichtigt wurden. Die Teammitglieder bauten auf diese Weise eine solide Basis auf, und zwar nicht nur konzeptionell, sondern vor allem auch als Team. Sie engagierten sich sowohl als Einzelne wie auch für das Team.

Das zweite Team war homogener zusammengesetzt und in hohem Maße marketingorientiert. Die Mitglieder machten sich Gedanken über die eigene Legitimation. Sie wollten das bisherige Vorgehen des Unternehmens im Bereich der Initiative hinterfragen, waren sich aber nicht sicher, wie weit sie gehen konnten, was einige von ihnen aggressiv machte. Sie gingen an ihre Grenzen, um festzustellen, was die anderen sagen würden. Sie waren anfangs recht ehrgeizig, aber mit der Zeit wurden sie erfahrener und konzentrierten sich schließlich auf die Ziele, die ihnen als Team erreichbar und umsetzbar erschienen.

Interessanterweise hatten die beiden Teams Sponsoren mit sehr unterschiedlichen Persönlichkeiten. Beide Teams waren von diesen ordnungsgemäß informiert worden. Aber offensichtlich hatten diese Gespräche zu unterschiedlichen Beziehungen zwischen den Teams und ihren Sponsoren geführt. Der Sponsor des ersten Teams war bereits zuvor Teamleiter in einem ähnlichen Prozess gewesen. Er war bei den Teammitgliedern dafür bekannt, dass er eine Initiative zum Erfolg führte. Bei den Diskussionen während der Woche war er nicht anwesend, aber er wurde von den Teammitgliedern mit einbezogen, als befände er sich im Nebenraum. Der andere Sponsor wurde von seinem Team hingegen als eher distanziert wahrgenommen. Einige Teammitglieder waren sich nicht sicher, wie überzeugt er von der Initiative war. Angeblich hatte der Sponsor deutlich gemacht, dass das Team sehr wahrscheinlich eine andere Perspektive des Problems liefern würde. Das Team fürchtete seine Reaktionen auf Anregungen der Teammitglieder. Einige Teammitglieder waren der Ansicht, dass er manchmal sehr grob sein konnte. Zumindest sah man es im Team so, und das hatte Einfluss auf die Stimmung. Solange diese Unstimmigkeiten nicht aus dem Weg geräumt waren, drohte das zweite Team zu scheitern.

4.1   Motivation und Energie

Spitzensportler und deren Trainer wissen, dass eine hervorragende Technik eine Grundvoraussetzung ist, aber als solche nicht ausreicht, um zum Erfolg zu gelangen. Um erfolgreich zu sein, ist noch etwas anderes notwendig, nämlich eine starke Motivation zu gewinnen.

Es gibt durchaus Ähnlichkeiten zwischen sportlichen Wettkämpfen und strategischen Initiativen. In beiden Situationen genügt es nicht, so zu handeln wie immer. Beide Situationen erfordern neuartige Ansätze und neue Bemühungen in vielen Teilen der Organisation. Sie erfordern ein hohes Maß an Koordination und fortwährender Energie. Sie bedürfen einer mentalen Konzentration, um in einer sich stets verändernden Lage angemessen und überlegt zu reagieren. Sie verlangen eine enorme Entschlossenheit zum Erfolg. Sie sind nichts für Amateure.

Eine fehlende Umsetzungslogik ist selten das Hauptproblem strategischer Initiativen. Sie ist im Allgemeinen vorhanden und dennoch passiert nichts. Wie oft hören wir: „Ja, aber …" von der Umsetzungsseite. „Ja, es scheint eine gute Idee zu sein, aber ich bin mir nicht sicher …" Die Leute nicken zwar beifällig, aber sie sind trotzdem nicht wirklich von der Sache überzeugt. Es ist kein Engagement vorhanden. Das ist ein Garant für Misserfolg, denn in strategischen Initiativen ist kein Platz für ein „Ja, aber …".

Woher kommt die Energie, die für den Erfolg notwendig ist? Vermutlich lautet Ihre Antwort: „Aus dem Bauch!" Interessanterweise kommt die Energie nach landläufiger Meinung bei Menschen, die geistige Arbeit leisten, aus dem Bauch, bei Sportlern dagegen aus der mentalen Fokussierung. Darin liegt vermutlich ein Hinweis darauf, dass die Energie aus dem gesamten Organismus stammt. Energie entsteht durch ein körperliches Wohlgefühl, aus einer optimalen physiologischen Koordination. Dieser körperliche Zustand führt zu einem Gefühl von Macht und Freiheit in Bezug auf die eigenen Handlungen. Man fühlt sich dazu in der Lage, die Interaktion mit dem sozialen Umfeld selbst zu bestimmen, sei es in der Familie, am Arbeitsplatz, unter Freunden oder mit Fremden.

Dieses körperliche und physiologische Wohlbefinden ist ein emotionaler Zustand. Jeder emotionale Zustand manifestiert sich in physischen und physiologischen Reaktionen, zum Beispiel durch erhöhte Herzfrequenz, Muskelanspannung, Zittern etc. Diese vorübergehenden körperlichen Veränderungen spiegeln sich in unserem Bewusstsein als Gefühle wider. Sie sind sich Ihrer Energie bewusst, wenn Sie sich rundum wohl, stark und optimistisch fühlen. Insgesamt empfinden Sie Freude, wenn Sie sich Ihrer Energie bewusst sind. Wenn Sie hingegen deprimiert sind, haben Sie keinerlei Energie. Dieser Zustand ist eher quälend.

Sie fühlen sich in der Regel voller Energie und glücklich, wenn Sie bestimmte Formen der sozialen Interaktion pflegen, am Arbeitsplatz, mit Menschen, die Sie gut kennen, oder auch mit Fremden. Sie sind deprimiert und unglücklich, wenn Sie andere Formen der sozialen Interaktion pflegen müssen. Der von Ihnen bevorzugte Interaktionsmodus ist also mit positiven Gefühlen verbunden. Durch ihn fühlen Sie sich angeregt und Sie können ihn genießen. Dagegen fühlen Sie sich eher deprimiert, wenn Sie zu Formen der sozialen Interaktion gezwungen sind, die Sie lieber vermeiden würden. Diese sind also mit negativen Gefühlen verbunden, die Ihnen vielleicht sogar auf den Magen schlagen oder innere Qual verursachen können.

Wir postulieren nun, dass Sie immer dann „Ja, aber …" sagen, wenn Sie sich noch nicht sicher sind, ob die Form der sozialen Interaktion, in die Sie von außen gedrängt werden, angenehm oder quälend für Sie sein wird. Selbstverständlich würden Sie, wenn Sie die entsprechende Freiheit haben, immer diejenige Form der sozialen Interaktion wählen, die Ihnen am meisten Freude macht, denn dann fühlen Sie sich in Hochform. Diese Interaktionsform hat sich in der Vergangenheit für Sie bewährt, denn dabei hatten Sie immer das Gefühl, Einfluss auf Ihre Umwelt nehmen zu können. Je häufiger Sie diese positive Erfahrung gemacht haben, desto mehr ist sie mit angenehmen Gefühlen verbunden und desto stärker werden Sie danach streben.

4.1.1   Soziale Motive zur Mobilisierung von Energie

Die bevorzugte Form der sozialen Interaktion wird häufig als *soziales Motiv* einer Person bezeichnet. Man fühlt sich dazu motiviert, die eigene Energie in diese besondere Form der sozialen Interaktion zu kanalisieren, weil man sie als lohnenswert empfindet. „Motivation ist kein Gefühl schlechthin", hat John Ratey, Professor für Psychiatrie an der Harvard Universität, beobachtet, „sondern ein Prozess, der ein Gefühl mit einer Handlung verknüpft. Motivation ist der Dirigent der Gefühle. Sie legt fest, wie viel Energie und Aufmerksamkeit das Gehirn und der Körper auf einen bestimmten Stimulus hin freisetzen",[15] zum Beispiel in Reaktion auf einen bestimmten sozialen Zusammenhang.

Es gibt drei hauptsächliche Formen der sozialen Interaktion, auf die Menschen zurückgreifen können. Jeder Mensch bevorzugt in der Regel eines dieser drei *sozialen Motive*. Das heißt mit anderen Worten, dass aufgrund des individuellen Erbguts, der Erziehung und der bisherigen Erfahrungen das eine oder andere dieser sozialen Motive stärker mit positiven Gefühlen und somit mit mehr Energie und Freude verbunden ist.

- *Erfolg/Anerkennung:* Personen mit diesem sozialen Motiv streben nach Erfolgen, um Anerkennung aus ihrem sozialen Umfeld zu erhalten.

- *Macht:* Personen mit diesem sozialen Motiv streben danach, ihr soziales Umfeld zu kontrollieren und zu steuern.

- *Zugehörigkeit:* Personen mit diesem sozialen Motiv streben danach, sich mit ihrem sozialen Umfeld anzufreunden.

Bei manchen Menschen steht jeweils nur eines dieser sozialen Motive stark im Vordergrund, während andere Menschen eher Mischtypen sind.

1. Anerkennung

Der Teamleiter Karsten Abel, dessen Fähigkeit, andere Menschen auf effektive Weise zu mobilisieren, wir bereits mehrfach beobachtet hatten, vertrat folgenden Grundsatz: „Ehrgeizige und erreichbare Ziele." Solch ein Motto ist typisch für die *Leistungsorientierten*. Es spornt sie dazu an, alles aus sich herauszuholen und die Grenzen des Erreichbaren ständig zu erweitern. Das lässt sich natürlich direkt auf eine strategische Initiative übertragen. „Mehr desselben" kommt dabei einfach nicht in Frage.

Den Psychologen zufolge lassen sich die Leistungsorientierten dadurch motivieren, dass man ihnen Ziele setzt, die sie dann zu überbieten versuchen.[16] Dabei darf es sich jedoch nicht um maximale Ziele handeln. Leistungsorientierte bevorzugen Ziele, die ambitioniert genug sind, um wirkliche Befriedigung zu gewährleisten, wenn sie erreicht werden, aber

---

[15]   John Ratey, Das menschliche Gehirn: Eine Gebrauchsanweisung, Abacus, 2001.

[16]   Siehe hierzu vor allem David C. McClelland, Human Motivation, Cambridge University Press, 1987.

nicht so ambitioniert, dass sie ein ernsthaftes Umsetzungsrisiko darstellen würden. Das letztendliche Streben der Leistungsorientierten besteht schließlich darin, Anerkennung zu erhalten, sowohl von sich selbst als auch von anderen. Daher suchen sie immer den Gleichgewichtspunkt zwischen einem Ziel, das nicht hoch genug angesetzt ist, um Anerkennung zu erhalten, und einem Ziel, das zu hoch angesetzt ist, um Erfolg zu haben, sodass sie unter Umständen keine Anerkennung mehr erhalten. Die Herausforderung liegt somit darin, sie dazu zu bringen, an die Grenzen ihres Ehrgeizes und der Erreichbarkeit zu gehen, ohne dabei den Motivationseffekt zu verspielen.

Um zu erläutern, wie man aus leistungsorientierten Mitarbeitern das Beste herausholen kann, wollen wir uns hier einmal Lennard Hansen anschauen, ein Mitglied Ihres Teams. Lennard Hansen ist ein klassisches Beispiel für einen Leistungsorientierten.

Hansen reagiert sehr positiv auf die Herausforderung, an seine Grenzen zu gehen. Tatsächlich wäre er enttäuscht, wenn seine Vorgesetzten ihn nicht laufend durch immer anspruchsvollere Ziele herausfordern würden. Das muss allerdings auf maßvolle Weise geschehen. Wenn die Ziele zu hoch gesteckt werden, erhöht sich natürlich das Risiko eines Misserfolgs, sodass Hansen sich möglicherweise Sorgen machen wird, das Ziel nicht zu erreichen und keine Anerkennung für seine Leistung zu erhalten.

Ein ehrgeiziges Ziel ist immer so etwas wie ein Rekord, den es zu brechen gilt, und Lennard Hansen arbeitet konkurrenzbetont. Die Möglichkeit, seine eigenen früheren Leistungen oder die Leistungen anderer zu übertreffen, erhöht seine Motivation. Sie könnten auch betonen, wie wichtig die jeweilige Aufgabe für den Erfolg der gesamten Mission ist. Sie könnten hervorheben, dass manche Leute der Ansicht sind, diese Aufgabe sei nicht zu schaffen, oder Sie könnten herausstellen, dass es sich um eine Möglichkeit handelt, etwas vollkommen Einzigartiges zu tun. Lennard Hansen verfolgt gern innovative Ansätze. Die genannten Anreize werden also seine Motivation steigern.

Um persönliche Anerkennung zu verdienen, muss Hansen zudem Herr über seine Ziele sein. Anweisungen von oben und Mikromanagement wirken demotivierend auf ihn, weil sie verhindern, dass er sich Anerkennung für seine Handlungen verdienen kann. Seine Ziele müssen sich aus einer offenen Diskussion und einer echten Debatte entwickeln. Unter günstigen Umständen wird Hansen die Ziele der Initiative rasch als seine eigenen betrachten. Als Sponsor oder als Teamleiter müssen Sie nur darauf achten, wann Sie jemanden wie ihn anspornen sollten und wann es wichtig ist, den Druck zurückzunehmen.

Wenn Sie Lennard Hansen im Sinne ehrgeiziger Ziele anspornen, sollten Sie nicht vergessen, dass die Ziele auch erreichbar sein müssen, um einen motivierenden Einfluss auf ihn zu haben. Es ist hilfreich, mit ihm im Detail zu überprüfen, wie diese Ziele erreicht werden können, zum Beispiel, indem Sie gemeinsam mögliche Wege zum Ziel vergleichen, hilfreiche Sachverhalte analysieren und wichtige Annahmen prüfen. Sie sollten diese Faktoren mit Hansen durchsprechen, um so mit ihm gemeinsam die Erreichbarkeit seiner ehrgeizigen Ziele zu bestätigen, denn andernfalls könnte schließlich die Anerkennung ausbleiben.

Selbstverständlich sind Feedback und Anerkennung seiner Leistung enorm wichtig für Hansen. Dabei übernimmt er für seine Ergebnisse die volle Verantwortung. Weder sucht er nach Ausreden, noch gibt er dem Rest der Welt die Schuld für etwas, was ihm misslungen ist. Deshalb ist eine zu enge Kontrolle ebenso hinderlich für seine Motivation wie das vollkommene Fehlen jeglicher Kontrolle und Überprüfung. Umsetzungskontrolle bedeutet für ihn, dass Sie mit ihm abklären, was als nächstes zu tun ist. Obwohl Hansen recht autonom und energisch wirkt, benötigt er bei jedem Schritt positive Rückmeldung und Anerkennung.

Menschen wie Lennard Hansen sind ganz offensichtlich wünschenswert für ein Projektteam. Ihre Energie lässt sich leicht mobilisieren. Sie ziehen ihre Motivation daraus, an die Grenzen ihres Ehrgeizes und der Erreichbarkeit zu gehen. Doch kann ihre Energie auch leicht verloren gehen. Nicht genügend, zu viel oder keine Anerkennung kann dazu führen, dass sie ihre Motivation verlieren. An die Grenzen des Ehrgeizes und der Erreichbarkeit zu gehen bedeutet harte Arbeit, nicht nur für Hansen, sondern auch für seine Vorgesetzten. Ein Sponsor, der niemals anwesend ist, kann solche Mitarbeiter nicht wirksam führen.

2. Macht

Um zu gewährleisten, dass sich Ihre Initiative mit der nötigen Geschwindigkeit entwickelt, brauchen Sie Mitarbeiter, welche die Dinge anpacken. Wie wir bereits erwähnt haben, sind dafür häufige Energieschübe notwendig. Strategische Initiativen konkurrieren mit anderen Aktivitäten innerhalb eines Unternehmens. Oft sind die Fristen knapp und häufig ist die Versuchung groß, die Dinge auf sich beruhen zu lassen, nach dem Motto: „Das ist gut genug".

Sie brauchen also Mitarbeiter in Ihrem Team, die unnachgiebig darauf drängen, dass die Dinge erledigt werden. Solche Menschen ziehen ihre Motivation nach allgemeiner psychologischer Ansicht aus einem großen Machtbedürfnis. Vielleicht sind Sie jetzt verunsichert, denn dabei stellt sich natürlich die Frage, wie viele Mitarbeiter mit hohem Machtbedürfnis ein Projektteam tatsächlich verträgt.

Es gibt jedoch zwei Arten von Menschen mit einem starken Machtmotiv. Manche haben ein starkes Bedürfnis nach *persönlicher Macht* und streben Macht um ihrer selbst willen an. Andere haben eher ein Bedürfnis nach *institutionellem Einfluss* und stellen ihre Motive in den Dienst des Unternehmens.[17]

Menschen mit einem starken *persönlichen Machtbedürfnis* sind in der Tat ein Problem. Ihr Ego ist im Allgemeinen sehr stark ausgeprägt. Sie neigen zu Machtkämpfen und denken in Kategorien von Gewinnen oder Verlieren. Sie sind Zentralisten. Sie üben Macht aus, indem sie den Zugriff auf Ressourcen, auf Informationen und auf andere Menschen kontrollieren. Sie genießen Statussymbole. Manchmal sind sie geradezu besessen von dem narzisstischen Wunsch, von anderen geliebt und bewundert zu werden. Vor allem wenn sie sich als *die*

---

[17]   David C. McClelland, ebenda.

Experten in einem bestimmten Bereich betrachten, der für Ihre Initiative wichtig ist, kann daraus leicht ein Desaster entstehen. Menschen mit einem starken Bedürfnis nach persönlicher Macht wirken demotivierend auf andere. Sie sollten solche Mitarbeiter also besser nicht in Ihrem Team haben.

Auch Menschen mit einem starken Bedürfnis nach *institutionellem Einfluss* haben ein Machtmotiv. Dieses wird jedoch durch ihre soziale und emotionale Reife entschärft. Sie sind in der Lage, ihr Bedürfnis nach Dominanz über andere auf sozial annehmbare Weise zu kanalisieren, indem sie es beispielsweise in den Dienst des Unternehmens stellen. Sie haben gern Einfluss auf andere, sie sind emotional und sozial selbstständig und sie können hart arbeiten. Solche Menschen brauchen angemessene Führung, aber sie bringen sehr viel potenzielle Umsetzungsenergie mit. Sie können auch sehr effektive Teamleiter sein.[18]

Um zu zeigen, wie Sie das Beste aus Menschen mit einem starken Bedürfnis nach institutioneller Macht herausholen können, wollen wir uns Mona Sandberg anschauen, ein anderes Mitglied Ihres Teams. Mona Sandberg ist ein klassisches Beispiel für jemanden mit einem Bedürfnis nach *institutioneller Macht.*

Zum einen handelt Mona Sandberg gern. An vorderster Front mitzuwirken und konkrete Aufgaben zu erledigen gibt ihr das Gefühl, das Ruder in der Hand zu haben. Ihre Motivation wird dementsprechend stärker werden, sobald es von der Planungsphase in die Umsetzungsphase geht. Sie ist dabei auch mehr als die Leistungsorientierten bereit, Risiken einzugehen. Manchmal allerdings kann Ihr Drang zu handeln auch in bloßen Aktionismus ausarten.

Sie arbeitet hart und kann fast schon zu Arbeitssucht neigen. Hart zu arbeiten ist ihre Art, die Dinge unter Kontrolle zu halten. Deshalb kann sie eine wertvolle Energiequelle für Ihr Team sein. Sie müssen also darauf achten, sie nicht zu entmutigen, wenn sie zum Beispiel unbedingt mehr machen und die Initiative übernehmen möchte.

Mona Sandberg kann den Eindruck erwecken, dass sie sich für die strategische Initiative aufopfert. Es mag sein, dass sie dies nicht so sieht, weil sie sich selbst den Druck macht. Aber realistisch betrachtet ist es Aufopferung, und ihr inneres Gleichgewicht kann darunter leiden. Unter Umständen drängt sie andere dazu, ebenso hart wie sie selbst zu arbeiten. Als Sponsor oder Teamleiter müssen Sie darauf achten und ihr helfen, persönliche Überforderung und Konflikte mit anderen zu vermeiden.

Da sie sich wenig auf andere verlassen, sind Menschen wie Mona Sandberg häufig Einzelgänger. Ihr extremer Arbeitsstil, ihre Selbstaufopferung und ihre starke Selbstbeherrschung können auf andere einschüchternd wirken, was die Arbeit im Team kompliziert gestalten kann. Sie können aber auch ein Ventil für ihre Energie finden, indem sie andere coachen, was für beide Seiten gewinnbringend sein kann. Dafür benötigen sie

---

[18]   David C. McClelland, ebenda.

manchmal zunächst ein wenig Training in Form entsprechender Fortbildungen, um zu vermeiden, dass sie andere zu hart anfassen.

Wenn man Mona Sandberg Verantwortung für Aufgaben und Umsetzungsschritte überträgt, wird sie dadurch sehr stark motiviert. Sie ist eine fähige Mitarbeiterin, so dass das einen Gewinn für beide Seiten bedeuten kann. Versäumt es ein Sponsor oder Teamleiter dagegen, Verantwortung an Menschen wie Mona Sandberg abzugeben, nutzt er ihr Potenzial nicht vollständig aus. Selbst wenn sie noch wenig Erfahrung haben, besitzen sie meist gute Führungsqualitäten, die durch die Verantwortung für Teile der Umsetzung gefördert und entwickelt werden können.

Vermutlich neigt Mona Sandberg außerdem dazu, eine eigene Meinung zu haben und andere zu ihrer Ansicht bekehren zu wollen. Ihr Bedürfnis, andere Menschen durch Argumente zu überzeugen, ist Teil ihrer Persönlichkeit. Es mag manchmal lästig sein, aber es ist nicht unbedingt schlecht. Meinungsverschiedenheiten sind in strategischen Projektteams nur zu begrüßen. Ihre Neigung, alles zu hinterfragen und anzuzweifeln, ist tatsächlich ein wichtiges Asset. Mitarbeiter, die das konventionelle Denken herausfordern, die die auftauchenden Fragen und Themen aus einem eigenen Blickwinkel betrachten und den Status Quo in Frage stellen, sind wertvoll für das Team. Optimal wäre es natürlich, wenn Mona Sandberg lernen würde, ihre Argumente als offene Fragen vorzubringen, die zur Diskussion anregen, statt als definitive Schlussfolgerungen, die jede weitere Diskussion unterbinden.[19]

Selbstverständlich möchten Sie einige Mitarbeiter wie Mona Sandberg in ihrem strategischen Projektteam haben. Sie brauchen häufig ein wenig Unterstützung, um zu lernen, wie sie ihre Neigung zur Dominanz kontrollieren und gleichzeitig das Beste daraus machen können. Sie sind daher manchmal nicht einfach zu führen, aber dafür steuern sie viel Energie bei. Sie sind außerdem Persönlichkeiten, die in der Lage sind, sich selbst zu motivieren. Vom Standpunkt der Mitarbeiterentwicklung sind strategische Initiativen eine gute Gelegenheit für Menschen wie Mona Sandberg, ihr Potenzial auszubauen und ihre Führungskompetenzen zu erweitern.

3. Zugehörigkeit

Die Fähigkeit eines Teams, effektiv als solches zusammenzuarbeiten, ist ebenfalls eine wichtige Energiequelle für die Umsetzung einer strategischen Initiative. Es ist deshalb unerlässlich, dass Ihr Team mehr ist als nur ein loser Zusammenschluss von Einzelpersonen.

Strategische Projektteams bestehen in der Regel aus Spezialisten, die lediglich mit einem Teil des Prozesses vertraut sind, aber gleichzeitig gemeinsam eine integrierte Lösung er-

---

[19]   Dieses Prinzip wurde von Chris Argyris und Donald A. Schön in verschiedenen Büchern und
       Artikeln vorgestellt, insbesondere in: Die Lernende Organisation: Grundlagen, Methoden, Praxis,
       Klett-Cotta, 1999.

arbeiten müssen. Aus diesem Grund sind alle voneinander abhängig, wenn es darum geht, Ergebnisse zu liefern. Sie müssen rasch lernen, wie sie das Beste aus der gegenseitigen Abhängigkeit machen und damit Resultate erzielen können. Sie tragen außerdem gemeinsam die Verantwortung für alle Dimensionen der strategischen Initiative und müssen daher lernen, wie sie mit dieser gemeinschaftlichen Verantwortung umgehen können. Der oft zitierte Hinweis, dass es für die Arbeit in einem Team *integrative Fähigkeiten* braucht, bezieht sich auf genau das: die Fähigkeit, auf der Basis gegenseitiger Abhängigkeit und gemeinschaftlicher Verantwortung miteinander zu arbeiten.

Lennard Hansens Motive hindern ihn nicht unbedingt daran, effektiv in einem Team zu arbeiten, doch sie sind nicht in erster Linie darauf ausgerichtet, seine Energie in integrative Teamarbeit zu investieren. Er würde sich wahrscheinlich eher von seinem Team abwenden, wenn er feststellen müsste, dass er allein mehr erreichen kann. Mona Sandberg genießt vermutlich die Vorstellung, ein eigenes Team zu führen. Aber ob das Team in einer integrativen Weise funktioniert oder nicht, gehört sicherlich nicht zu ihren Hauptsorgen. Deshalb braucht es Mitarbeiter in Ihrem Team, die sich motiviert fühlen, aus talentierten Einzelkämpfern eine siegreiche Mannschaft zu formen.

Kann jemand mit einem starken Bedürfnis nach Zugehörigkeit das tatsächlich vollbringen? Wie beim Machtbedürfnis gibt es auch hier zwei verschiedene Typen von Menschen mit einem starken Motiv der Zugehörigkeit.[20] Manche Menschen arbeiten einfach gern im Team, weil es sich für sie angenehm anfühlt, mit anderen zusammen zu sein. Andere nutzen ihre integrativen Fähigkeiten, um das Team produktiver zu machen. Diese beiden Orientierungen müssen sich nicht unbedingt gegenseitig ausschließen, aber die erste allein reicht nicht aus, um für eine Initiative positive Wertschöpfung zu erbringen.

Menschen, die Teamarbeit im Wesentlichen als einen gesellschaftlichen Anlass sehen, verfügen über einige Charaktereigenschaften, die nicht besonders hilfreich sind, wenn es um die Umsetzung einer strategischen Initiative geht.[21]

■ Sie gehen Beziehungen mit anderen ein, weil sie diese zu ihrer eigenen Bestätigung und Sicherheit brauchen. Dieser Beweggrund ist selbstsüchtig, weshalb sie oft als Menschen wahrgenommen werden, die andere für ihr eigenes emotionales Wohlbefinden ausnutzen.

■ Dennoch betrachten sie ihren Beitrag als wertvoll – und brauchen dafür auch Bestätigung. Sie beschäftigen sich gern mit Nabelschau und Selbstanalyse. Auf Hinweise, dass es jetzt um produktive Maßnahmen geht, können sie mit Frustration reagieren.

■ Wenn sie an einer Aufgabe arbeiten, schätzen solche Menschen die zwischenmenschlichen Aspekte, aber sie machen sich keine großen Gedanken über die Ergebnisse. Sie knüpfen gern Kontakte und genießen ungezwungene Aktivitäten.

---

[20] David C. McClelland, ebenda.

[21] David C. McClelland, 1987.

■ Sie versuchen, Konflikte um jeden Preis zu vermeiden oder zu schlichten (und in manchen Unternehmen wird das sehr geschätzt). Einer ihrer stärksten Beweggründe besteht darin, Ablehnung zu vermeiden. Sie stimmen anderen gern zu, weshalb sie diejenigen sind, auf die Sie sich in Diskussionen immer verlassen können: Sie werden Ihnen immer bestätigend zunicken.

Psychologische Studien zeigen, dass solche Menschen keine besonders gute Leistung in Führungsrollen bringen. Sie sind nicht in der Lage, effektiv mit schwierigen Aufgaben und zwischenmenschlichen Problemen umzugehen, da sie Angst davor haben, ihre Beziehungen zu gefährden.[22] Dennoch sind einige ihrer Motive durchaus hilfreich. Ihr Wunsch nach harmonischen zwischenmenschlichen Beziehungen kann dazu beitragen, dass das Team auf sozialer Ebene schnell zusammenwächst und dann leichter in der Lage ist, produktiv zusammenzuarbeiten. Es gibt durchaus Zeiten, in denen Teams solche Fähigkeiten benötigen.

Zwei Dinge können sich dabei jedoch negativ auswirken. Zum einen ist beim Aufbau harmonischer zwischenmenschlicher Beziehungen kein Platz für Eigennutz. Zum anderen sind harmonische Beziehungen um ihrer selbst willen nicht genug. Das Team sollte außerdem auch produktiv sein, weil es eine Initiative umzusetzen gilt.

Lassen Sie uns nun ein weiteres Mitglied Ihres Teams betrachten: Tina Berger. Sie ist ein klassisches Beispiel eines *Teamintegrators*.

Zunächst einmal besitzt sie ebenfalls einige der Beweggründe von Menschen mit einem starken Zugehörigkeitsbedürfnis. Sie hat ein entspanntes Verhältnis zu anderen Menschen, und zwar nicht nur zu solchen, die ihrer Meinung sind. Sie ist gern von Leuten umgeben, mit denen sie gute Diskussionen führen kann. Tina empfindet Konflikte nicht als negativ, denn ihrer Erfahrung nach kann das Austragen von Konflikten sehr produktiv sein. Als passionierte Bergsteigerin ist sie vertraut mit den kontroversen Diskussionen innerhalb der Gruppe, wenn sie gemeinsam den nächsten Aufstieg planen. Und sie weiß, dass diese Diskussionen enden, wenn sie am Berg unterwegs sind, denn dann ist kein Platz mehr dafür.

Tina Berger kennt viele Leute. Sie ist überaus kreativ, wenn es darum geht, jemanden ausfindig zu machen, der bei einer bestimmten Aufgabe helfen könnte. Und immer scheint es so, als warte diese Person nur auf ihren Anruf. Dadurch ist sie eine wertvolle Vermittlerin. Sie bringt gerne Menschen zusammen, von denen sie weiß, dass sie voneinander profitieren können.

Tina Berger hat aber noch zwei weitere Beweggründe, die sehr wichtig für die Energie Ihres Teams sind:

---

[22]   John J. Gabarro, A Brief Note on Social Motives, Harvard Business School, 1980.

- Sie glaubt daran, dass ein Team Resultate erzielen kann, von denen ein Einzelner nur träumen kann. Das klingt nach einer recht selbstverständlichen Annahme, aber viele Menschen, insbesondere solche vom Typ Lennard Hansen oder Mona Sandberg, geben diese Idee auf, sobald bei der Zusammenarbeit im Team Probleme auftauchen.

- Sie wird niemals zögern, Teammitglieder zu unterstützen, die Hilfe benötigen. Tina Berger steht gern für andere zur Verfügung, ob sie nun materielle Ressourcen oder moralische Unterstützung benötigen.

Wir wollen uns zunächst mit diesem zweiten Punkt befassen. Gegenseitige Unterstützung in einem Team bedeutet nicht einfach nur, nett zueinander zu sein. Gegenseitige Unterstützung ist notwendig, weil alle Mitglieder eines strategischen Projektteams tatsächlich aufeinander angewiesen und voneinander abhängig sind. Teams werden nicht dadurch besser, dass ihre stärksten Mitglieder mehr leisten. Lennard Hansen oder Mona Sandberg würden vermutlich diese Option wählen. Aber Teams werden erst dann wirklich effektiv, wenn die schwächeren Mitglieder in schwierigen Situationen die notwendige Unterstützung erhalten, um eine bessere Leistung zu erbringen. Diese gegenseitige Unterstützung kann verschiedene Formen annehmen: Austausch von Ideen, Vorschlägen und Informationen, Teilen von Ressourcen, gegenseitiges Lernen voneinander oder moralische Unterstützung, wenn sich jemand gelegentlich deprimiert fühlt.

Gegenseitige Unterstützung zu mobilisieren, ist Tinas Stärke als Teamintegratorin. Sie erinnert ihre Teamkollegen laufend daran, dass das gesamte Team darunter leidet, wenn jemand alleine zurückgelassen wird. „Es ist wirklich hilfreich, wenn ein Teammitglied sich Gedanken um das Team als Ganzes macht, zum Beispiel wenn es um die Einhaltung von Fristen geht, und wenn derjenige bereit ist, andere zu unterstützen, damit sie den Anschluss finden", wie eine Führungskraft bemerkte.

Dank Tina Berger lernen die Teammitglieder, dass sie um Hilfe bitten können, wenn sie diese benötigen. Sie stellen sogar fest, dass alle anderen im Team darunter leiden, wenn sie nicht rechtzeitig um Hilfe bitten. Nicht um Hilfe zu bitten bedeutet nämlich im Endeffekt, dass man das Team im Stich lässt, und nicht umgekehrt.

Menschen wie Tina Berger sind aufrichtig an ihren Mitmenschen interessiert. In einem Projektteam sind sie diejenigen, die alle Teammitglieder wahrnehmen und sich für die Bedürfnisse aller interessieren. Psychologen sprechen hier auch von einem *Intimitiätsmotiv*.[23] Menschen mit Intimitätsmotiven schätzen Wärme, Aufrichtigkeit, Anerkennung anderer, Aufmerksamkeit für andere. Aber in vielen Unternehmen ist starker Individualismus angesagt, weshalb diese Motive oft zu wenig geschätzt und manchmal sogar abgelehnt werden.

Wie wir gesehen haben, wird ein strategisches Projektteam von gegenseitiger Abhängigkeit und gemeinsamer Verantwortung bestimmt. Da das Team gemeinsam unter dem

---

[23]   David C. McClelland, 1987.

Druck steht, Ergebnisse liefern zu müssen, müssen die Teammitglieder Interesse füreinander aufbringen. Sie müssen sich gemeinsam für jeden Aspekt der Initiative verantwortlich fühlen und auch anfangen, untereinander nachzuhaken. Nur so können sie die unterschiedlichen Ansichten der einzelnen verstehen lernen und werden dann eher bereit sein, auch einmal nachzugeben, statt immer die eigene Meinung durchsetzen zu wollen. Schrittweise kann das Team so eine stabile gemeinsame Überzeugungsbasis entwickeln.

In vielen Unternehmen wird diese Integration unterlassen. Jeder kümmert sich nur um seine eigenen Angelegenheiten. Doch in Ihrem Team stellen Integratoren wie Tina Berger sicher, dass es anders ist. Sie wird Mona Sandberg Gelegenheit geben, Fragen zu stellen und nachzuhaken. Und Lennard Hansen wird dankbar die Gelegenheit nutzen, um auszuprobieren, ob man gemeinsam nicht noch einen Schritt weiter gehen und mehr erreichen kann.

Tina Bergers Fähigkeit, mit Spannungen und Konflikten umzugehen, ist für ein Team sehr hilfreich. Sie ist gut darin, Dinge hervorzuholen, die unter den Teppich gekehrt wurden, und den Gruppendruck in einer positiven Art und Weise zu lenken. Tina Bergers Spezialität ist *unterstützende Herausforderung*, was bedeutet, dass das Team sich gegenseitig auf unterstützende Weise herausfordert, um bessere Resultate zu erreichen. Ohne diesen zusätzlichen Faktor könnte ein strategisches Projektteam aus Menschen wie Lennard Hansen und Mona Sandberg vermutlich als Gesamtgruppe keine Leistung erbringen.

4.2   „Emotionales Engagement"

Nun haben Sie in Ihrem Team also eine Mischung aus Mitarbeitern wie Lennard Hansen, Mona Sandberg und Tina Berger. Zusammen bringen diese Teammitglieder die Motivation und das Potential mit, die für eine erfolgreiche Umsetzung erforderlich sind. Sollten an diesem Punkt nicht automatisch Taten folgen?

Nun, als Projektleiter können Sie dem Team zwar die geplante Initiative erläutern, ihre strategische Bedeutung und die erwarteten Auswirkungen auf die Zukunft des Unternehmens. Aber das bedeutet noch lange nicht, dass Ihre Teammitglieder deshalb sofort auf Ihrer Seite stehen. Vielleicht werden sie Ihnen ein paar Fragen stellen, um Ihre Argumentation zu überprüfen und mehr Details zu erfahren. Doch auch wenn Sie Antworten darauf haben, Ihre Argumente überzeugend sind und die Teammitglieder das auch rational einsehen, stehen sie trotzdem noch nicht automatisch auf Ihrer Seite. Sie erklären ihnen vielleicht, wie stolz Sie auf das hervorragende Team sind, das Sie zusammenstellen konnten, welche hervorragende Gelegenheit das für alle ist, sich zu beweisen, und wie förderlich dies für ihre Karriere sein kann. Sie deuten an, dass das Top-Management ihre Arbeit aufmerksam beobachten und zu gegebener Zeit die Lorbeeren verteilen wird. Das mag ein Lächeln bei dem einen oder anderen hervorrufen, aber trotzdem stehen sie noch immer nicht auf Ihrer Seite. Was fehlt also noch?

Was fehlt, ist die Entscheidung der Teammitglieder, sich mit ihren jeweils eigenen Beweggründen für die von Ihnen präsentierte Initiative zu engagieren.

Die Situation ist für alle Teammitglieder neu. Wie können sie sich dafür entscheiden, ihre Energie genau dafür einzusetzen? Woher kommt das Engagement? Wieso fehlt es bislang noch? Sollten auf eine innere Motivation nicht sofort Handlungen folgen?

Für eine Motivation, die sich nur schwer mit bloßer Logik erklären lässt, wird häufig – wenn auch etwas unpräzise – der Ausdruck „emotionales Engagement" verwendet. Was genau haben nun Gefühle damit zu tun? Viele Menschen glauben, dass ein Gefühl von Engagement automatisch entstehen sollte, wenn etwas logisch ist. Haben wir nicht sogar ausdrücklich gelernt, dass eine rationale Entscheidungsfindung Gefühle ausschließen sollte? Nach dieser Maßgabe müssen Sie nur vernünftig und klar genug die Logik Ihrer Argumentation darstellen, um alle intelligenten Mitarbeiter zu überzeugen. Das ist die Denkweise, die Präsentationsprogramme wie PowerPoint so erfolgreich gemacht hat.

Aber uns allen ist dennoch intuitiv klar, dass Gefühle bei all dem eine große Rolle spielen. Und inzwischen wurden Gefühle sogar von Managementberatern bereits wieder in gewissem Maße rehabilitiert. „Spaß an der Sache" ist zum Beispiel ein Rezept, das häufig propagiert wird. Demnach sollten gute Teamleiter wissen, wie man Gefühle richtig dosiert, um Energie in einer Gruppe zu mobilisieren. Zunächst eine kleine Dosis „zum Aufwärmen" zu Beginn eines Projekts. Dann zwischendurch immer mal wieder eine gewisse Dosis im Verlauf wichtiger Besprechungen, „um die Akkus wieder aufzuladen". Und schließlich eine letzte Dosis, wenn alles geschafft ist, „zum Feiern". Erfolgreiche Teamleiter wissen demnach genau, wie sie andere mit Energie aufladen können, und lassen ihr Ladegerät niemals zu Hause liegen.

Doch das trifft es im Grunde noch nicht wirklich. Denn klar ist: Ohne Gefühle können Sie keine Entscheidungen für Ihre eigene Zukunft in Bezug auf Ihr soziales Umfeld treffen; das umfasst also alle Entscheidungen, die Ihr zukünftiges Wohlbefinden betreffen. Ohne Ihre Gefühle einzubeziehen, können Sie keine Entscheidung darüber treffen, ob Sie sich für eine neue strategische Initiative engagieren wollen und ob Sie dieses Engagement auch während der gesamten Umsetzung aufrechterhalten wollen.

Dies ist eigentlich kein neuer Gedanke. Er geht auf Plato, Aristoteles, Spinoza und William James zurück, um nur einige zu nennen. Durch die Neurowissenschaft und die neuen technischen Möglichkeiten, die neuronalen Aktivitäten im Gehirn recht genau zu beobachten und zu messen, wurde diese schon recht alte Idee inzwischen bestätigt. Zwar sind sich die Neurowissenschaftler noch nicht vollständig einig darüber, wie der Vorgang im Einzelnen genau funktioniert, aber keiner von ihnen würde der Ansicht widersprechen, dass Gefühle bei Entscheidungen unerlässlich sind. Es liegen zahlreiche Beweise dafür vor, dass Patienten mit Verletzungen in den Gehirnarealen, in denen Gefühle verarbeitet werden, nicht in der Lage sind, Entscheidungen in Bezug auf ihr eigenes zukünftiges Wohlbefinden zu treffen. Sie können vielleicht noch ausrechnen, ob der Kapitalwert eines Projektes höher ist als die eingesetzten Kapitalkosten, wenn man ihnen erklärt, wie diese

Rechenoperation funktioniert. Aber sie wären nicht in der Lage, eine Entscheidung darüber zu treffen, ob sie in dieses Projekt investieren sollen oder nicht.

4.2.1   Würden Sie selbst sich engagieren?

Wir schlagen vor, dass Sie sich nun einmal in Ihre Teammitglieder hineinversetzen und sich Ihre Präsentation der strategischen Initiative aus deren Perspektive ansehen.

Dazu wollen wir den Prozess der Entscheidungsfindung aus einer übergeordneten Perspektive betrachten. Wir beginnen mit einer Situation, in der es um die Entscheidung geht, sich einem strategischen Projektteam anzuschließen und Energie in das Projekt zu investieren. Und wir verfolgen den Prozess bis zu dem Punkt, an dem Sie sich entscheiden, sich entweder voll und ganz zu engagieren, erst einmal eine abwartende Haltung einzunehmen, die Sache eher widerwillig und ohne viel Engagement hinter sich zu bringen oder gar zu flüchten, eine Ausrede zu finden und somit dem Dilemma zu entkommen.

Die Ausgangssituation: Präsentation der strategischen Initiative

Sie wurden gebeten, sich dem Team anzuschließen, das mit der Umsetzung einer wichtigen strategischen Initiative betraut werden soll. Der Sponsor der Initiative präsentiert das Projekt in einem eigens dafür anberaumten Meeting. Das Projekt klingt interessant und logisch. Nun ist es an der Zeit, dass Sie sich dafür oder dagegen entscheiden.

Es handelt sich um eine ernsthafte Verpflichtung mit ungewissen Folgen. Noch ist unklar, wie sich die Dinge entwickeln werden, für das Projekt ebenso wie für Sie. Es wird zeitliche Konflikte mit Ihren sonstigen Aufgaben geben. Sie wissen nicht, wie sich die Arbeit mit diesem Sponsor und mit diesem Team gestalten wird. Sie denken an Ihre Familie, mit der Sie ohnehin schon wenig Zeit verbringen. Auf kurze Sicht sind deutliche Unannehmlichkeiten absehbar, und Sie fragen sich, ob sich die ganze Sache auf lange Sicht auch wirklich lohnen wird.

So sehr der Sponsor sich auch wünscht, dass seine Präsentation eine sofortige positive Reaktion auslöst – bei Ihnen taucht kein automatischer Impuls dazu auf.

Emotionale Signale

Diese Entscheidung ist unmöglich auf dem Papier zu treffen. Sie können diesen Entscheidungsbaum nicht einfach aufzeichnen. Es gibt zu viele Informationen, die zu vielen verschiedenen Möglichkeiten führen, welche wiederum in vielen ungewissen Ergebnissen enden.

Zunächst wird nun also der Dirigent Ihres Gehirns, der sich in den Stirnlappen[24] lokalisieren lässt, in diesem Chaos nach Mustern suchen. Bei diesen Mustern handelt es sich um die Verknüpfung einer Erfahrungssituation, mit der Sie schon einmal konfrontiert waren, mit der jeweils ausgewählten Möglichkeit sowie dem daraus resultierenden guten oder schlechten Ergebnis. Während der Evolution haben Lebewesen wie wir, die versuchen, ihre eigene Zukunft zu lenken, gelernt, solche Muster zu erkennen und sie mit einem emotionalen Zustand und mit den daraus resultierenden Gefühlen zu verbinden. Die Muster werden also mit einem Gefühl von Glück oder von Schmerz in Verbindung gebracht. Dieses Referenzsystem des Menschen ermöglicht eine sehr effektive und effiziente Bewertung von Situationen im Hinblick auf unser zukünftiges Wohlgefühl. Antonio Damasio, ein bekannter Neurowissenschaftler und einer der Pioniere in der Erforschung der Rolle von Emotionen bei komplexen persönlichen Entscheidungen, stellte diese Hypothese, die mittlerweile allgemein anerkannt ist, bereits in den 1990-er Jahren auf.[25]

Während Sie also der Präsentation einer strategischen Initiative lauschen, wird der Dirigent Ihres Gehirns nach solchen Mustern suchen, und wann immer er eines entdeckt, taucht das emotionale Signal, welches damit verbunden ist, in Ihnen auf. Dieses emotionale Signal führt zu einer mehr oder weniger deutlichen kurzfristigen Veränderung Ihres körperlichen Zustands. Vor allem aber taucht das Endresultat, das mit diesem Muster verbunden ist, als ein mehr oder weniger bewusstes Gefühl wie beispielsweise Wohlbefinden oder Angst in Ihnen auf.

Mona Bergers innerer Dirigent erkennt beispielsweise die Möglichkeit, bei einem wichtigen Projekt die Kontrolle zu übernehmen und Dinge zu bewegen. Sie fühlt sich dementsprechend gut dabei. Der innere Dirigent sagt Mona Berger damit: „Nutze diese Gelegenheit." Daraufhin kann sie es kaum abwarten, anzufangen. Diese Initiative ist die Gelegenheit für sie, etwas zu erreichen.

Lennard Hansens innerer Dirigent bemerkt dagegen ein Muster erheblicher hierarchischer Führung. Er fühlt sich sofort unbehaglich. Wenn das Signal stark genug ist, wird er vielleicht anfangen zu seufzen, zu husten und zu schlucken. Auf diese Weise teilt der innere Dirigent Lennard Hansen mit: „Nimm dich in Acht!" Das führt dazu, dass er rasch nach Möglichkeiten suchen wird, dieser Falle zu entkommen.

---

[24] Elkhonon Goldberg, Die Regie im Gehirn: Wo wir unsere Pläne schmieden und unsere Entscheidungen treffen, VAK Verlag, 2002. („Die Stirnlappen sind für das Gehirn das, was ein Dirigent für ein Orchester, ein General für eine Armee oder ein CEO für ein Unternehmen ist.").

[25] Antonio Damasio, Descartes' Irrtum. Fühlen, Denken und das menschliche Gehirn, Spektrum Verlag, 1995.

Eingrenzen der Optionen

„Das Auftauchen eines emotionalen Signals erfüllt verschiedene wichtige Aufgaben", beobachtete Antonio Damasio. Er führt dazu aus: „Sei es nun eher verdeckt oder offen, immer lenkt es die Aufmerksamkeit auf gewisse Aspekte des Problems und beeinflusst die Art und Weise, wie unser rationales Denken damit umgeht."[26]

- ■ Zum einen fokussiert das emotionale Signal die Aufmerksamkeit unseres inneren Dirigenten im Gehirn auf die Möglichkeiten, die für uns von Bedeutung sind. Diese Möglichkeiten sind deshalb von Bedeutung, weil ihre Wahl bereits einmal zu einem positiven oder zu einem negativen Ergebnis geführt hat.

- ■ Zweitens erhöht das emotionale Signal die Wahrscheinlichkeit, dass die Optionen, die in früheren Erfahrungssituationen zu positiven Ergebnissen geführt haben, erneut gewählt werden, beziehungsweise dass die Optionen, die zu schlechten Ergebnissen geführt haben, gemieden werden.

Manchmal ist das emotionale Signal sehr stark. Sie spüren es innerlich auf dieselbe Art und Weise wie beim letzten Mal, als Sie dieses Muster erlebten. Wenn das Signal positiv ist, sind Sie voll strahlender Begeisterung. Sie nicken enthusiastisch. Sie fühlen sich glücklich, optimistisch und energiegeladen. Wenn die Erinnerung dagegen eine negative ist, fühlen Sie sich angespannt, deprimiert und bedrückt. Sie folgen einfach dem Gefühl im Bauch, auch wenn Sie vielleicht glauben, dass Sie eine bewusste Entscheidung getroffen haben.

In den meisten Fällen fühlen Sie sich jedoch weder besonders glücklich noch besonders traurig. Sie nehmen also keine starke körperliche Reaktion wahr, die mit eindeutigen Gefühlen einhergeht. Das bedeutet nicht, dass der Körper und die Gefühle nicht involviert sind, aber es ist keine besonders starke Erfahrung damit verbunden. Sie haben lediglich eine Intuition. „Die Intuitionen, die unser Verhalten in die richtige Richtung lenken, werden oftmals mit einem Gefühl im Bauch oder im Herzen in Verbindung gebracht. Wir sagen zum Beispiel: ‚Ich weiß aus tiefstem Herzen, dass es richtig ist, das zu tun'", erläutert Antonio Damasio. Er, dessen Muttersprache Portugiesisch ist, fügt hinzu: „Das portugiesische Wort für Intuition ist übrigens *palpite*, eng verwandt mit dem Wort ‚Palpitation', das ein wahrgenommenes Herzklopfen bedeutet."[27]

4.2.2   Rationale und emotionale Entscheidung

Sie glauben, dass Sie damit nun die richtige Entscheidung getroffen haben. Doch eigentlich haben Sie gar keine Entscheidung im Sinne rationaler Überlegungen getroffen. Alles wurde von Ihren Gefühlen bestimmt.

---

[26]   Antonio Damasio, Der Spinoza-Effekt: Wie Gefühle unser Leben bestimmen, List, 2005.

[27]   Antonio Damasio, ebenda, 2005.

Doch ohne Gefühle wären Sie überhaupt nicht in der Lage gewesen, sich in die eine oder andere Richtung zu entscheiden. „Im Gegensatz zu der landläufigen Meinung, dass Entscheidungen einen kühlen Kopf verlangen, sind es in Wahrheit Gefühle, die uns den Weg in die richtige Richtung weisen und uns helfen, moralische, persönliche, vorausschauende und planende Entscheidungen zu treffen", erläutert John Ratey.[28] Und die Untersuchungen von Antonio Damasios Team weisen eindeutig darauf hin, dass das Gehirn schon lange weiß, welches die richtige Strategie ist, bevor Ihnen überhaupt bewusst wird, um welche Strategie es sich dabei handelt.[29]

Eine „vernünftige" Wahl

Entgegen der bei Managern oft verbreiteten Einstellung sollten Sie also Ihre Intuitionen nicht einfach abtun, wenn es darum geht, wichtige geschäftliche Entscheidungen zu treffen. Der innere Dirigent in Ihrem Gehirn geht im Grunde sehr rational vor, da er auf faktischen Erfahrungen aufbaut. Deshalb sind die von ihm getroffenen Entscheidungen durchaus „vernünftig".[30] Meist werden Sie anschließend sogar in der Lage sein, Ihre Wahl auch zu begründen und verbal darzulegen.

Natürlich können Sie die ganze Sache auch noch einmal überdenken und sich gegen Ihre Intuition entscheiden. Wenn Sie das tun, geschieht dies meistens, weil Sie keine andere Wahl haben. Wir machen durchaus öfter Dinge, die nicht im Einklang mit dem sind, was unsere Intuition als langfristig positiv für uns betrachtet, um ein noch schlechteres Ergebnis zu vermeiden, wie zum Beispiel den Verlust der Arbeitsstelle. Wenn es dazu käme, wäre schließlich alles andere irrelevant.

Obwohl Sie eine starke Intuition verspüren mögen, dass diese strategische Initiative Sie in eine Misere führen wird, wird sich also Ihr logisches Denken einschalten und Sie dazu bringen, dennoch mitzumachen, wenn auch widerwillig. Eine andere Entscheidung könnte schließlich Ihrer Karriere schaden, Ihr Mentor könnte von Ihnen enttäuscht sein und Sie fallen lassen, Sie könnten gegenüber Ihren gleichrangigen Kollegen das Gesicht verlieren oder was auch immer an Negativem passieren könnte. Um solche Desaster zu vermeiden, finden Sie sich lieber mit einem unglücklichen Leben ab. Sie werden jedoch von negativen Gefühlen geplagt. Sie geraten in ein physiologisches Ungleichgewicht. Manche Menschen verfallen in einen tiefen Erschöpfungszustand bis hin zum Burn-out, andere werden ernsthaft krank. Manche werden auch zu Zynikern, wie aus Rache an denjenigen, die sie quälen. So oder so gibt es in dieser Situation nur Verlierer. Sie möchten vermutlich nicht, dass dies in Ihrem Team geschieht.

---

[28] John Ratey, Das menschliche Gehirn: Eine Gebrauchsanweisung, Piper, 2006.

[29] Antoine Bechara, Hanna Damasio, Daniel Tranel, Antonio R. Damasio, Deciding Advantageously Before Knowing the Advantageous Decision, Science, 28. Februar 1997, Band 275, Seite 1293.

[30] Stephan P. Heck, Reasonable Behavior: Making the Public Sensible, University of California, San Diego, 1998. Zitiert von A. Damasio, ebenda, Seite 150.

Wer weiß, wie Sie sich entschieden haben?

Was genau Sie dazu gebracht hat, sich für oder gegen die geplante strategische Initiative zu entscheiden, ist nicht einmal für Sie selbst vollständig transparent. Wie also könnte irgendjemand anderer jemals hoffen, Sie dazu zu „motivieren", sich für etwas zu engagieren? Es ist für den Teamleiter ganz offensichtlich wesentlich leichter, Sie zu demotivieren als Sie zu motivieren.

Sich für die ungewisse Zukunft zu entscheiden, die mit einer bestimmten strategischen Initiative verbunden wird, ist eine sehr komplexe Entscheidung. Dabei tauchen viele verschiedene Fragen auf.

- Wer weiß schon, welche früheren Erfahrungen in Ihrer Erinnerung gespeichert sind und wie stark die emotionalen Signale sind, die mit diesen Erfahrungen verbunden sind? Nicht einmal Sie selbst wissen das.

- Wer weiß, welche Merkmale der aktuellen strategischen Initiative vergangene Erfahrungen in Ihnen geweckt und damit bestimmte emotionale Zustände und Gefühle abgerufen haben? Nicht einmal Sie selbst.

- Wer weiß, welche sozialen Motive Ihre emotionale Reaktion auf die Initiative und damit letztlich Ihr intuitives Gefühl dazu bestimmen? Wenn Sie sich selbst gut kennen, sind Sie sich möglicherweise darüber im Klaren. Aber der Teamleiter und die übrigen Teammitglieder kennen Sie vermutlich noch nicht gut genug, um das nachvollziehen zu können.

- Und wer außer Ihnen selbst weiß schon, welches intuitive Gefühl Sie im Hinblick auf die Initiative haben?

Was kann also ein Teamleiter tun, um Sie auf seine Seite zu bringen? Wie wir sehen werden, kann er kaum direkt intervenieren, aber indirekt kann er sehr viel tun, indem er den Kontext Ihres möglichen Engagements entsprechend formt.

4.3   Die Rolle des Teamleiters

Nachdem wir uns darüber Gedanken gemacht haben, wie Sie für sich selbst entscheiden, sich für eine Initiative zu engagieren, wollen wir nun die andere Seite betrachten. Was können Sie als Teamleiter tun, um das Engagement derjenigen zu fördern, die Sie für Ihr Projekt gewinnen möchten?

Wir wollen uns zunächst dem widmen, was Sie nicht tun können. In vielen Firmen waren die früheren Erfahrungen mit strategischen Initiativen nicht besonders gut. Deshalb können Sie noch so oft wiederholen, dass es dieses Mal anders sein wird, Ihre Teammitglieder werden sich trotzdem an zahlreiche Fälle erinnern, bei denen Autorität und Vertrauen missbraucht wurden oder bei denen die Anerkennung am Ende ausblieb. All das lässt sich nicht ändern. Sie müssen beweisen, dass sich der Kontext geändert hat, und das lässt sich nur durch konkretes Handeln belegen.

Manche Unternehmen glauben, dass sie einfach nur besser kommunizieren müssten, warum die Initiative von entscheidender strategischer Bedeutung ist. Eine Firma, mit der wir zusammengearbeitet haben, wollte zum Beispiel ihre Fachgebietsleiter trainieren lassen, damit sie in der Lage wären, ihren zögerlichen Untergebenen die Bedeutung der Initiative effektiver zu vermitteln. Aber wie wir gesehen haben, ist es nicht auf einen Mangel an logischer Überzeugungsfähigkeit zurückzuführen, wenn wenig Engagement von den Mitarbeitern kommt.

Manche Firmen nehmen an, dass die Lösung in mehr Disziplin zu finden sei. Doch das ist genauso, als würden Sie zu Ihren Leuten sagen: „Zeigen Sie bitte mehr Engagement!" Und es wird die gleiche Wirkung haben – nämlich gar keine. Es ist das Engagement der einzelnen Mitarbeiter, das eine gemeinsame Gruppendisziplin hervorbringt, und nicht eine von oben verordnete Disziplin, die zu Engagement führt. Gehen Sie also immer zuerst zum wirklichen Ausgangspunkt und setzen Sie auf persönliches Engagement.

Leider sind mehr Kommunikation und mehr Disziplin die beiden wichtigsten Mittel, die viele Firmen einsetzen, um Engagement für ihre strategischen Initiativen zu mobilisieren. Um tatsächlich für mehr Engagement zu sorgen und eine positive Stimmung zu verbreiten, sollten Sie stattdessen von der Prämisse ausgehen, dass das Umsetzen einer strategischen Initiative eine emotionale Erfahrung ist. Wie wir gesehen haben, bedeutet das keine Gefühlsduselei. Um zu dieser emotionalen Erfahrung zu gelangen, müssen zahlreiche harte Tatsachen aufgegriffen und angesprochen werden. Beachten Sie, dass Sie als Teamleiter die emotionale Erfahrung bestimmen. Wie ein Dirigent geben Sie das Tempo vor und sind dann gefordert, das Beste aus Ihren Teammitgliedern herauszuholen.

4.3.1 Die eigene Einstellung überprüfen

Um besser zu verstehen, wie ein Sporttrainer die Herausforderung angeht, einen Spieler zu motivieren, haben wir Anna Dunand-Lindblom gefragt, eine ehemalige professionelle Golfspielerin und Trainerin: „Wie würden Sie einen Spieler trainieren, der die letzten Monate schlechte Ergebnisse gezeigt hat und kurz vor einem wichtigen Wettbewerb steht?" Anna Dunand-Lindbloms prompte Reaktion war: „Prüfen Sie zuerst Ihre eigene Einstellung! Wenn Sie selbst nicht voller Energie für das Projekt sind, lassen Sie besser die Finger davon. Wenn Sie nicht absolut überzeugt davon sind, dass dieser Spieler gewinnen kann, dann versuchen Sie es erst gar nicht! Doch wenn Sie an ihn glauben, dann suchen Sie nach einem Erfolg, den der Spieler in der Vergangenheit hatte, und sei er auch nur mittelmäßig gewesen, und stellen Sie diesen möglichst stark heraus!"

Wenn Sie bei anderen Menschen Energie mobilisieren und Engagement wecken möchten, müssen Sie also bei sich selbst beginnen,. Wir haben schon allzu viele strategische Initiativen gesehen, bei denen zum Beispiel der Sponsor viel zu weit hinter den Seitenlinien stand. Auch wenn er vielleicht ab und zu mal vorbeikam, um das Team anzuspornen, war er insgesamt nicht wirklich präsent. Man hatte nicht das Gefühl, dass es sich um sein Team und seine Initiative handelte. In solch einem Fall helfen auch gelegentlicher Enthusiasmus oder große Versprechungen für die Zukunft nichts. So wie ein künstliches Lächeln niemanden täuschen kann, kann auch künstliche Energie niemanden mobilisieren.

Als Teamleiter können Sie lauwarmes Engagement und einen Mangel an Energie bei Ihren Mitarbeitern nur verbessern, indem Sie selbst sie mit Ihren positiven Gefühlen anstecken. In der Tat sind Gefühle oft ansteckend. Wie lernen Babys zu lächeln? Weshalb weinen viele Menschen bei einer Beerdigung, selbst wenn sie den Verstorbenen kaum kannten? Weshalb wirkt ein lächelnder Mensch aufmunternd auf alle, die ihm begegnen?

Neurowissenschaftler haben bei Primaten Nervenzellen gefunden, die sowohl getriggert werden, wenn eine Handlung ausgeführt wird, als auch, wenn die gleiche Handlung einfach nur beobachtet wird. Sie werden als „Spiegelneuronen" bezeichnet. Spiegelneuronen werden auch im menschlichen Gehirn vermutet, weil sich dasselbe Phänomen auch beim Menschen beobachten lässt. Beispielsweise werden bei Auszubildenden neuronale Verbindungen in den gleichen Gehirnarealen getriggert, wenn sie ihren Vorgesetzten bei der Arbeit beobachten, wie wenn sie die Arbeit selbst erledigen.

Spiegelneuronen haben also einen Einfluss auf soziale Fähigkeiten, die für Sie als Teamleiter von Bedeutung sind. Ein Beispiel dafür ist die Fähigkeit, die Intention anderer Menschen wahrzunehmen und zu deuten. Menschen sind transparenter, als sie selbst oft glauben. So können andere von außen beispielsweise leicht erkennen, ob ein Teamleiter nur Energie und Engagement vortäuscht, um die Mitglieder seines Teams für eine neue Initiative zu gewinnen. Das ist der Grund, warum so häufig bei reiner Rationalität Zuflucht genommen wird. Doch wie wir gesehen haben, ist das keine Lösung. Wenn aber Ihre innerste Intention tatsächlich dem entspricht, was Sie nach außen präsentieren, wird Ihr Team aus dem Bauch heraus spüren, dass Sie ehrlich sind und es ernst meinen, und es wird Ihnen vertrauen.

Eine andere Funktion der Spiegelneuronen ist Empathie oder die Fähigkeit, die Gefühle und Motive anderer zu erkennen. Durch Empathie werden Sie sich der Motive einer anderen Person bewusst, und dies befähigt sie, entsprechend darauf zu reagieren. Frauen sind darin im Allgemeinen besser als Männer. Die Person gegenüber spürt, dass ihre Beweggründe ernst genommen und anerkannt werden. Das führt zu einer inneren Einstellung von: „Das wird funktionieren, ich werde eine Chance haben, mein Bestes zu geben, und das wird auch gewünscht!"

Nehmen Sie also zuerst immer sich selbst unter die Lupe, denn die anderen nehmen Sie sehr viel genauer wahr, als wir uns das in der Regel vorstellen. Sie werden sich mit ihrem Verhalten nicht nach dem richten, was Sie sagen, sondern nach dem, was sie intuitiv an Ihnen wahrnehmen können. Das ist auch der Grund für den häufigen Ratschlag an Führungskräfte, „authentisch" zu sein, denn das ist das Einzige, was wirklich funktioniert. Es ist die einzige Möglichkeit für einen Teamleiter, mit den negativen Erinnerungen umzugehen, die zu Beginn einer Initiative auftauchen können, um dann glaubwürdig sagen zu können: „Ich bin vertrauenswürdig, ihr könnt mir folgen!"

4.3.2   Das Beste aus den Mitarbeitern herausholen

Wir haben Karsten Abel, den wir bereits kurz erwähnt hatten, gefragt, wie er das Beste aus seinen Mitarbeitern herausholt. Abel antwortete, ohne zu zögern: „Durch persönliches Interesse an den Menschen, die mit mir arbeiten!" Und er fügte hinzu: „Persönliches Interesse an ihrer Arbeit, daran, wie sie arbeiten und welche Hilfe sie dabei benötigen. Aber auch persönliches Interesse an ihnen als Individuen, an ihren Beweggründen und daran, was sie antreibt."

Karsten Abel hatte zum Beispiel dafür gesorgt, dass die Personalabteilung ihn bei Krankheitsfällen seiner Mitarbeiter oder deren Angehörigen immer sofort informierte, sodass er sein Interesse an seinen Teammitgliedern zum Ausdruck bringen konnte, indem er nachfragte. „Ich wende mich an die Betroffenen und frage, wie es ihnen geht. Nach einer gewissen Zeit hake ich nach und erkundige mich erneut. Das hat eine große Wirkung auf die Menschen und ruft meist ein dankbares Lächeln hervor."

Wenn Karsten Abel einem Teammitglied Feedback gibt, pflegt er freundlich dessen Arm oder Schulter zu berühren, so als spräche er mit einem alten Freund. Wir haben seine empathischen Fähigkeiten selbst erlebt, denn er gab uns ständig positives Feedback und bestätigte uns laufend, wie gern er mit uns arbeitet. Wir haben eine Menge von ihm gelernt und hätten ihn niemals enttäuschen wollen. Sie können sich leicht vorstellen, wie sein Team sich fühlte.

Das Interessante an der Sache ist, dass Karsten Abels empathisches Verhalten von seinen Mitarbeitern nachgeahmt wurde – wie nach der Theorie der Spiegelneuronen nicht anders zu erwarten –, wodurch alle im Team eine sichere emotionale Basis hatten. Natürlich standen die Teammitglieder auch unter Leistungsdruck, doch sie konnten einander starke gegenseitige Unterstützung geben. Entgegen der landläufigen Meinung wird es, wie wir an diesem Beispiel sehen können, durch das Einbeziehen von Emotionen tatsächlich leichter, sich auf die anstehende Arbeit zu konzentrieren.

Die persönliche Aufmerksamkeit für andere ermöglicht es Ihnen, deren Beweggründe für ein Engagement in einer strategischen Initiative zu verstehen und anzusprechen. Diese Motive, wie Sie sich sicher erinnern, „sind die Dirigenten der Gefühle". Sie entdecken diese, indem Sie beobachten, welche emotionalen Reaktionen mit welchen Verhaltensweisen verbunden sind. Wie wir gerade gesehen haben, erfordert dies Empathie oder, allgemeiner ausgedrückt, interpersonale Intelligenz, also die Fähigkeit, die Gefühle anderer zu verstehen, sowie intrapersonale Intelligenz, die Fähigkeit, die eigenen Gefühle einzusetzen.[31]

---

[31]   Siehe beispielsweise auch Howard Gardner, Frames of Mind, Paladin Books, 1983, oder Multiple Intelligences, 1993. Diese Formen der Intelligenz wurden als emotionale Intelligenz bekannt. Siehe beispielsweise auch Daniel Goleman, Emotionale Intelligenz, Hanser-Verlag, 1996.

Die persönlichen Beweggründe von Menschen anzusprechen wird in Unternehmen oftmals als nebensächlich und als überflüssige Zeitverschwendung betrachtet. Die Einstellung dahinter ist, dass die Mitarbeiter rational einsehen sollten, dass bestimmte strategische Initiativen wichtig sind, und dass sie sich dann einfach diszipliniert an die Arbeit machen sollten. Doch wie wir gesehen haben, hat rationale Logik nur eine sehr begrenzte Wirkung. Und Disziplin ist eine riskante Basis für wichtige Aufgaben, denn sie kann leicht Gefühle von Angst, Abhängigkeit, Ohnmacht und Isolation hervorrufen. Sie lenkt die Energie auf die Vermeidung von Dingen. Dagegen führen die Motive, die wir in diesem Kapitel diskutiert haben, wie Anerkennung durch Leistung, institutioneller Einfluss und Teamintegration, sehr viel eher zu positiven Ergebnissen und sollten daher bevorzugt angesprochen werden. Die Resultate, die sich damit erzielen lassen, sind Leistung, Einfluss und Solidarität – und somit ganz offensichtlich Aspekte, die für Projekte äußerst erstrebenswert sind.

4.4   Zusammenfassung

Ihre Teammitglieder können von den folgenden drei wichtigen Beweggründen motiviert sein:

- ◼ *Anerkennung:* Menschen mit diesem sozialen Motiv gehen an die Grenzen des Ehrgeizes und der Erreichbarkeit.

- ◼ *Institutioneller Einfluss:* Menschen mit diesem sozialen Motiv bringen Dinge in Bewegung und erledigen viel.

- ◼ *Teamintegration:* Menschen mit diesem sozialen Motiv sorgen für gegenseitige Unterstützung innerhalb des Teams.

Sind all diese Beweggründe in Ihrem Team gleichermaßen vertreten, dann steht Ihnen ausreichend Energie zur Verfügung, um mit Ihrer Initiative Erfolg zu haben.

Jedoch ist die individuelle Entscheidung, Energie in eine bestimmte Initiative zu investieren, alles andere als geradlinig. Bei jedem Entscheidungsprozess werden mit Erfahrungsmustern verknüpfte Gefühle verarbeitet, die prognostizieren, welche Wahl vermutlich zufriedenstellende Resultate liefern wird und welche besser vermieden werden sollte. Ohne diese emotionalen Signale sind Entscheidungen dieser Art überhaupt nicht möglich.

Folglich sind die Gründe Ihrer Teammitglieder, sich zu engagieren, sehr komplex und sogar für diese selbst nicht immer vollkommen transparent. Es wäre naiv, zu glauben, dass Sie darauf einen direkten Einfluss ausüben können, beispielsweise durch logische Argumente oder einen Aufruf zu mehr Disziplin. Als Teamleiter haben Sie nur zwei Möglichkeiten, das „Ja, aber …" Ihrer Teammitglieder aufzulösen und ihr Engagement für sich zu gewinnen:

■ Sie sorgen dafür, dass Ihre eigene Energie und Motivation ansteckend auf die Mitarbeiter wirkt, was bedeutet, dass Ihre Energie und Ihre Motivation aufrichtig sein müssen.

■ Sie sind wirklich an Ihren Teammitgliedern interessiert, verstehen ihre Beweggründe und unterstützen sie darin, das Projekt auf einer gemeinsamen Basis anzugehen, die für alle gewinnbringend ist.

Die besten Energiequellen, die Sie haben, um Ihre strategische Initiative erfolgreich umzusetzen, sind Sie selbst als Teamleiter sowie das Fördern und Nutzen der speziellen sozialen Motive Ihrer Teammitglieder.

5   Durchdenken der Schritte

September 2007. Karin Jungs Hand zitterte, als sie den Telefonhörer auflegte. Werner Schöneberger, der Inhaber und Begründer des kleinen pharmazeutischen Forschungsunternehmens Etymol, das Karin Jungs Firma Medonovo gerade zu kaufen versuchte, hatte ihr höflich mitgeteilt: „Es tut mir wirklich leid, Karin, aber wir haben uns dafür entschieden, an Weser zu verkaufen. Die Entscheidung ist mir nicht leicht gefallen und ich schätze unsere über die letzten sechs Monate gewachsene Freundschaft, aber unsere Entscheidung ist endgültig."

Karin Jung fühlte sich schrecklich. Im Jahr 2005 hatte der Hauptgeschäftsführer sie darum gebeten, ihre Tätigkeit als Leiterin des Einkaufs für Zentraleuropa aufzugeben, um eine wichtige strategische Initiative für Medonovos Geschäftsbereich Kosmetik zu übernehmen. Das Patent eines verkaufsstarken Wirkstoffs, der in den meisten Sonnencremes mit hohem Lichtschutzfaktor enthalten war, würde 2007 auslaufen. Das Traurige daran war, dass Medonovos Abteilung Forschung & Entwicklung für die nächsten drei Jahre keinerlei weitere aussichtsreiche Produkte in Arbeit hatte.

Der Hauptgeschäftsführer erwartete, dass Karin Jungs Team die Vorarbeiten dafür leistete, eine Beteiligung an einem anderen Forschungsunternehmen zu kaufen oder einzugehen, die interessante neue Wirkstoffe liefern würde, um dem für 2008 prophezeiten starken Rückgang der Verkaufszahlen entgegenzuwirken. Karin Jung hegte zwar gewisse Bedenken, eine solch wichtige Rolle zu übernehmen, doch wie schwierig konnte es tatsächlich sein? In ihrer derzeitigen Aufgabe war sie es gewohnt, fast monatlich mit Lieferanten über bedeutende Geschäfte zu verhandeln.

Aber die Initiative entpuppte sich keinesfalls als unkompliziert und die endgültige Entscheidung von Werner Schöneberger war nur das letzte in einer ganzen Reihe nicht vorhergesehener Probleme. Das erste Problem, das bereits drei Monate nach dem Start aufgetaucht war, ergab sich im Zusammenhang mit der anfänglichen Marktstudie in der Kosmetikindustrie. Während der ersten Planungsbesprechung hatte sich eines der Teammitglieder, Margot Walter, dazu bereit erklärt, einen Branchenüberblick vorzubereiten, so dass das Team identifizieren konnte, welche Arten von Kosmetikprodukten es angehen sollte. Karin Jung hatte angenommen, dass Margot Walter wusste, was sie tat, aber zwei Monate später legte sie eine Studie vor, in der selbst die grundlegendsten Informationen fehlten. Als sie kritisiert wurde, gab Margot Walter an, dass Medonovo die Details, die Karin Jung erwartete, nicht zur Verfügung standen. Aus Verzweiflung entschied sich Karin Jung dafür, Berater zur Durchführung der Studie zu engagieren. Dies brachte eine Verzögerung von sechs Monaten mit sich. Es war nicht allzu schwer, ein Beratungsunternehmen zu finden, aber es war ein Kampf, das Budget für die Studie zu sichern. Ohne die Intervention des Hauptgeschäftsführers Alfred Rütters hätte Karin Jung niemals die Informationen bekommen, die das Team benötigte.

Nach der Entscheidung, sich auf Hautpflegeprodukte zu konzentrieren, die auf Vitaminderivaten basierten, bestand die zweite große Hürde darin, die Forschungsunternehmen zu identifizieren, die bereits geeignete Wirkstoffe in der Entwicklung hatten. Das Problem war, dass Karin Jung niemanden bei Medonovo finden konnte, der das Potential von Vitaminderivaten beurteilen konnte, weshalb sie gezwungen war, einen Experten zu engagieren. Das war jedoch ein Problem für sich.

Diese Leute waren unglaublich teuer und verlangten unverschämt hohe Honorare. Zum Glück war es Karin Jung gelungen, jemanden von L'Oreal zu engagieren, der sich als ausgezeichnet erwies. Jedoch hatte dies zu einer weiteren Verzögerung von drei Monaten geführt.

Im März 2007 hatte das Team endlich eine Auswahl potentieller Kaufobjekte oder Beteiligungen vorliegen. Eine Firma hob sich von allen anderen ab: Etymol, eine kleine Firma mit Sitz in Großbritannien, die ein komplexes Vitamin-E-Derivat entwickelt hatte, das im Labor ausgezeichnete Ergebnisse lieferte. Zu diesem Zeitpunkt beschloss das Team, im Bewusstsein, dass keine Zeit mehr zu verlieren war, sich einzig und allein auf Etymol zu konzentrieren und alle übrigen Alternativen zu vernachlässigen. Karin Jung selbst hatte sehr viel Zeit investiert, um ein verlockendes Angebot zu entwickeln, dem sich Werner Schöneberger nicht abgeneigt zeigte. Die Verhandlungen hatten sich zwar über die letzten sechs Monate hingezogen, viel länger, als Karin Jung erwartet hatte. Dennoch war sie sich sicher gewesen, dass er den Vertrag zur Zusammenarbeit mit Medonovo unterzeichnen würde.

Karin Jung schloss die Augen. Während sie ihre Schläfen massierte, fühlte sie, wie ihr Herz raste. Wie konnte er ihr Angebot nur ablehnen? Was sollten sie jetzt tun? Es war zu spät, um Verhandlungen mit anderen Firmen zu beginnen. Was noch viel schlimmer war: Was sollte sie dem Hauptgeschäftsführer sagen?

Karin Jung ist nicht die erste Teamleiterin, die während einer Umsetzung böse Überraschungen erlebt, und sie ist mit Sicherheit auch nicht die letzte. Viele Teams setzen Initiativen reaktiv statt proaktiv um. Dabei wird nicht genügend getan, um die Abläufe der Initiative vorab im Detail zu durchdenken und sich auf alle Eventualitäten vorzubereiten.

In diesem Kapitel werden wir diskutieren, wie man strategische Initiativen konkret umsetzt. Im Hinblick auf das Festlegen der Zielsetzung für Ihre Initiative (Kapitel 3, *Bestimmen des Kurses*) haben wir eine gewisse Anzahl an Umsetzungsschritten identifiziert und in eine Reihenfolge gebracht. Wie kann man diese nun realisieren?

Wir werden hier auf die vier Bereiche eingehen, die zur Realisierung notwendig sind. Im Allgemeinen werden sie recht oberflächlich angegangen. Ein derart nachlässiger Ansatz kann allerdings dazu führen, dass Sie in Treibsand landen. Je mehr Sie dann darum kämpfen, sich zu befreien, desto tiefer werden Sie hineingezogen, wie wir am Beispiel von Karin Jung gesehen haben. Wir werden deshalb die wichtigsten Fehler erörtern, die häufig zu beobachten sind, und wir werden Ansätze vorschlagen, um sie zu vermeiden.

Im Folgenden geht es um die vier Bereiche

- Ablaufplanung,

- Ressourcenplanung,

- Überwachung der wichtigsten Leistungsindikatoren und

- Überwachung der Umsetzungsrisiken.

Unsere Vorschläge sind nicht dazu gedacht, bewährte Werkzeuge des Projektmanagements wie beispielsweise den *PMBoK Guide* des amerikanischen Project Management Institute oder PRINCE2 zu ersetzen. Viele Firmen haben auch ihre eigene Methodik zur Umsetzung von Projekten entwickelt. All diese Werkzeuge geben Teams wichtige Hilfestellungen beim Projektmanagement. Unsere Vorschläge sollen vielmehr eine Ergänzung zum Einsatz solcher Werkzeuge darstellen. Wir möchten Ihnen bestimmte Beobachtungen mitteilen, die Ihre Erfolgschancen in der Umsetzung verbessern können.

5.1   Die Realisierungsphase

Viele Führungskräfte scheinen mehr Interesse daran zu haben, großartige Visionen zu entwickeln, als daran, sie anschließend auch tatsächlich umzusetzen. Vielfach wird die Umsetzung als Aufgabe der unteren Ebenen der Firmenhierarchie betrachtet, während die Aufgabe der oberen Führungsebene lediglich darin besteht, Visionen und Strategien zu entwickeln.

Interessanterweise bedeutet sozialer Aufstieg zumindest seit den letzten zweihundert Jahren, sich von der Umsetzung wegzubewegen. Wenn wir leitenden Führungskräften vorschlagen, mit uns die nächsten Umsetzungsschritte einer Initiative durchzugehen, erhalten wir häufig die herablassende Antwort, dass wir offensichtlich nicht verstanden hätten, wie die Dinge in Unternehmen laufen: „Wissen Sie, ich verfüge über gute Leute, die das für mich erledigen. Das ist nicht das, wofür ich bezahlt werde. Ich muss über wichtigere Dinge nachdenken." Nun, in der Realisierungsphase geht es doch schließlich darum, über wichtige Dinge nachzudenken, nämlich die einzelnen Schritte bis zur endgültigen Realisierung des Projekts zu durchdenken.

Beim *Durchdenken der Schritte* geht es nicht darum, Kalkulationstabellen und Gantt-Karten auszufüllen. Das sind lediglich die konkreten und materiellen Formen der Umsetzung. Vielmehr geht es darum, eine strategische Initiative in einzelne Umsetzungsphasen aufzuteilen, wie wir es getan haben, als wir die Zielsetzung der Initiative festgelegt haben. Danach übersetzen Sie jede Umsetzungsphase in aufeinander folgende Aktivitäten. Dem folgt dann die Übersetzung jeder Aktivität in einzelne Aufgaben. Gibt es einen Grund, weshalb Sie im Hinblick auf Aktivitäten und Aufgaben improvisieren sollten? Ist es auf dieser Ebene weniger wahrscheinlich, dass Hürden und Hindernisse auftauchen und sich Ihnen in den Weg stellen? Tatsächlich ist das absolute Gegenteil der Fall, denn: „Der Teufel steckt im Detail!"

5.1.1   Schritte durchleuchten

Stellen Sie sich vor, dass Gartenarbeit Ihr Hobby ist. Es ist Mitte März und Sie nehmen an einer langen und ermüdenden Geschäftsbesprechung teil. Woran denken Sie? „Dieses Jahr möchte ich wirklich ein paar Rosen vor der Hecke pflanzen. Ich sollte beim Gartencenter vorbeifahren, um schon mal entsprechenden Dünger zu kaufen. Und wo soll ich die Rosenpflanzen kaufen? Vielleicht sollte ich doch zuerst die Weißdornhecke schneiden …"

Während Sie sich Gedanken über Ihr Gartenprojekt machen, *überdenken* Sie jeden einzelnen zukünftigen Schritt. Sie überdenken im Geiste jede Möglichkeit. Sie überdenken, was falsch laufen könnte und was Sie dagegen tun könnten. Das Überdenken einer Aufgabe erzeugt viele derselben Verbindungen im Gehirn, die genutzt werden, wenn Sie die Aufgabe tatsächlich ausführen. Zum Beispiel ist allgemein bekannt, dass Kurzstreckenläufer und Hürdenläufer sich vor einem Leichtathletikkampf mental den Lauf vorstellen und jeden Schritt, den sie machen müssen, durchdenken. Das gilt für alle Sportarten: Bogenschießen, Reiten, Skifahren und so weiter. Das Durchdenken ist Teil der inneren Programmierung auf Erfolg.

5.1.2   Hürden abschätzen

Bei komplexen Initiativen oder Projekten ist es nicht anders. Karin Jung entdeckte die nächste Hürde jeweils erst, als sie direkt davor stand. Viele Manager entdecken Umsetzungshindernisse auf diese Art und Weise. Die Alternative dazu ist rechtzeitiges Überdenken im Vorfeld, um mit den Risiken besser umgehen zu können. Dazu spielen Sie in Gedanken einen inneren Film ab, der Sie während der Umsetzung auf die nächsten Schritte aufmerksam macht. Auf diese Weise erkunden Sie vorab den Weg und alles, was erforderlich ist, um jedes einzelne Hindernis zu überwinden.

Es erscheint selbstverständlich, so vorzugehen. Sie tun es ganz automatisch bei der Planung Ihres Gartens oder was auch immer Ihr Hobby ist. Aber bei weniger angenehmen Aufgaben scheinen viele Menschen lieber so zu handeln, dass sie sich einfach blindlings auf die Sache stürzen und dabei auf das Beste hoffen.

5.1.3   Optionen generieren

Um solchen blinden Aktivismus zu vermeiden, sollten Sie als Teamleiter dafür sorgen, dass Ihr Team regelmäßig die nächsten Schritte mental durchdenkt. Das kann besonders im Hinblick auf mögliche Hürden sehr hilfreich sein. Wenn Sie den Film Ihrer Gedanken in unterschiedliche Richtung Revue passieren lassen, können Sie alle möglichen Szenarien erforschen und die möglicherweise damit verbundenen Hindernisse schon weit im Voraus erkennen.

Die Realität entwickelt sich niemals genau nach einem vorgefertigten Plan. Mentales Überdenken erzeugt keinen Plan, sondern ein Netz verschiedener Möglichkeiten. Diese Art der Planung auf der Basis von Optionen und Möglichkeiten ist vor allem im Hinblick auf kurzfristige Notfallsituationen unerlässlich. Wenn Sie mögliche Hürden bereits im Vorfeld gründlich durchdacht haben, können Sie in der heißen Phase der Umsetzung bei Bedarf jederzeit auf eine Reihe von Handlungsoptionen zurückgreifen.

5.1.4   Teamzusammenhalt sichern

Ein dritter und weniger offensichtlicher Vorteil des Überdenkens ist, dass es für eine intensive Abstimmung unter den Teammitgliedern sorgt.

Die Planung für Ihren Garten machen Sie wahrscheinlich allein, aber für strategische Initiativen ist es wesentlich effektiver, die verschiedenen Schritte gemeinsam als Team zu durchdenken. Jedes Teammitglied spielt bei der Diskussion der nächsten Umsetzungs-schritte eine wichtige Rolle. Die Teammitglieder stellen einander das „Drehbuch" vor und hinterfragen das Drehbuch des jeweils anderen. Sie konfrontieren einander mit möglichen Hürden und Umsetzungshindernissen. Schrittweise entsteht so ein gemeinsames Szenario. Jedes Teammitglied weiß, was in etwa zu erwarten ist. Das Team ist sich recht sicher, dass es das Projekt erfolgreich meistern kann, weil die möglichen Probleme bereits gemeinsam durchdacht wurden. Nun kann mit gemeinsamem Engagement auf das Erreichen des Ziels hingearbeitet werden.

5.1.5   Regelmäßiges „Durchdenken" zur Gewohnheit machen

Während des gesamten Umsetzungsprozesses sollten der Teamleiter und der Sponsor beim Überdenken der nächsten Schritte laufend involviert sein. In Bezug auf den Team-leiter ist das offensichtlich, in Bezug auf den Sponsor ist es zunächst vielleicht etwas weniger deutlich.

Der Teamleiter sollte die gesamte Zeit hindurch jeweils die nächsten Schritte mit dem Team durchgehen. Das sollte vor jeder wichtigen Umsetzungsphase, aber auch vor jedem einzelnen Schritt geschehen. Gut wäre es vermutlich, es wöchentlich zu tun, wann immer das Team sich trifft. Durch das regelmäßige und häufige Durchdenken entsteht ein stabiler Umsetzungsplan.

Weil das Team jedoch die ganze Zeit über sehr stark im Thema involviert ist, kann es durchaus Dinge geben, die es einfach nicht mehr wahrnehmen kann. Deshalb spielt der Sponsor eine entscheidende Rolle dabei, eine zusätzliche Perspektive ins Spiel zu bringen. Während der Team-Besprechungen agiert der Sponsor als Sparringspartner oder als Resonanzboden. Er hinterfragt und prüft die Gedankengänge des Teams eingehend, in-dem er Fragen stellt wie: „Was würden Sie tun, wenn …?", „Was ist das Schlimmste, was während der Einführungsphase passieren könnte?", oder „Was wäre erforderlich, um diese Aufgabe zwei Wochen früher zum Abschluss zu bringen?" Das Ziel des Sponsors ist es, sicherzustellen, dass das Team bei den gemeinsamen Überlegungen nichts unbedacht lässt.

Treffen, bei denen solch ein gemeinsames Durchdenken im Vordergrund steht, sollten nicht nur gelegentlich stattfinden. Wie häufig sie sein sollten, ist Einschätzungssache. Wenn der Sponsor seine Rolle ernst nimmt, wird er bald ein Gefühl dafür entwickeln, wie oft solche Treffen mit dem Team erforderlich sind. Aber ein gutes Team wird auch von sich aus nach Gelegenheiten dafür suchen. Auf jeden Fall ist das systematische Durchdenken eine Angewohnheit, die es zu entwickeln gilt.

Jeder der vier Planungsbereiche, denen wir uns nun widmen wollen, erfordert vorab ein gründliches Überdenken. Die Ablaufplanung, die Ressourcenplanung, das Identifizieren wichtiger Leistungsindikatoren sowie das Abschätzen von Risiken werden oftmals als mechanische Aufgaben angesehen, die mit Kalkulationstabellen erledigt werden können. Sie sind jedoch keinesfalls mechanisch und sollten vom Teamleiter nicht an untergeordnete Mitarbeiter delegiert werden. Vielmehr gilt es bei all diesen Bereichen alle möglichen Szenarien durchzuspielen und Feedbackschleifen einzubauen. Immer wieder gilt es, nach dem „Was wäre, wenn…?" zu fragen. Sie sollten den gedanklichen Film dazu viele Male in verschiedenen Versionen abspielen. Denn es ist das mentale Durchdenken, das während des gesamten Umsetzungsprozesses den Unterschied ausmacht und die Wahrscheinlichkeit eines erfolgreichen Abschlusses der Initiative erhöht, nicht irgendwelche Kalkulationstabellen.

5.2   Flexible Ablaufplanung

Vermutlich denken Sie: „Überdenken klingt gut, aber benötigen wir nicht auch eine detaillierte Ablaufplanung?" Wie der Name bereits andeutet, besteht die Ablaufplanung aus einer festgelegten Reihenfolge der auszuführenden Aktivitäten gemäß der Logik von Einsatz und Resultat.

Viele Menschen sehen in der Ablaufplanung eine langweilige Aufgabe für Erbsenzähler, denn sie ist zeitaufwändig und erfordert Disziplin. Häufig haben Mitarbeiter schlaue Ausreden parat, warum solch eine Planung nicht notwendig ist, wie zum Beispiel: „Kein Ablaufplan funktioniert jemals wie gedacht. Am Ende müssen wir ohnehin improvisieren. Warum sollten wir uns also die ganze Arbeit nicht einfach sparen und gleich auf unsere Erfahrung im Improvisieren bauen?" Doch das würde bedeuten, das Kind mit dem Bade auszuschütten. Wir werden nachfolgend zeigen, dass eine flexible Ablaufplanung der bessere Ansatz ist.

Neben der Tatsache, dass die Ablaufplanung oftmals viel zu oberflächlich gehandhabt wird, leidet sie im Allgemeinen auch unter drei Faktoren, die wir nachfolgend noch ausführlich besprechen wollen:

■ Es werden zu viele Zeitpuffer eingebaut.

■ Erfolgskriterien werden nicht ausreichend spezifiziert.

■ Die Verantwortlichkeiten sind nicht genügend geklärt.

Zunächst wollen wir aber erläutern, wie Sie Ihre Ablaufplanung flexibel gestalten können.

5.2.1 Planen, jedoch Optionen offen halten

Wir behaupten, dass Sie bei auftauchenden Problemen nicht improvisieren müssen, wenn Sie Ihre nächsten Schritte vorab ausreichend überdacht haben. Das Überdenken macht Sie mit dem gesamten Zusammenhang eng vertraut. Es hilft Ihnen festzulegen, auf welche Aktivitäten Sie sich in Ihrer Agenda vorrangig konzentrieren sollten. Wie wir in Kapitel 3 bereits erläutert haben, sollten Sie zunächst die Schritte einplanen, durch die das notwendige Wissen für die Durchführung des Projekts bereitgestellt wird. Außerdem sollten Sie sich darauf konzentrieren, möglichst rasch Cashflow zu generieren. Und schließlich sollten Sie prüfen, in welchen Bereichen Sie sich noch nicht festlegen und alle Ihre Optionen offen halten sollten.

Danach widmen Sie sich der detaillierten Ablaufplanung für die Aktivitäten, die Sie als vorrangige Schritte identifiziert haben. Für die nächsten Schritte machen Sie noch keine Planung, sondern belassen sie zunächst auf der Ebene des mentalen Überdenkens. Abhängig vom Ergebnis der ersten Schritte werden Sie wahrscheinlich die späteren Aktivitäten noch einmal eingehend durchdenken müssen, bevor Sie diese im Detail planen können.

Der gesamte Ansatz orientiert sich also immer an der Frage: „Was muss ich *jetzt* im Detail planen und wie kann ich den Rest überwachen?" Man könnte diesen Prozess auch als Planung durch schrittweise Annäherung bezeichnen. Dabei bewegt man sich jeweils schrittweise von der Ebene des Durchdenkens auf die konkrete Ebene der Ablaufplanung. Dies lässt sich grafisch wie in Abbildung 5.1 darstellen.

Abbildung 5.1 Ablaufplanung durch schrittweise Annäherung

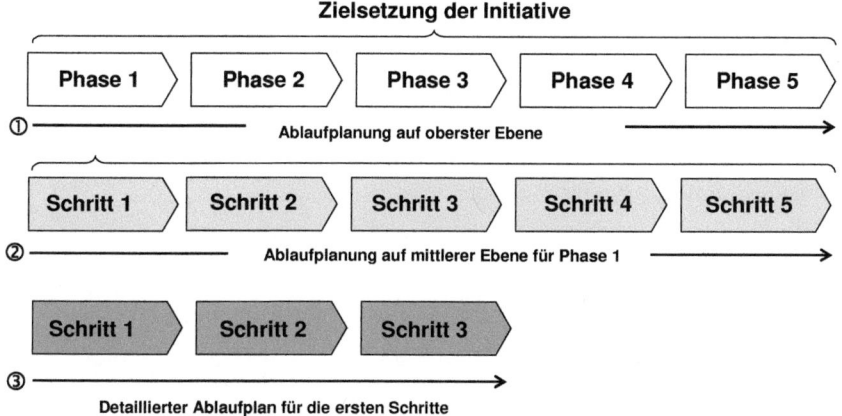

■ Als Erstes überdenken Sie die komplette Umsetzung der gesamten Initiative, also alle in der Zielsetzung festgelegten Phasen. Diese werden zunächst so festgelegt, als ob sich der Kontext im Laufe der Umsetzung nicht verändern würde. Wir wissen, dass es sich dabei aller Voraussicht nach nur um eine theoretische Annahme handelt. Aber das hilft Ihnen, sich mit dem Kontext und dem gesamten Ablauf vertraut zu machen und die Dinge zu identifizieren, auf die sie sich zunächst in erster Linie konzentrieren müssen.

Sie entwerfen also auf der obersten Ebene einen theoretischen Ablaufplan für die gesamte Initiative.

■ Als nächstes durchdenken Sie schon etwas detaillierter die erste Umsetzungsphase, eventuell auch noch die zweite, falls dies sinnvoll erscheint. Doch achten Sie darauf, sich nicht stärker für die Zukunft festzulegen als unbedingt notwendig.

Dies sollte auf der mittleren Ebene zu einem Ablaufplan für die erste Umsetzungsphase führen.

■ Dann durchdenken Sie ganz detailliert die ersten Schritte der ersten Umsetzungsphase. Legen Sie nichts im Detail fest, was noch nicht unbedingt notwendig ist.

Damit haben Sie nun einen detaillierten Ablaufplan für die ersten Schritte.

■ Während der tatsächlichen Umsetzung des Projekts entwickeln Sie nun Schritt für Schritt den detaillierten Ablaufplan weiter, wobei Sie sich immer alle Optionen so lange wie möglich offen halten.

■ Da während der Umsetzung die verschiedenen Optionen konkretisiert werden und sich dabei neue Erkenntnisse ergeben können, muss der Gesamtplan auf oberster Ebene laufend auf den neuesten Stand gebracht werden. Denn dabei können sich neue Prioritäten in der Umsetzung herauskristallisieren, was dazu führen kann, dass manche der detaillierten Ablaufpläne, die bereits abgeschlossen, aber noch nicht umgesetzt sind, neu überdacht werden müssen.

Die gesamte Zeit über gilt es, den Sinn und Zweck des mentalen Durchdenkens im Auge zu behalten. Es geht nicht darum, einen festen Plan zu entwickeln, sondern darum, dass Sie sich mit den notwendigen Zusammenhängen vertraut machen,

■ um jeweils die Ablaufpläne für den Zeitrahmen zu entwickeln, in dem die Dinge konkret festgelegt und durchgeführt werden müssen,

■ um neue Erkenntnisse aus den vorangegangenen Phasen und Schritten zu integrieren,

■ um rasch und effektiv auf auftretende Hindernisse reagieren zu können, indem Sie die nächsten Schritte gemäß den bereits entwickelten alternativen Optionen umplanen.

Zusammenfassend kann man sagen, dass eine flexible Ablaufplanung es ermöglicht, sich auf die Bereiche zu konzentrieren, in denen Sie sich jeweils auf eine Option festlegen müssen, und Ihnen gleichzeitig dabei hilft, den Rest zu überwachen.

5.2.2 Planung der Fristen

Bei der konventionellen Projektplanung sind die Fristen oft zu großzügig bemessen. Es liegt in der menschlichen Natur, bei der Planung zusätzlicher Aufgaben für strategische Initiativen zunächst einmal den Zeitaufwand für die laufenden Arbeiten zu kalkulieren, die zusätzlichen Aufgaben dazuzurechnen und dann noch einen Sicherheitspuffer einzukalkulieren, um für unerwartete Ereignisse oder unerwartete Schwierigkeiten gewappnet zu sein. Dazu kommt noch, dass die meisten Menschen erst im letzten Moment mit der tatsächlichen Ausführung einer Aufgabe beginnen. Und selbst wenn eine Arbeit früher als geplant abgeschlossen ist, bemühen sie sich meist nicht sonderlich darum, das Ergebnis bereits vor der festgelegten Frist abzuliefern. Das Problem für den Projektmanager ist, dass jeder, der an dem Projekt arbeitet, auf diese Weise vorgeht. Das ist einfach Teil der menschlichen Natur. Doch es führt zu langwierigen Projekten.

In der Praxis bedeutet dies, dass es besser ist, zuerst die Frist für den Abschluss des Projekts festzulegen und danach zurückzurechnen, wie man diese Frist einhalten kann. Diese Empfehlung ist im Operations Management weit verbreitet. Dadurch, dass Sie die Dauer des Projektes knapp halten, können Sie versuchen, zusätzliche „tote" Zeit im Plan zu eliminieren und die Mitarbeiter davon abzuhalten, kleine Sicherheitspuffer anzusammeln. Das erfordert jedoch von Beginn an eine enge Zusammenarbeit mit den Abteilungen, die Ressourcen für das Projekt liefern sollen, wie wir bereits in Kapitel 3, *Bestimmen des Kurse*, erörtert haben.

Um den Projektablauf zu beschleunigen, können Sie die Sache aber auch von einer anderen Seite aus angehen und sich zu jedem geplanten Schritt die Frage stellen: „Wann ist der frühestmögliche Zeitpunkt, zu dem mit diesem Schritt begonnen werden kann?" Manchmal lässt sich die Ablaufplanung der einzelnen Schritte optimieren. Zum Beispiel plante ein Nespresso-Team, das an einem Projekt zur Kundensegmentierung arbeitete, bei der Entwicklung des detaillierten Ablaufplans zunächst alle Schritte sequentiell. Als sie feststellten, dass es auf diese Weise mehr als vier Jahre bis zu den ersten Ergebnissen dauern würde, überprüften sie die geplanten Schritte etwas genauer und konnten so verschiedene Schritte identifizieren, die sich problemlos parallel durchführen ließen. Dadurch konnte die Gesamtdauer des Projekts um mehr als ein Jahr verkürzt werden.

Das nachfolgende Beispiel veranschaulicht, mit welchen Maßnahmen eine Firma kurze Projektabläufe erreichen konnte.

Fallbeispiel Reson

Im Jahr 1995 war es für Reson A/S, ein auf Unterwasserakustik und Hochleistungselektronik spezialisiertes Unternehmen, an der Zeit, die Produktentwicklung neu zu strukturieren. Reson stellte fest, dass die Entwicklungsphase von drei Jahren auf drei Monate reduziert werden musste. Dem Management von Reson wurde bewusst, dass die Firma ihren Ansatz in diesem Bereich grundlegend überarbeiten musste, um auf dem Markt weiter konkurrenzfähig zu bleiben.

Um diese Verkürzung der Projektdauer zu ermöglichen, wurden den Projektmanagern unbegrenzte finanzielle Ressourcen zugestanden. Der Geschäftsführer Claus R. Steenstrup erklärte uns dazu:

„Den Projektmanagern wird vorbehaltlos vertraut. Sie erhalten die volle Verfügungsgewalt über ihre Projekte. Das einzige, was zählt, ist, dass die Abschlussfrist eingehalten wird. Dieses Vertrauen basiert darauf, dass die Kosten sich tatsächlich reduzieren, wenn die am Projekt beteiligten Mitarbeiter wissen, dass alle notwendigen finanziellen Mittel verfügbar sind und sie ihre Zeit konstruktiv nutzen können. Natürlich kann es immer Einzelne geben, die dieses System ausnutzen, aber das heißt nur, dass der Betreffende ersetzt werden sollte, nicht das komplette System."

Außerdem galt es, alle Risiken, welche die Abschlussfrist gefährden konnten, immer genauestens zu überwachen, denn schon die kleinsten Dinge können ein Projekt zum Scheitern bringen. So könnte zum Beispiel ein relativ unwichtiger Zulieferer in einem Bereich mit geringem Risiko ein hohes Risiko darstellen. Die Geschäftsleitung ermutigte daher die Teamleiter, externe Berater zu engagieren, um die Risiken abzuschätzen.

Auch die Unternehmenskultur musste sich entsprechend weiterentwickeln. Steenstrup legte hier besonderes Augenmerk auf die Art und Weise, wie Ideen untereinander ausgetauscht werden können. Ein Beispiel für Resons neue Kultur ist der „Freitag des freien Meinungsaustauschs", der von Mitarbeitern der Abteilungen Forschung & Entwicklung sowie Produktion ins Leben gerufen wurde. Jeden Freitag haben die Mitarbeiter in diesen Abteilungen seither Gelegenheit, Probleme der Zusammenarbeit untereinander zu besprechen, wodurch Hindernisse auf einer kollegialen Basis aus dem Weg geräumt werden können.

Quelle: Thomas E. Vollmann, Jussi Heikkila, *Reson: Making Development Teams Accountable for Short Project Cycles*, IMD Case 6-0211, 1999

5.2.3   Messbare Erfolgskriterien einführen

Wie oft haben Sie schon einmal jemanden gebeten, eine Aufgabe zu erledigen, nur um am Ende feststellen zu müssen, dass nicht das abgeliefert wurde, was Sie gebraucht hätten? Wie oft mussten Sie schon mit jemandem darüber diskutieren, ob ein qualitatives Ziel erreicht wurde oder nicht?

Wenn das Ergebnis einer Aufgabe unterdurchschnittlich ist, müssen Sie eine Lösung finden. Das Problem zu diskutieren und eine Lösung dafür zu finden, kostet wertvolle Zeit. Eine Möglichkeit besteht darin, die Aufgabe wiederholen zu lassen, in der Hoffnung, dass sich das Ergebnis verbessert. Dies kostet wiederum wertvolle Zeit und Ressourcen. Vielleicht entscheiden Sie sich auch dafür, zusätzliche Ressourcen zu investieren, um das Problem zu lösen. Im schlimmsten Fall entdecken Sie vielleicht sogar, dass eine Lösung nicht möglich ist und Sie sich mit etwas Unterdurchschnittlichem abfinden müssen, was die gesamte Initiative gefährden könnte.

Wenn Sie die einzelnen Schritte eines Projekts planen, sollten Sie also für jeden Schritt und jede Aufgabe spezifische, messbare Erfolgskriterien definieren. Entscheidend dabei ist, so genau wie möglich zu bestimmen, wie das Ergebnis aussehen soll. Manchmal lässt sich das Ergebnis nicht in exakten Zahlen messen, sondern muss auf einer qualitativen Ebene beurteilt werden. Dann sollten Sie herausfinden, wer die meiste Expertise in dem jeweiligen Bereich hat und dessen Urteilsvermögen dazu nutzen, die Standards bereits im Vorfeld, noch vor dem Beginn der Umsetzung, festzulegen. Stellen Sie dabei sicher, dass sich die Frage, ob das Ziel erreicht wurde, mit einem klaren Ja oder Nein beantworten lässt. Ansätze zum Festlegen von Erfolgskriterien haben wir bereits in Kapitel 3, *Bestimmen des Kurses*, vorgeschlagen.

5.2.4 Die Verantwortungsbereiche klären

Es ist überraschend, wie häufig sich nicht genau feststellen lässt, wer für das Ergebnis einer bestimmten Aktivität verantwortlich ist. Manchmal kann es sich um eine ganze Abteilung handeln. Häufig scheinen größere Aktivitäten unter mehreren Personen aufgeteilt zu sein, da sie aus verschiedenen Aufgaben bestehen. Natürlich werden die Beteiligten erklären, dass das kein Problem ist und sie genau wissen, wie sie mit der geteilten Verantwortung umgehen können. Geteilte Verantwortung bedeutet jedoch häufig, dass sich im Endeffekt niemand verantwortlich fühlt und auch niemand zur Rechenschaft gezogen werden kann.

Die goldene Regel lautet deshalb, für jeden einzelnen Schritt jeweils nur einem Mitarbeiter die Verantwortung zu übertragen. Es ist dabei unerheblich, ob derjenige den Schritt selbst durchführt oder die Ausführung an andere delegiert. In jedem Fall ist der Betreffende für die jeweilige Aufgabe verantwortlich und kann auch dafür zur Rechenschaft gezogen werden. Einzelverantwortung heißt, dass Sie während der Umsetzung genau wissen, auf wen Sie sich jeweils verlassen müssen und wen Sie auf Kurs halten müssen. Und wenn ein Problem auftaucht, wissen Sie genau, an wen Sie sich wenden müssen.

5.3 Ressourcenplanung

Die Verfügbarkeit der nötigen Ressourcen ist während der Umsetzung stets ein Problem. Bevor wir einen einfachen Ansatz zur Ressourcenplanung vorschlagen, möchten wir drei klassische Probleme besprechen, die immer wieder zu beobachten sind:

- zu wenig Ressourcen,
- nicht zum richtigen Zeitpunkt verfügbare Ressourcen,
- nicht die eigentlich benötigten Ressourcen.

Häufig wird der Bedarf an Ressourcen anfangs unterschätzt. Oft kommt es auch vor, dass die nötigen Ressourcen gerade dann nicht verfügbar sind, wenn sie gebraucht werden.

Oder sie entsprechen nicht dem, was eigentlich benötigt wird, da eine strategische Initiative ja per Definition neue Ansätze verfolgt und dafür möglicherweise auch ganz neue Ressourcen benötigt werden.

Zu wenig Ressourcen

Ein häufiges Problem strategischer Initiativen besteht darin, dass die Teams systematisch die Ressourcen unterschätzen, die zum Vollenden der Initiative benötigt werden. Meist entsteht dies aus einer abwartenden Haltung, bei der nicht weit genug in die Zukunft geblickt wird. Nachdem der erste Teil des Projekts geklärt ist und das Team mit der Arbeit beginnen kann, denken viele Teams nicht mehr an die Ressourcen, die sechs Monate später benötigt werden. Ein Manager erklärte uns zum Beispiel: „Wenn wir zu Beginn unserer strategischen Initiative gewusst hätten, wie viel personelle Kapazitäten, Ressourcen und Zeit sie verschlingen würde, hätten wir sie vermutlich nicht in Angriff genommen."

Wie bereits erwähnt, ermöglicht Ihnen das mentale Durchdenken der gesamten Initiative sowie das Erstellen eines vollständigen Ablaufplans, schon im Vorfeld diejenigen Ressourcen zu erkennen, bei denen es zu Engpässen kommen könnte.

Keine termingerechte Verfügbarkeit

Projektteams zeigen oft einen blinden Optimismus und vertrauen darauf, dass die nötigen Ressourcen schon zum richtigen Zeitpunkt zur Verfügung stehen werden, so als würden diese nur darauf warten, genutzt zu werden. Wenn dann der nächste Schritt in Angriff genommen werden soll, führt das häufig dazu, dass die Mitarbeiter erst einmal alles andere stehen und liegen lassen müssen, um die benötigten Ressourcen aufzutreiben.

In vielen Fällen braucht das Team Unterstützung von Mitarbeitern aus verschiedenen Abteilungen, wie beispielsweise Forschung & Entwicklung oder Marketing. Meist stehen die Budgets und Zeitpläne dieser Abteilungen aber bereits für das ganze Jahr im Voraus fest. Wenn sie also dem Team Unterstützung zukommen lassen wollen, müssen die Leiter dieser Abteilungen bereits geplante Arbeiten von ihrer Agenda nehmen und das Budget neu verteilen. In vielen Fällen kann es sein, dass sie die Befugnis dazu gar nicht besitzen.

Deshalb sollten Sie immer schon frühzeitig Feedback von den Abteilungen einholen, die Sie mit Ressourcen versorgen müssen. Stellen Sie außerdem sicher, dass die beteiligten Mitarbeiter die Zeit und das Budget haben, die Arbeit auch tatsächlich zu erledigen. Daher ist es empfehlenswert, die zugeteilten Mitarbeiter aus den unterschiedlichen Abteilungen so früh wie möglich in die Initiative einzubeziehen, um sicherzustellen, dass sie die benötigten Ressourcen zum richtigen Zeitpunkt liefern können. In Kapitel 3, *Bestimmen des Kurses*, raten wir dazu, dass Sie bereits während der Zielsetzungsphase der Initiative Feedback von den Mitarbeitern einholen, die im späteren Verlauf Ressourcen beisteuern sollen.

Das nachfolgende Beispiel zeigt, wie wichtig die frühzeitige Ressourcenplanung für den Erfolg eines Projekts sein kann.

Festlegen der kritischen Meilensteine

Mit unserer strategischen Initiative wollten wir unser vorhandenes technologisches Know-how nutzen, um ein neues Marktsegment im Bereich Computer zu erobern. Für die Durchführung der Arbeiten wurden uns drei technische Mitarbeiter in drei verschiedenen Labors zugewiesen.

Zu Beginn der Initiative setzten wir uns einen knappen Terminplan, in der Hoffnung, das erste Produkt innerhalb eines Jahres fertig stellen zu können. Wir diskutierten unseren Zeitplan mit den drei technischen Experten und sie schienen unsere Prognose zu bestätigen. Doch als die Arbeit am Projekt voranschritt, mussten wir feststellen, dass es nicht möglich sein würde, unseren Zeitplan einzuhalten, denn jeder der drei Experten hatte bereits viel zu viel Arbeit an den Hauptproduktlinien zu erledigen. Da die drei in verschiedenen Labors arbeiteten, gestaltete sich die Zusammenarbeit darüber hinaus recht schwierig und war extrem langsam.

Was würde ich anders machen, wenn ich diese Initiative noch einmal umsetzen müsste?

- Erstens würde ich darauf bestehen, alle technischen Mitarbeiter im gleichen Labor zu haben, so dass alle Kräfte gebündelt wären.

- Zweitens würde ich sicherstellen, dass die Techniker ihre Meilensteine selbst festlegen können.

Wir haben bei diesem Projekt die Erfahrung gemacht, dass unsere kritischen Meilensteine durchaus nicht immer dieselben waren wie die der Techniker. Ich glaube, wenn wir von Beginn an die Meilensteine gemeinsam festgelegt hätten, hätten sich die Techniker stärker verantwortlich gefühlt. Das wäre im Endeffekt besser gewesen, selbst wenn sich der Zeitplan dadurch etwas verzögert hätte.

Quelle: Produktlinien-Manager einer High-Tech-Firma

Nicht die richtigen Ressourcen

Durch neue strategische Initiativen können so manche etablierten Fähigkeiten und Abläufe, die sich das Unternehmen in der Vergangenheit erarbeitet hat, irrelevant und unter Umständen sogar hinderlich für die Umsetzung der neuen Strategien werden. Leicht kann etwas zum Hindernis werden, was in einem früheren Zusammenhang einmal gut funktioniert hatte. Die Zeiten haben sich jedoch geändert, weshalb das Unternehmen sich jetzt an neue Strukturen und Prozesse gewöhnen muss.

Wir haben beispielsweise einmal beobachtet, dass sich eine strategische Initiative tot lief, weil es der Verkaufsabteilung nicht gelang, den Schritt von einer Niedrigpreisstrategie zu einer hochpreisigen Produktlinie zu vollziehen. Die Verkäufer waren darauf trainiert, ihre Produkte auf einem Niedrigpreislevel abzusetzen, und waren darin auch sehr gut – doch war dies nicht im Sinn der Initiative, die eine Positionierung im Hochpreissegment zum Ziel hatte.

5.3.1   Abschätzen der kritischen Ressourcen

Wir schlagen vier hilfreiche Schritte vor, um die Ressourcen sicherzustellen, die Sie benötigen, um Ihren Ablaufplan umzusetzen:

- ■ Identifizieren Sie die wichtigsten Ressourcen,

- ■ prüfen Sie deren Verfügbarkeit zum richtigen Zeitpunkt,

- ■ sorgen Sie dafür, dass auftretende Lücken geschlossen werden,

- ■ und passen Sie die Planung laufend an die Gegebenheiten an.

Identifizieren der wichtigsten Ressourcen

Der erste Schritt besteht darin, die für jede Phase und jeden Schritt des Ablaufplans notwendigen Ressourcen abzuschätzen und aufzulisten. Um diese komplexe Aufgabe zu erleichtern, schlagen wir vor, die Ressourcen in die vier Hauptkategorien zu unterteilen, die in der folgenden Übersicht aufgelistet sind, und Schritt für Schritt nach dieser Tabelle vorzugehen.

Mitarbeiter	Prozesse und Systeme	Infrastruktur	Netzwerke
Wissen	Kernprozesse	Vermögensgegenstände	Kundennetzwerk
Fähigkeiten	Nebenprozesse	Standorte	Großkunden
Erfahrungen	Arbeitsweisen	Intellektuelle Güter	Lieferanten
Denkweise	Werkzeuge	Marken	Funktionale Netzwerke
Führungsstile	Organisationsstrukturen	Kapital	Best-Practice-Netzwerke
Unternehmenswerte			Arbeitnehmer-Netzwerke
Kultur			Aktionäre

Das nachfolgende Beispiel zeigt, wie die Firma "Opticom" die benötigten Ressourcen für einen Wachstumsprozess in China ermittelte.

Fallbeispiel Opticom

Die Firma Opticom mit Hauptsitz in Europa stellt optische Komponenten und Montageteile her. Die Firma verfügt über Produktions- und Montagewerke in Europa, in den USA und in Fernost. Ihre größten Kunden sind Hersteller elektronischer Geräte, wie zum Beispiel Fernsehgeräte, und sind vorwiegend in Fernost ansässig. Die Firma begann als kleines Nischenunternehmen, ist aber in den letzten Jahren stark gewachsen.

Eine große Herausforderung für Opticom besteht darin, dass der Markt für eines ihrer Kernprodukte extrem schnell wächst. Wenn das Unternehmen mit diesem Produkt einen großen Marktanteil halten möchte, muss die Produktionskapazität in China schnellstmöglich verdoppelt werden.

Das mit der Umsetzung dieser wichtigen strategischen Initiative betraute Team analysierte zunächst die kritischen Ressourcen, die dafür benötigt würden (siehe Tabelle unten). Dabei stellte sich heraus, dass ihr Operationsplan um viele weitere Aufgaben erweitert werden musste.

Mitarbeiter	Systeme	Infrastruktur	Netzwerke
Training der wichtigsten chinesischen Ingenieure in den USA (Visa für die USA werden benötigt)	Zertifizierungsprozess der Maschinen in den USA und in China	Ausrüstung für neue Produktionslinie muss in den USA gekauft werden, muss getestet und nach China importiert werden	Kontaktpersonen im Zoll für neue Ausrüstung aus den USA
Berater für Training der Chinesen	Neues Layout für den Produktionsprozess	Zusätzliche Ausrüstung für neue Produktionslinien muss in China gekauft werden	-
Techniker für neue Linien	Verbesserter Produktionsprozess, um die Qualität der Produkte aus der neuen Linie zu erhöhen	Erweiterung zur Änderung der räumlichen Kapazität für Anwender (gesetzliche Anforderung)	Kontakte zu chinesischen Personalvermittlern
Technischer Experte aus China für die Dokumentation	-	-	Kontakte zu chinesischen Personalvermittlern an technischen Universitäten

Quelle: Anonymisierter Fall

Die Liste der benötigten Ressourcen kann unter Umständen sehr lang werden. Sie sollten sich daher auf die wichtigsten Ressourcen konzentrieren. Dies sind Ressourcen, die schwierig zu beschaffen oder die unumgänglich notwendig sind.

Die Verfügbarkeit prüfen

Im nächsten Schritt geht es darum, die Verfügbarkeit der benötigten Ressourcen abzuschätzen. Sind diese Ressourcen

■ **verfügbar?**

Sind die Ressourcen innerhalb des Unternehmens vorhanden oder leicht von außen einzukaufen? Verfügt zum Beispiel das firmeneigene Forschungslabor über ausreichend Wissen und Erfahrung, um die anstehenden Aufgaben durchzuführen?

■ **nicht vorhanden?**

In diesem Fall muss Ihr Team diese Ressource entweder einkaufen oder selbst entwickeln. Zum Beispiel kann es notwendig sein, einen erfahrenen Verkäufer einzustellen, um ein bestimmtes Produkt zu verkaufen.

■ **unrealistisch?**

Manchmal entdeckt Ihr Team vielleicht sogar, dass eine Ressource nicht verfügbar ist, weder im eigenen Unternehmen noch außerhalb, oder dass sie nicht in der zur Verfügung stehenden Zeit beschafft werden kann. In solchen Fällen besteht die einzige Möglichkeit darin, ganz neu zu planen und die Zielsetzung der Initiative so zu verändern, dass ihre Durchführbarkeit gewährleistet ist.

Vorhandene Lücken schließen

Der nächste Schritt besteht nun darin, *verfügbare* Ressourcen termingerecht einzuplanen und *nicht vorhandene* Ressourcen zu entwickeln. Das sind wichtige Schritte, die in Ihrem Ablaufplan ergänzt werden müssen. Selbst die Planung verfügbarer Ressourcen kann Zeit in Anspruch nehmen. Und oft dauert es sehr viel länger, als Sie vielleicht erwarten, um nicht vorhandene Ressourcen zu beschaffen. Insbesondere ist die Beschaffung folgender Ressourcen häufig recht schwierig und zeitaufwändig: Einstellen neuer Mitarbeiter, Bewilligung von Finanzmitteln für Neuinvestitionen, Abschluss externer Verhandlungen, Zertifizierungsprozesse und Veränderung von Denkweisen.

Finanzielle Ressourcen sind in diesem Zusammenhang besonders erwähnenswert. Es ist unwahrscheinlich, dass der Beginn einer strategischen Initiative genau mit den Budgetierungsterminen zusammenfällt. Zumindest während der Anfangsphase ist daher nicht immer eindeutig geklärt, wie eine Initiative finanziert werden kann.

Die Planung laufend anpassen

Während der Umsetzung ist es wichtig, die Ressourcenplanung laufend sorgfältig zu überwachen, denn es wird mit Sicherheit mehr als einmal Änderungen im Ablaufplan geben. Zum Beispiel können sich aus den ersten Phasen der Umsetzung neue Erkenntnisse ergeben oder auftauchende Hindernisse und Hürden können Ihre Pläne unrealistisch machen. Dann müssen Sie Ressourcen neu einplanen oder sich Zugang zu neuen Ressourcen verschaffen. Die Ressourcenplanung ist also niemals ein fertiges, abgeschlossenes Konzept, sondern muss ständig den tatsächlichen Umständen angepasst werden, um eine flexible Umsetzung zu gewährleisten.

5.4 Überwachen der wichtigsten Leistungsindikatoren

Nun haben Sie einen flexiblen Ablaufplan für die Umsetzung der nächsten Phase Ihrer Initiative. Außerdem verfügen Sie über einen flexiblen Ressourcenplan. Daneben benötigen Sie jetzt noch ein Instrument, um die Umsetzung zu überwachen.

Die Faktoren, welche sich am stärksten darauf auswirken, ob Ihre Initiative die versprochenen und erwarteten Erfolge liefert, sind die wichtigsten Leistungsindikatoren. Wie bereits in Kapitel 3, *Bestimmen des Kurses,* erläutert, ist eines der wichtigsten Erfolgskriterien einer Initiative die Frage, ob sie die versprochene *Wertschöpfung* liefern kann. Die wichtigsten Leistungsindikatoren sind also jene Faktoren Ihrer Initiative, die den meisten Einfluss auf den wirtschaftlichen Erfolg haben. Daher ist es überaus wichtig, die wesentlichen Leistungsindikatoren zu identifizieren und zu überwachen, denn nur so lässt sich feststellen, ob das wirtschaftliche Ergebnis der Initiative den ganzen Aufwand tatsächlich wert ist. Es kommt immer wieder vor, dass Teams viele Monate lang an Projekten arbeiten, die so wenig wertschöpfend sind, dass man sich fragt, ob tatsächlich irgendjemand irgendwann nach dem wirtschaftlichen Wert gefragt hat. Und wir haben sogar schon Teams beobachtet, die enthusiastisch eine Initiative umgesetzt haben, mit der am Ende Wert vernichtet wurde.

Unserer Erfahrung nach werden die wichtigsten Leistungsindikatoren einer Initiative nur selten identifiziert. Im folgenden Abschnitt möchten wir daher die beiden Schritte erläutern, die für die Überwachung der wichtigsten Leistungsindikatoren nötig sind:

- ◾ Berechnung des Kapitalwerts,

- ◾ Identifikation der Werttreiber.

5.4.1 Wertermittlung ist keine exakte Wissenschaft

Der wirtschaftliche Wert, der durch Ihre strategische Initiative in einem bestimmten Zeitraum geschaffen wird, entspricht mehr oder weniger der Differenz zwischen dem operativen Ergebnis der Initiative über diesen Zeitraum hinweg und den Kosten für das eingesetzte Kapital im selben Zeitraum.

Ein einfacher Weg, den wirtschaftlichen Wert zu berechnen, der von Ihrer Initiative während ihres Lebenszyklus geschaffen wird, besteht darin, ihren Kapitalwert (Net Present Value, NPV) zu berechnen. Die Kapitalwertberechnung ist ein gängiges Verfahren, das in allen Tabellenkalkulationsprogrammen enthalten ist.

Die Berechnung ist also unkompliziert, doch da sie mit zahlreichen Unwägbarkeiten verbunden ist, muss man ehrlicherweise eingestehen, dass sie im Grunde nicht viel aussagt. Ein hoher positiver Kapitalwert kann leicht dazu führen, dass man sich in falscher Sicherheit wiegt. Doch dabei darf man folgende Fragen nicht vernachlässigen: „Wie sicher sind unsere Annahmen in Bezug auf Umsätze und Kosten für die nächsten fünf Jahre? Wie hoch wird der Restwert unserer Vermögensgegenstände am Ende der Periode sein? Was ist mit den immateriellen Effekten, die nicht in die Berechnung einfließen? Wie berücksichtigen wir die Risiken dieser Initiative in unserem gewichteten Kapitalkostenansatz[32]?" Verlassen Sie sich nicht darauf, dass Ihre Finanzabteilung Ihnen dies mitteilt, denn in der Regel bekommen Sie dann nur den offiziellen, hausinternen Kapitalkostenansatz genannt.

Alle genannten Bedenken sind gerechtfertigt. Letztendlich hat niemand eine Kristallkugel, mit der er die Zukunft voraussagen kann.

In vielen Fällen liefert auch die Berechnung des Kapitalwertes keine eindeutige Antwort auf die Frage, ob sich die Durchführung der Initiative tatsächlich lohnt. Ein gutes Beispiel dafür sind Initiativen, bei denen es um die Installation von Systemen wie CRM oder SAP geht. Dabei ist es nahezu unmöglich, die erreichbare Steigerung in Bezug auf Effizienz und Ertrag zu bewerten. Dennoch argumentieren Führungskräfte häufig, dass ihre Firma ohne solche Systeme im Vergleich zu den Wettbewerbern zurückfallen würde, auch wenn uns ein Manager einmal anvertraut hat: „Ich vermute, es ist fast so wie in der Kirche: Erst nach dem Tod findet man heraus, ob man im Himmel oder im Fegefeuer gelandet ist." Offensichtlich war er ein Optimist.

Um sicherzugehen, dass man nicht völlig blind an eine Initiative glaubt, sollte man alle Kalkulationen also immer mit einem gesunden strategischen Urteilsvermögen betrachten. Als Sponsor sollten Sie verschiedene Rückmeldungen von Mitgliedern des Top-Managements einholen. Durch die gemeinsame Diskussion lassen sich die Perspektiven einer Initiative im Endeffekt leichter beurteilen.

Wenn Sie nun den Kapitalwertansatz auf einen flexiblen Umsetzungsplan anwenden, lassen sich einige der mittel- und langfristigen Unwägbarkeiten in der Berechnung bereits eliminieren. Es geht jetzt nicht mehr um eine einmalige Entscheidung nach dem Motto „alles oder nichts", denn Sie legen sich nicht mehr langfristig fest, solange dies nicht wirklich notwendig ist. Entscheidungen in Bezug auf die Fortsetzung einer Initiative können so immer auf der Basis aktueller und belastbarer Informationen getroffen werden.

---

[32]   Der Kapitalkostenansatz beinhaltet die Risikoprämie, die Investoren für das jeweilige Geschäft verlangen.

5.4.2   Identifikation der Werttreiber

Der nächste Schritt besteht nun darin, mit Hilfe einer Sensitivitätsanalyse die wichtigsten Werttreiber Ihrer Initiative zu ermitteln. Das bedeutet, dass Sie die Hauptannahmen in Ihrer Kalkulation verändern und die sich daraus ergebenden Auswirkungen auf den Kapitalwert prüfen. Wenn Sie beispielsweise angenommen haben, dass die Verkaufszahlen aufgrund Ihrer strategischen Initiative um zehn Prozent ansteigen, und dies einen Kapitalwert von zwei Millionen Euro ergibt, gilt es die Auswirkung auf den Kapitalwert zu prüfen, wenn die Verkaufszahlen lediglich um acht Prozent ansteigen.

Wenn Sie eine Sensitivitätsanalyse durchführen, werden Sie feststellen, dass bei manchen Annahmen schon eine geringfügige Variation starke Auswirkungen auf das Ergebnis hat. Dabei handelt es sich also um die wichtigsten Werttreiber bei der Umsetzung der betreffenden strategischen Initiative.

Häufig lässt sich feststellen, dass der Kapitalwert der strategischen Initiative äußerst sensibel auf den Zeitpunkt der Leistungserstellung reagiert. Wenn Sie die Initiative nicht schnell genug umsetzen, kommen die aus ihr resultierenden Erträge oder Kosteneinsparungen zu spät. Sie decken den anfänglichen Investitionsaufwand nicht mehr ab, so dass der Wert der Initiative schnell ins Negative umschlägt.

Bei dieser Beobachtung spielt aber auch noch ein anderer Faktor eine Rolle. Wenn der Zeitrahmen kürzer ist, reduziert sich das Risiko, dass das Projekt scheitert. Außerdem reduzieren sich die Unwägbarkeiten des Cash Flows. Aus diesem Grund ist es häufig besser, das Projekt gleich zu Beginn mit mehr Ressourcen auszustatten, um es früher abzuschließen. Weniger Ressourcen in Verbindung mit einem längeren Zeitrahmen bedeuten mehr Unwägbarkeiten, was wiederum das Risiko erhöht, dass letztendlich Wert vernichtet wird.

Manager sind häufig erstaunt, wie sensibel die Wertschöpfung auf den Faktor Zeit reagiert. Schon öfter gestand uns ein Manager nach einer Sensitivitätsanalyse: „Mir war überhaupt nicht klar gewesen, dass wir eine Menge Zeit und Geld verschwenden, wenn wir das Projekt nicht bis Ende des Jahres abschließen!"

Nachdem Sie die kritischen Werttreiber identifiziert haben, sind Sie in der Lage, die folgenden drei Dinge zu tun:

■ Erstens: Das Team kann noch vor Beginn der Umsetzung nach Möglichkeiten suchen, den Ablaufplan zu verbessern.

Wenn Sie zum Beispiel herausfinden, dass Ihre Initiative äußerst empfindlich auf Zeit reagiert, müssen Sie nach Möglichkeiten suchen, um die Initiative schneller abzuschließen, selbst wenn dies den Einsatz von mehr Ressourcen bedeutet. Wenn dagegen die Kosten ein wichtiger Werttreiber sind, sollten Sie nach Möglichkeiten suchen, die wichtigsten Kostenfaktoren zu reduzieren.

■ Zweitens: Nachdem Sie nun die wichtigsten Werttreiber kennen, wissen Sie, worauf Sie während der Umsetzung besondere Aufmerksamkeit richten sollten. Wenn sich in Bezug auf einen dieser Werttreiber aus irgendeinem Grund Probleme ergeben, muss das Team sofort handeln.

■ Drittens: Die Sensitivitätsanalyse gibt Ihnen wertvolle Einblicke in Bezug auf die wichtigsten Umsetzungsrisiken Ihrer Initiative.

Der wirkliche Nutzen einer Kapitalwertermittlung besteht also darin, dass Sie mit Hilfe einer Sensitivitätsanalyse die wichtigsten Werttreiber identifizieren können. Das nachfolgende Beispiel zeigt, wie eine Firma mit Hilfe einer Sensitivitätsanalyse eine risikoreiche Entscheidung traf, die letztlich das Unternehmen rettete.

Fallbeispiel TRJ

TRJ entwirft spezialisierte Computersysteme für die Automobilindustrie, insbesondere *Fertigungssysteme* und *Kundenmanagementsysteme* (CRM-Systeme).

Die Fertigungssysteme waren sehr erfolgreich. Das Geschäft mit den *CRM-Systemen* erwies sich dagegen als problematischer. TRJ hatte lange Zeit darum gerungen, ein erfolgreiches Produkt zu entwickeln. Während der vergangenen drei Jahre war es nun gelungen, ein neues CRM-System zu entwickeln. Dieses Mal glaubte das Team fest daran, dass das System namens Auto-Update ein Renner sein würde. Es wurde im Jahr 2005 auf den Markt gebracht. Die anfänglichen Verkäufe waren jedoch enttäuschend. Das Managementteam entschied sich schließlich, eine strategische Initiative zu starten, um den Marktanteil zu erhöhen. Die Hauptziele der Initiative waren, auf die fünf großen Hauptkunden abzuzielen, im Jahr 2007 vierzig Systeme zu verkaufen und im Jahr 2009 den Verkauf auf 200 Systeme zu steigern.

Das an der Initiative arbeitende Team erstellte eine Kapitalwertanalyse der Initiative. Die Mitglieder entdeckten zu ihrem Entsetzen, dass der Kapitalwert hochgradig negativ sein würde. Selbst wenn sie von der Annahme ausgingen, dass sich die Herstellungskosten eines Auto-Update-Systems um 30 % senken ließen, würde die Initiative keinen Wert erbringen. Und schlimmer noch: Wenn TRJ das Geschäft mit den CRM-Systemen komplett aufgeben würde, wäre auch das Geschäft mit den Fertigungssystemen nicht länger rentabel. Es wäre dann nicht mehr in der Lage, alle Gemeinkosten abzufangen. TRJ war somit eindeutig in einer Krise.

Das Team erkannte, dass der wichtigste Werttreiber in der Kapitalwertermittlung die Anzahl der verkauften Auto-Update-Systeme war. Kundenbefragungen machten deutlich, dass ein Hauptfaktor für die geringen Verkäufe der nicht wettbewerbsfähige Preis des Systems war.

Das Team entschied sich schließlich mit einem gewissen Risiko dafür, den Preis für das neue CRM-System zu senken, in der Hoffnung, dass dies das Verkaufsvolumen anheben würde. Zur gleichen Zeit verfolgte das Unternehmen die Strategie, seine Hauptkunden anzugehen. Man arbeitete außerdem intensiv daran, durch Verhandlungen mit den Lieferanten eine Kostenreduzierung von 30 % zu erreichen.

Das Wagnis zahlte sich schließlich aus. Ende 2007 lag die Zahl der verkauften CRM-Systeme bereits höher als erwartet. TRJ hatte sich umfangreiche Verträge mit vier der fünf großen Hauptkunden gesichert. Somit war die Produktlinie nun zumindest endlich rentabel.

Quelle: Anonymisierter Fall

5.5 Überwachung von Umsetzungsrisiken

Jede Initiative weist kritische Umsetzungsrisiken auf, die zu einer Verzögerung oder sogar zum Scheitern des gesamten Projektes führen können. Dies wurde durch die Sensitivitätsanalyse bereits deutlich. Die Technologie, die Sie beispielsweise für eine neue Produktreihe benötigen, ist unter Umständen noch nicht einsetzbar, Ihre wichtigsten Lieferanten sind vielleicht nicht bereit, über Preisreduzierungen zu verhandeln, oder die Firma, die Sie kaufen möchten, zeigt möglicherweise kein Interesse an Ihrem Angebot.

Wenn Sie diese kritischen Risiken nicht identifizieren, bevor Sie mit der Umsetzung beginnen, können Sie während der Umsetzung der Initiative unter Umständen eine böse Überraschung erleben. Zu diesem Zeitpunkt könnte es bereits zu spät sein, um die Wirkung des Risikos abzuschwächen. Schlimmstenfalls ist es nicht mehr möglich, die strategische Initiative zu retten und wieder auf Kurs zu bringen. Wenn Sie diese kritischen Risiken jedoch bereits im Vorfeld kennen, können Sie Schritte in Ihren Ablaufplan einbauen, um das Risiko zu vermeiden oder zumindest die schlimmsten Auswirkungen zu verringern. Sie können Notfallmaßnahmen planen oder einen Alternativplan für den Fall entwickeln, dass ein bestimmtes Risiko eintritt.

Dazu müssen Sie sich vorab einige wichtige Fragen stellen.

5.5.1 Risiken identifizieren

Die kritischen Risiken lassen sich eruieren, indem das Team nach den wichtigsten Werttreibern sucht und die mit diesen Treibern verbundenen Risiken identifiziert. Wenn beispielsweise Zeit ein wichtiger Werttreiber ist, gilt es zu ermitteln, welche Risikofaktoren die einzelnen Schritte des Ablaufplans verzögern könnten. Wenn die Kosten ein wichtiger Werttreiber sind, muss geklärt werden, welche Kostenfaktoren sich vorab nur schwer einschätzen lassen oder bei welchen eine Überschreitung von vornherein wahrscheinlich ist. Außerdem kann es auch noch weitere Risikofaktoren geben, die zu einem Scheitern der Initiative führen könnten, wie zum Beispiel schwierige Verhandlungen mit Gewerkschaften oder mit Joint-Venture-Partnern. Solche potenziellen Hürden müssen ebenfalls berücksichtigt werden.

5.5.2   Wahrscheinlichkeit und Auswirkungen möglicher Risiken prüfen

Anhand der vollständigen Liste möglicher Risiken können Sie nun diejenigen identifizieren, die mit hoher Wahrscheinlichkeit auftreten könnten und die starke Auswirkungen auf das Ergebnis der Initiative hätten. Diese sind demnach die kritischsten Risiken.

Untersuchen Sie diese kritischen Risiken weiter, indem Sie sich folgende Fragen stellen:

■ Wie können wir die Wahrscheinlichkeit reduzieren, dass dieses Risiko tatsächlich eintritt?

■ Auf welche frühen Warnsignale sollten wir achten?

■ Wie können wir die Auswirkungen dieses Risikos vermindern?

■ Wie sollte unser Notfallplan aussehen, falls dieses Risiko eintritt?

Die Risiken entschärfen

Integrieren Sie in Ihren Ablaufplan nun Schritte, die dazu geeignet sind, die möglichen Risiken zu entschärfen. Die Liste der kritischen Risiken sollte dabei als eine offene Liste betrachtet werden. Das Team sollte fortlaufend neu identifizierte Risiken ergänzen sowie die Risiken eliminieren, die es erfolgreich vermieden hat.

Laufend auf Warnzeichen achten

Während der gesamten Umsetzung gilt es nun, laufend auf der Hut zu sein und auf die frühen Warnzeichen zu achten, dass eines der identifizierten kritischen Risiken eintreten könnte. Gleichgültigkeit ist hier fehl am Platze. Sobald das Team ein frühes Warnzeichen erkannt hat, ist es an der Zeit, die entsprechenden Pläne zu aktivieren, um das aufkommende Risiko entweder zu verhindern oder die Auswirkungen des Risikos zu minimieren, sobald es eingetreten ist. Bei einigen Risiken wird es keine andere Alternative geben, als die Notfallpläne zu aktivieren.

Das nachstehende Beispiel zeigt, wie eine Firma mithilfe einer Sensitivitätsanalyse die Umsetzungsrisiken in ihrem Ablaufplan berücksichtigte.

Fallbeispiel Deutsche Verpackungsmaschinen GmbH

Die Deutsche Verpackungsmaschinen GmbH produziert industrielle Verpackungsmaschinen. Das Unternehmen sah sich bei einer seiner anspruchsvollsten Verpackungslinien unter enormem Preisdruck. Man stand kurz davor, eine Initiative zur Kostenreduzierung dieser Verpackungslinie um 25 % zu starten, um die preisliche Flexibilität zu erhöhen.

Bevor das Team mit der Initiative begann, berechnete es den Kapitalwert der Initiative und führte eine Sensitivitätsanalyse durch, um die wichtigsten Werttreiber zu identifizieren. Durch diese Analyse erkannte das Team, dass das Risiko, die Initiative verspätet abzuschließen, viel höher war als das Risiko, die geplante Kostenreduktion nicht zu erreichen. Tatsächlich würde der Kapitalwert auf null fallen, sollte das Team die auf ein Jahr geplante Initiative nur drei Monate später abschließen. Wenn es jedoch lediglich eine Kostenreduktion von 20 % erreichte, würde sich der Kapitalwert lediglich um zwei Millionen verringern.

Das Team schätzte die Umsetzungsrisiken für die Initiative ab und prüfte jeweils die Eintrittswahrscheinlichkeit sowie die möglichen Auswirkungen. So konnten folgende vier kritische Umsetzungsrisiken identifiziert werden: fehlende Verfügbarkeit von Ressourcen, zu große Komplexität, mangelnde Anreize, mangelnde Akzeptanz. Daraus schloss das Team, dass für eine erfolgreiche Durchführung der Initiative ein aktiver Sponsor (Ressourcen), eine klare Führung (Komplexität), viel Autonomie für die regionalen Geschäftseinheiten (Anreize) und ein erfolgreiches Change Management (Akzeptanz) nötig sein würden.

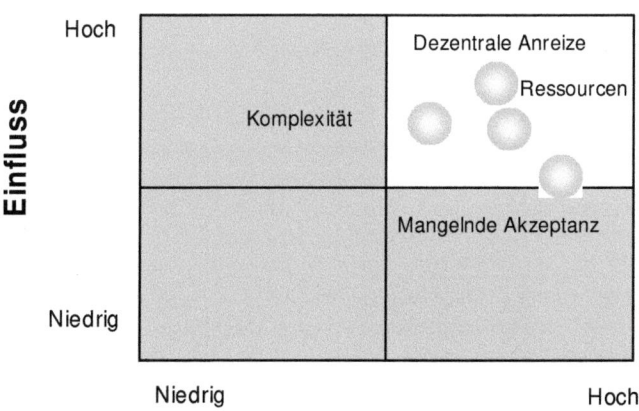

Quelle: Anonymisierter Fall

5.6 Zusammenfassung

Dieses Kapitel beschreibt die konkrete Umsetzung strategischer Initiativen. Die Umsetzung ist ein beliebtes Diskussionsthema, wird aber von Managern oft wenig geliebt und vernachlässigt. Das ist vor allem darauf zurückzuführen, dass die Umsetzung oft als mechanischer Ablauf missverstanden wird. Doch tatsächlich handelt es sich um eine dynamische Interaktion zwischen Planen und Handeln, die eine echte Herausforderung an das Management stellt.

Durchdenken

Das Durchdenken der jeweiligen nächsten Schritte ist die Grundlage für Ihre Umsetzungsplanung. Dabei schätzen Sie die Situation ein, identifizieren Hindernisse und Hürden und legen sich gemeinsam als Team auf eine Vorgehensweise fest.

Sie stellen sich alles, was während der Umsetzung passieren könnte, vorab gedanklich vor. Näher können Sie der tatsächlichen Umsetzung nicht kommen, bevor Sie sie letztlich ausführen. Dieses Überdenken muss sich zu einer Gewohnheit des Teams entwickeln. Es liefert Ihnen gedankliche Ablaufpläne, mit denen Sie die anstehenden Schritte konkret festlegen, während Sie gleichzeitig alle späteren Schritte, auf die Sie sich noch nicht festlegen müssen, überwachen können.

Dabei müssen Sie vier Bereiche abdecken:

- Ablaufplanung,

- Ressourcenplanung,

- Identifikation der wichtigsten Leistungsindikatoren,

- Identifikation der kritischen Umsetzungsrisiken.

Ablaufplanung

Planen Sie jeweils die nächsten Schritte und führen Sie diese dann flexibel aus. Das bedeutet:

- Planen Sie die Reihenfolge der Schritte so, dass Unsicherheiten dadurch schrittweise abgebaut werden und möglichst früh ein Nachweis der Machbarkeit erbracht wird.

- Legen Sie sich lediglich in Bezug auf diejenigen Schritte fest, die zum jeweiligen Zeitpunkt notwendig sind. Lassen Sie alle Dinge offen, die keine unmittelbare Festlegung erfordern, und verschieben Sie deren detaillierte Planung auf einen späteren Zeitpunkt.

Planen Sie die Umsetzungsschritte immer von oben nach unten. Das ermöglicht es Ihnen, die Schritte zu identifizieren und zu priorisieren, die für den Lernprozess und den Nachweis der Machbarkeit notwendig sind. Außerdem müssen Sie sich in Bezug auf diese Schritte sofort festlegen. Das ermöglicht es Ihnen auch, die nachfolgenden Umsetzungsschritte zu überwachen.

Diese flexible Ablaufplanung muss von drei bewährten Vorgehensweisen unterstützt werden:

- Legen Sie zunächst den Termin für den Abschluss der Initiative fest und planen Sie dann rückwärts. Das hilft, unnötige Zeitpuffer zu eliminieren, die automatisch eingebaut werden, wenn der Ablauf vom Beginn bis zum Ende geplant wird.

- Legen Sie spezifische, messbare Leistungsindikatoren für jede Aktivität und jede Aufgabe fest.

■ Setzen Sie auf Alleinverantwortung. Unklare oder gemeinsame Verantwortung bedeutet häufig, dass niemand sich verantwortlich fühlt.

Ressourcenplanung

Die gängigen Fehler bei der Ressourcenplanung sind zu geringe Mengen, keine termingerechte Verfügbarkeit und nicht die richtigen Ressourcen. Um diese häufigen Fehler zu vermeiden, müssen Sie genug Zeit investieren, um über die Ressourcen nachzudenken, die Sie brauchen.

■ Zunächst sollten Sie systematisch die Ressourcen identifizieren, die Sie benötigen werden.

■ Im zweiten Schritt sollten Sie deren Verfügbarkeit prüfen. Wenn sie nicht verfügbar sind, muss eruiert werden, ob sie entwickelt werden können. Im Falle von Ressourcen, die weder verfügbar sind noch entwickelt werden können, sollten Sie die Zielsetzung Ihrer Initiative neu überdenken.

■ Nun müssen Sie Ihren Ablaufplan um diejenigen Schritte und Aufgaben erweitern, die notwendig sind, um die benötigten Ressourcen zu beschaffen oder zu entwickeln.

■ Schließlich gilt es zu beachten, dass die Ressourcenplanung während der gesamten Umsetzung stets neu angepasst und aktualisiert werden muss.

Identifizieren der wichtigsten Leistungsindikatoren

Mit den folgenden zwei Schritte können Sie die wichtigsten Leistungsindikatoren identifizieren:

■ Zunächst gilt es, den wirtschaftlichen Wert der geplanten Initiative zu ermitteln.

■ Durch eine Sensitivitätsanalyse lassen sich dann die wichtigen Werttreiber identifizieren. Unter Umständen werden Sie feststellen, dass eine rasche Umsetzung ein eindeutiger Gewinn ist.

Überwachen der Umsetzungsrisiken

Zum Umgang mit diesen Risiken schlagen wir die folgenden vier Schritte vor:

■ Die Sensitivitätsanalyse, zu der wir Ihnen geraten haben, wird Ihnen die wichtigsten Umsetzungsrisiken offenbaren.

■ Für jedes Risiko müssen Sie eine klassische Risikoanalyse vornehmen: Wie hoch ist die Wahrscheinlichkeit, dass das Risiko eintritt? Welche Auswirkungen hätte es, wenn es konkrete Formen annehmen würde? Die Risikoanalyse ermöglicht es Ihnen, sich auf die wichtigsten kritischen Risiken zu konzentrieren.

■ Anschließend entscheiden Sie, was Sie gegen jedes der kritischen Risiken unternehmen können. Infolgedessen werden Sie Ihren Ablaufplan um neue Schritte und Aufgaben ergänzen müssen.

■ Schließlich geht es darum, aus vergangenen Risiken zu lernen und sich gleichzeitig stets auf die anstehenden Risiken vorzubereiten.

Diese Ratschläge sollten es Ihnen ermöglichen, eine flexible Umsetzungsplanung zu entwickeln. Das Wichtigste dabei ist jedoch immer, gemeinsam mit Ihrem Team jeden einzelnen Schritt zu überdenken und im Geiste jede mögliche Situation durchzuspielen. Nur so können Sie eine strategische Initiative zu einem erfolgreichen Abschluss führen.

6   Unterstützung gewinnen

Das Führungsteam eines internationalen Unternehmens hatte sich dazu entschlossen, eine große Initiative zu starten, um die gesamte Wertschöpfungskette von der Beschaffung über die Produktion und die Distribution bis hin zur Inbetriebnahme und Wartung vor Ort integriert zu steuern. Es handelte sich um ein komplexes Projekt, das es den Mitarbeitern in den Bereichen Logistik und Marketing ermöglichen sollte, zum Vorteil der Kunden effizienter zusammenzuarbeiten.

Ein Mitglied des Führungsteams, Helmut Brauer, der bereits über Erfahrungen mit der Einführung eines integrierten Informationssystems verfügte, hatte die Verantwortung übernommen. Die anderen Mitglieder des Teams ermutigten ihn lediglich aus einer gewissen Distanz. Die Initiative erschien ihnen hochgradig technisch. Es existierten Probleme im Bereich „Stammdaten", „Altsystem", „SAP" etc.

Helmut Brauer und einige seiner Kollegen machten sich Sorgen, da die Initiative nicht so schnell Fortschritte machte, wie man in den unterschiedlichen Regionen erwartet hatte. Sie fanden dies sehr enttäuschend, denn sie hatten erhebliche Zeit in Besprechungen und Präsentationen investiert, um den Projektplan zum Start der Initiative darzulegen. Vor dem Hintergrund, dass Spitzenleistung im Unternehmen eine Priorität darstellte, wäre zu erwarten gewesen, dass jeder die neue Prozessarchitektur unterstützen würde. Vielleicht, so dachten sie, mussten die Bereichsleiter der Länder noch lernen, den zunächst wenig begeisterten Mitarbeitern die Bedeutung der Initiative besser nahezubringen.

Es stellte sich jedoch heraus, dass viele Länderbereichsleiter die Initiative nicht sehr enthusiastisch kommunizierten, weil sie sie als ein Projekt der Informationstechnologie betrachteten. Sie waren sich einig, dass die Zentrale standardisierte Daten benötigte, um die Geschäftsprozesse zu steuern. Aus regionaler Sicht stellte dies jedoch lediglich eine unwillkommene Belastung dar, durch die knappe Ressourcen zum Vorteil der Zentrale eingesetzt wurden.

Bei näherer Betrachtung stellte sich heraus, dass die Bewertung der Initiative die verschiedenen Implementierungsoptionen in den Länderorganisationen nicht mit einbezogen hatte. Was wäre nötig, um das regionale Geschäft noch effizienter zu führen? Wie kam es, dass zwei vergleichbare Länder große Differenzen in Bezug auf die zu erwartende Leistung aufwiesen? Welche Information würden sie benötigen, um ihre Hauptkunden bei der Steuerung ihrer Betriebskosten zu unterstützen?

Diese Fragen anzusprechen, hätte ohne Weiteres zum Schwerpunkt der Initiative werden können. Aber trotzdem hätte gleichzeitig immer noch der Informationsbedarf der Zentrale gedeckt werden müssen. Jeder hätte erkennen müssen, dass der Nutzen am Ende den technischen Ärger wert war und dass es wichtig war, dass alle an einem Strang zogen.

Stattdessen fühlten sich die regionalen Mitarbeiter angegriffen und beharrten darauf, dass ihr Geschäft durch die Initiative nicht beeinträchtigt werden durfte. Ihrer Meinung nach sollte die Zentrale mit ihrem zentral orientierten System nicht zu weit gehen. Vor allem sollte das globale

Team nicht erwarten, dass mehr Mitarbeiter aus den Länderorganisationen an der Initiative mitarbeiten würden.

Diese Art von Blockade tritt häufig auf, wenn eine Initiative lediglich als eine zentrale Lösung umgesetzt wird, deren Nutzen den regionalen Mitarbeitern nicht sofort ersichtlich ist. Bei einer strategischen Initiative geht es darum, die Mitarbeiter so zu steuern, dass sie ihr Geschäft in Zukunft auf andere Weise ausführen. Die Unterstützung der Mitarbeiter für eine solche Veränderung zu gewinnen, ist die größte und wichtigste Herausforderung. Wenn das nicht schon zu Beginn der Initiative angegangen wird, wird jede Lösung zum Scheitern verurteilt sein, und sei sie auch noch so perfekt.

In diesem Kapitel werden wir deshalb die drei Personengruppen betrachten, deren Unterstützung Sie gewinnen müssen:

- ■ diejenigen, die sich als Ergebnis der Initiative am meisten verändern müssen: die *Zielanwender*,

- ■ diejenigen, die Sie mobilisieren müssen, um Ressourcen für die Umsetzung der Initiative zu erhalten: die *Lieferanten der Ressourcen* und

- ■ alle, die die Umsetzung der Initiative unterstützen oder behindern können, indem sie die *öffentliche Meinung* im Unternehmen beeinflussen.

Zunächst aber brauchen Sie das Top-Management auf Ihrer Seite, wenn es darum geht, Unterstützung für Ihr Projekt zu gewinnen.

6.1   Bedeutung des Top-Managements

In vielen Firmen ist vorsichtiges Abwarten die erste Reaktion auf die Ankündigung einer strategischen Initiative: „Bevor wir uns zu irgendetwas entschließen, wollen wir uns erst einmal ansehen, worum es überhaupt geht." In manchen Firmen haben die Mitarbeiter sogar gelernt, leicht zynisch zu reagieren: „Ist es diesmal vielleicht wirklich ernst gemeint?" Um diese Frage zu beantworten, brauchen sie sich nur auf die bisherigen Erfahrungen zu beziehen. Wie viele schlechte oder frustrierende Erinnerungen tauchen auf? Wie viele Initiativen wurden bereits kurz nach einem spektakulären Start fallen gelassen? Wie viele Initiativen erwiesen sich als ein Erfolg, von dem alle profitierten?

Um der abwartenden Haltung, wenn nicht sogar den instinktiven Bedenken der Mitarbeiter entgegenzuwirken, ist es zunächst wichtig, dass das Top-Management absolut engagiert auftritt. Dann wird ihr Verhalten auf die Mitarbeiter ansteckend wirken. Schließlich reitet bei den Indianern auch immer der Häuptling als erster dem Feind entgegen. Sein Mut ist so überzeugend, dass die übrigen Krieger ihm unmittelbar folgen und dabei die gleiche Energie an den Tag legen.

Es ist nicht so einfach, von den höheren Etagen einer Unternehmenszentrale aus ebenso überzeugend zu wirken. Deshalb ist jedes Zeichen anhaltenden Engagements hilfreich.

Wenn der Chef Mut zeigt, werden viele Mitarbeiter dieses Verhalten automatisch nach-
ahmen. Denn so können sie erkennen, was von ihnen erwartet wird und wie sie sich verhalten sollen.

Selbstverständlich gibt es einen Sponsor, der dafür verantwortlich ist, die Initiative zum
Erfolg zu führen. Doch sollte die Initiative nicht einfach an den Sponsor „ausgegliedert"
werden. Das Top-Management muss gemeinsam dazu bereit sein, der Initiative Priorität
einzuräumen, und muss entschlossen sein, sie zu einem Erfolg zu führen. Alle müssen
beständig die Bedeutung der Initiative kommunizieren, offiziell vor allem durch ihre Anwesenheit, durch Präsentationen, Ansprachen und durch Nachfragen sowie inoffiziell
durch subtilere Signale wie beispielsweise, indem sie ermutigende Kommentare abgeben,
wichtigen Details die nötige Aufmerksamkeit schenken und bei den entsprechenden Veranstaltungen anwesend sind.

Ein wichtiger Aspekt ist die unterschwellige Kommunikation, die vom Management ausgeht. Jegliches Zögern des Top-Teams wird sofort bemerkt und weitergegeben. Das rührt
daher, dass die Mitarbeiter auf Signale warten, die ihnen zeigen, was zu tun ist. Hier ein
kurzes Beispiel dazu:

*Eine wichtige finanzanalytische Veranstaltung fand genau an dem Tag statt, als der Teamleiter
einer großen Initiative seinen Ablaufplan vor den verantwortlichen Länderchefs präsentierte. Keines
der Mitglieder der Geschäftsführung konnte anwesend sein, weil alle an der Analystenver-
anstaltung teilnahmen.[33] Daraufhin ging das Gerücht um, der Teamleiter habe nicht die vollständige Unterstützung des Top-Managements. Daraufhin stellte die Geschäftsführung sicher, dass
bei der nächsten Besprechung mit den Länderverantwortlichen, die sich mit den Fortschritten der
Initiative des vergangenen Jahres beschäftigte, gesamte Führungsriege in der ersten Reihe saß.*

Es ist in der Tat recht einfach, zu signalisieren, dass eine Initiative nicht allzu ernst genommen werden muss, indem man schweigt, Veranstaltungen versäumt oder gar Witze
macht: „Oh ja, die Initiative! Ich hatte sie schon beinahe vergessen …" Über das geringste
Zeichen, das man als Zögern innerhalb des Spitzenteams interpretieren könnte, wird in
einem Unternehmen sofort begeistert getratscht. Die Glaubwürdigkeit der Initiative wird
auf diese Weise untergraben, wodurch sich die Mobilisierung der Mitarbeiter in den
einzelnen Abteilungen schwieriger gestaltet. Darüber hinaus wird die Energie des Teams
von angenommenen und tatsächlichen politischen Problemen beeinträchtigt. Berechtigte
Differenzen in den Ansichten an der Spitze müssen geregelt werden, bevor man damit an
die Öffentlichkeit geht. Dazu ein weiteres kurzes Beispiel:

*Es war die erste vollzählige Besprechung aller Projektteams, die eine Reihe strategischer Initiativen
starten sollten. Die Teams saßen an unterschiedlichen Tischen und die Mitglieder des Top-
Managements waren auf die Teams aufgeteilt. Der Hauptgeschäftsführer gab sein Bestes, um seinen
eigenen Enthusiasmus mit den Zuhörern zu teilen, und er war auch sehr erfolgreich darin. Einer*

---

[33]   Peter Killing, Nestlés Globe Program (C): „Globe Day", IMD case 3-1336, 2005.

seiner Kollegen vom Spitzenteam saß jedoch an der Seite und hatte seinem Tisch fast gänzlich den Rücken zugewandt. Seine Körperhaltung signalisierte Reserviertheit. Gelegentlich blickte er auf seinen Organizer, um zu prüfen, ob er eine E-Mail erhalten hatte.

Die Wirkung dieses Verhaltens war schlichtweg katastrophal. Obwohl dieser Manager ruhig da saß und fast nichts tat, hatte sein Verhalten mehr Einfluss als die intensiven Bemühungen des Hauptgeschäftsführers, den Mitarbeitern gewissermaßen Energie einzuimpfen. Was glauben Sie, ging wohl in den Köpfen der Mitarbeiter vor, die um ihn herum saßen? Um die Bedeutung einer Initiative deutlich zu machen, muss man aktiv und bewusst Signale aussenden. Nehmen Sie sich also vor jeglichen unbewussten Signalen in Acht.

Für das Spitzenteam ist es ferner wichtig zu wissen, wie viel Zeit sie aufbringen müssen, um die notwendige Führung zu geben und um nicht den Eindruck zu erwecken, sie würden die Initiative vernachlässigen. Bei einem Gespräch mit dem Hauptgeschäftsführer einer Firma, die gerade dabei war, einige wichtige Initiativen zu starten, fragten wir ihn: „Sind Sie sich bewusst, dass diese Initiativen über die nächsten acht bis zehn Monate 60 % der Zeit Ihres Spitzenteams in Anspruch nehmen werden?" „Aber das ist unmöglich!", war seine konsternierte Antwort. Vermutlich wäre es tatsächlich unmöglich gewesen. Jedenfalls wurde daraufhin ein Prozess zur Vorauswahl der Initiativen gestartet, um sich schließlich stärker auf einige wenige zu konzentrieren. Allerdings mussten die Mitglieder des Top-Managements auch darüber nachdenken, was sie delegieren konnten.

6.2   Die Zielanwender

Strategische Initiativen bringen Veränderungen mit sich, die häufig im gesamten Unternehmen implementiert werden sollen. Es gibt auf der Anwenderseite viele Mitarbeiter innerhalb der Firma, deren Arbeitsweise sich dadurch verändern wird. Die *Zielanwender* einer Initiative können sich entweder als deren „Nutznießer" oder als ihre „Opfer" fühlen. Zu Beginn wissen sie oft nicht, dass die Initiative eigentlich dazu bestimmt ist, ihnen „zu helfen".

Einige Mitarbeiter werden zum Beispiel neue Produkte oder Dienstleistungen verkaufen, installieren oder instandhalten müssen. Sie müssen deshalb wissen, welche Geschäftslogik hinter diesen Veränderungen steht. Von einigen Mitarbeitern wird möglicherweise erwartet, dass sie ihr regionales Geschäft ganz anders führen, nachdem die Zentrale die Einführung eines neuen Kundenmanagementsystems oder einer neu gestalteten Beschaffungskette beschlossen hat. Einige Mitarbeiter müssen vielleicht einen firmenübergreifenden standardisierten Prozess übernehmen, und zwar in Bereichen, in denen sie bisher ihre eigenen regionalen Prozesse mit ganz zufriedenstellenden Ergebnissen angewendet hatten.

Häufig werden die Zielanwender einfach vor vollendete Tatsachen gestellt. Sie werden erst hinzugezogen, wenn alles bereits abgeschlossen ist, wobei ihnen lediglich gesagt wird, was sich verändert hat. Anschließend werden sie dann nur noch darin geschult, die neuen Prozesse richtig anzuwenden.

IT-basierte SAP- oder Kundenmanagementsysteme werden häufig als IT-Projekte implementiert und von Mitarbeitern der IT-Abteilung geleitet. Dadurch werden die Veränderungen in den Geschäftsprozessen oft unterschätzt. Aus technischer Sicht mögen die neuen Prozesse einwandfrei funktionieren. Das Problem liegt jedoch darin, dass die Zielanwender in diesem Fall möglicherweise nicht mitziehen, da sie keinen zwingenden, regional nachvollziehbaren Grund erkennen können, der sie dazu motivieren würde, die von der Zentrale angeregten Änderungen zu übernehmen.

6.2.1 Vorteile der Initiative herausstellen

Meist können die Zielanwender die Nachteile, die mit einer ihnen auferlegten Veränderung verbunden sind, sehr viel leichter erkennen als ihre Vorteile. Bestenfalls sehen sie, dass die Zentrale Vorteile von den geplanten Veränderungen haben wird, doch die Vorteile, die für sie selbst damit verbunden sind, sind ihnen sehr viel weniger klar.

Man kann die Zielanwender nicht durch hierarchische Methoden von oben nach unten dazu bringen, eine strategische Initiative zu unterstützen, nach dem Motto: „Das ist die neue Arbeitsweise. Ist sie nicht fantastisch? Von jetzt an werden wir diese Methoden verwenden." Es passiert wenig, wenn die Zielanwender die Veränderungen nicht verstehen, nicht begrüßen und nicht unterstützen. Deshalb müssen Sie zu allererst diese Gruppe überzeugen, bevor sie weitermachen. Es gibt kaum eine zweite Chance dafür.

Bei vielen Initiativen geht es darum, regionale durch global standardisierte Prozesse zu ersetzen, um die gesamte betriebliche Wettbewerbsfähigkeit zu erhöhen, wie im folgenden Beispiel erläutert wird.

Ein Technologieunternehmen stellte fest, dass die Kunden plötzlich sehr viel mehr Wert auf Gesamtlösungen legten als bisher. Deshalb startete dieses Unternehmen eine Initiative, um die Leistungsfähigkeit im Bereich professioneller Dienstleistungen zu entwickeln. Dies geschah mit dem Ziel, komplette Geschäftslösungen zu entwerfen und zu verkaufen. Die regionalen Verkäufer sollten somit eine beratende Funktion erhalten.

Die führenden regionalen Manager waren davon jedoch nicht begeistert. Sie hatten immer ihr Bestes getan, um auf die regionalen Geschäftsbedingungen zu reagieren. Aus Sicht der Regionalmanager benahm sich die Zentrale wie ein Elefant im Porzellanladen, indem sie einfach vorschrieb, dass von nun an anders vorgegangen werden sollte, nämlich so, wie die Zentrale es wünschte. Die regionalen Manager zweifelten daran, ob der vorgeschlagene Ansatz tatsächlich zielführend sein würde. Immerhin waren sie diejenigen, die das regionale Geschäft abwickeln und damit Umsatzziele erreichen mussten. „Lösungen" zu verkaufen klang für sie wie eine teure Spielerei.

Die Verkaufsabteilung war gespalten. Viele erfahrene Verkäufer machten sich Gedanken, ob sie sich wirklich daran gewöhnen würden, nur noch Berater zu sein. Teilweise wurde die Diskussion in Bezug auf den Verkauf von Lösungen als Kritik an den erreichten Umsatzzahlen verstanden. Die jüngeren Verkäufer dagegen, die Veränderungen offener gegenüber standen, traten in direkten Kontakt mit der Zentrale, um zu eruieren, wie sie sich in die neue Methode einarbeiten konnten. Das erzeugte bei ihren Vorgesetzten jedoch noch mehr Unmut.

Letztlich verhärteten sich die Fronten immer mehr. Auf der einen Seite wurden berechtigte Fragen der regionalen Leiter als Widerstand gegen die Veränderung betrachtet, und auf der anderen Seite wurde allem, was von der Zentrale kam, von den regionalen Leitern mit Misstrauen begegnet. Die Reaktion darauf war, wie es häufig der Fall ist, mehr Besprechungen zu organisieren und mehr Präsentationen zu halten, um die großartige Zukunft anschaulich darzustellen.

Mehr PowerPoint-Präsentationen führen allerdings nicht zum Erfolg, denn sie zäumen das Pferd von hinten auf. Die Zielanwender sollten schon zu Beginn der Initiative involviert werden und nicht erst zum Ende hin. Es ist allgemein hilfreich, davon auszugehen, dass auf regionaler Ebene so gut wie möglich Leistungen erbracht wurden, auch wenn sich die Sachlage aus globaler Sicht manchmal anders präsentiert. Die regionalen Mitarbeiter müssen erkennen können, wie die Initiative ihnen helfen kann, mit der veränderten Situation umzugehen. Sie müssen sich selbst auf der Seite der Gewinner und nicht auf der Seite der Opfer sehen. Das ist einfacher in einer Firmenkultur, in der es als vorteilhaft gilt, Informationen untereinander auszutauschen, als in einer Kultur, in der jeder immer alles für sich behält. Wenn sich die Ideen anderer in der Vergangenheit bereits öfter als nützlich erwiesen haben, existiert mehr Offenheit dafür, Lösungen untereinander weiterzugeben.

6.2.2   Mitspracherecht gewähren

Der Nutzen einer Initiative muss sich auf regionaler Ebene zeigen. Das regionale Management muss erkennen können, dass sich die Geschäfte auf die neue Art und Weise effektiver führen lassen, zum Beispiel indem diejenigen Aufgaben nicht mehr regional übernommen werden müssen, die sich zentral effektiver organisieren lassen. Doch das Verständnis für den regionalen Nutzen einer zentral geführten Initiative muss durch einen Prozess von unten nach oben entstehen.

Es muss mit einer Analyse der geschäftlichen Probleme begonnen werden, die mit und von den Zielanwendern durchgeführt wird, so dass sie die Zielsetzungen vorbringen können, die sie von der Initiative erwarten. Meist sind sie die Experten für die Probleme, um die es geht. Ihre Meinung wird gebraucht, um die aktuelle Situation einzuschätzen. Ihre Meinungen zu den Ursachen des jeweiligen Problems können dabei durchaus von der Ansicht der Zentrale abweichen. Nur mit ihrer Hilfe können entsprechende Prioritäten in der Umsetzung festgelegt werden, so dass greifbare regionale Vorteile so schnell wie möglich wirksam werden und getestet werden können. Ihre Meinung wird ferner benötigt, um Feedback in Bezug auf die Umsetzung zu erhalten. Und letztlich sind die Zielanwender diejenigen, die maßgeblich an der endgültigen Entscheidung über die Zielsetzungen der Initiative beteiligt sein sollten.

Die Unterstützung der Zielanwender kann dann erreicht werden, wenn sie erkennen, dass man ihnen zuhört und dass sie ein Mitspracherecht bei der Gestaltung des Ergebnisses der

Initiative haben. Sie müssen beweisen können, dass sie mehr Leistung erbringen können, wenn sie eine Chance dazu erhalten. Sie sollten das Gefühl haben, dass sie immer noch Kontrolle darüber haben, wie sie ihr Geschäft betreiben. Sie müssen sich als Teil des erfolgreichen Teams fühlen, das hinter einer dynamischen Unternehmung steht. Direkte Erfahrungen mit den neuen Praktiken sind selbstverständlich am wirksamsten, wenn es darum geht, diesen gedanklichen Wendepunkt zu erreichen. Erfolgsgeschichten aus anderen Abteilungen, öffentliche Anerkennung für eine erfolgreiche Umsetzung und die Förderung bewährter Methoden innerhalb des Unternehmens sind ebenfalls effektive Möglichkeiten, um die Unterstützung der Zielanwender zu gewinnen.

6.2.3   Langfristige Unterstützung sichern

Um dies zu erreichen, sollten die Zielanwender von Beginn an im Kernteam der Initiative vertreten oder zumindest Teil eines begleitenden Teams sein. Und sie müssen auf jeden Fall an den ersten Pilotprojekten der Umsetzung beteiligt sein. Dadurch können sie erkennen, wie der Gesamtzusammenhang ihren regionalen Geschäftsinteressen dient und inwiefern die gesamte Initiative auch eine regionale Initiative mit entsprechenden Geschäftsvorteilen darstellt. Dies wird es den Zielanwendern außerdem ermöglichen, die generelle Stoßrichtung der Initiative so in konkrete Praktiken zu übersetzen, dass auf regionaler Ebene tatsächlich ein handfester Nutzen erkennbar wird und es nicht mehr einfach nur darum geht, die Vorstellungen der Zentrale umzusetzen.

Die Unterstützung der Mitarbeiter ist vor allem auch dann von entscheidender Bedeutung, wenn das Ergebnis einer Initiative sehr einschneidend ist, wie zum Beispiel bei einer geplanten Schließung. In solchen Situationen fühlen sich die Mitarbeiter natürlich leicht bedroht, und sie werden unter Umständen rasch zurückschlagen, wenn sie sich schlecht behandelt fühlen. Hier zwei Beispiele:

Eine Softwarefirma verlagerte einen großen Teil der Programmierung nach Indien. Dies konnte jedoch ohne die Mitarbeit eben der Personen, die dadurch ihre Arbeit verlieren würden, nicht erfolgreich umgesetzt werden.

Eine Firma für Gebrauchsgüter schloss ein Werk in einer Kleinstadt in Norddeutschland. Das Unternehmen benötigte die Arbeitsergebnisse aus dem Werk nicht nur bis zum letzten Tag, man wollte dort gleichzeitig keinen schlechten Eindruck hinterlassen, der sich durch die Nachrichten verbreiten und den Ruf der Firma schädigen könnte. Durch entsprechende Maßnahmen sorgte das Unternehmen dafür, dass die Mitarbeiter sogar noch nach der Entlassung eine positive Stimmung behielten: „Es wird sich alles regeln. Wir erhalten Unterstützung beim Verfassen von Bewerbungen und bei der Suche nach einer neuen Arbeitsstelle. Außerdem erhalten wir Abfindungen, die uns übergangsweise finanziell absichern. Ich kann mich über nichts beschweren, auch wenn ich wünschte, es würde nicht passieren."

Die Unterstützung der direkten Zielanwender kann nicht von heute auf morgen erreicht werden. Veränderungsprozesse brauchen Zeit, denn wie wir bereits in Kapitel 1, *Festlegen der Prioritäten*, gesehen haben, verläuft der Prozess in mehreren Stufen vom

Nichtwahrhabenwollen bis zur Akzeptanz.[34] Während dieser unterschiedlichen Phasen muss fortlaufend die Kommunikation aufrechterhalten werden.

6.3   Die Lieferanten der Ressourcen

Strategische Initiativen haben per definitionem keine dauerhaften Ressourcen. Wie bereits erwähnt, steht dahinter der Gedanke, die Ressourcen aus dem gesamten Unternehmen flexibel neu einzusetzen, um sie einer strategischen Priorität zuzuordnen, die keine der Fachabteilungen alleine angehen kann. Deshalb müssen strategische Initiativen Ressourcen innerhalb des Unternehmens abwerben.

Das Mobilisieren der Lieferanten von Ressourcen ist eine organisatorische Herausforderung, wie wir im Folgenden erläutern werden. Wie wir bereits in Kapitel 2, *Auswahl des Teams*, diskutiert haben, beginnt alles mit den Vorgesetzten der Teammitglieder, die Sie ins Team holen möchten. Später werden Sie dann eventuell auch noch Experten und Ressourcen aus verschiedenen Funktionsbereichen benötigen, zum Beispiel aus dem Bereich der Informationstechnologie, der Forschung & Entwicklung, des Marketing und so weiter, aber möglicherweise auch aus den regionalen Bereichen. Sie werden außerdem finanzielle Ressourcen benötigen. Dies bedeutet viel Vorbereitung, Planung und Koordination, allein schon, um zu gewährleisten, dass die Ressourcen rechtzeitig zur Verfügung stehen.

6.3.1   Strategische Initiativen sind eine organisatorische Herausforderung

Weil strategische Initiativen keine dauerhafte Organisationsstruktur besitzen, stellen sie vor allem für gut strukturierte Unternehmen eine große Herausforderung dar. Sie passen einfach nicht in sauber organisierte Abteilungen und Prozesse. Die verschiedenen Abteilungen und Prozesse sind allesamt aus Produktivitätsgesichtspunkten gerechtfertigt und sorgen für einen reibungslosen Ablauf der Arbeit. Dadurch, dass sie so gestaltet sind, stehen sie der Umsetzung von strategischen Initiativen jedoch häufig im Weg. Strategische Initiativen erfordern einen firmenübergreifenden Zusammenschluss, der für Unternehmen dieser Art unnatürlich ist.

Die Ressourcen, auf die Sie Zugriff haben müssen, liegen nicht etwa nutzlos herum und warten darauf, eingesetzt zu werden. Sie werden mit großer Wahrscheinlichkeit gerade produktiv genutzt. Ressourcen gibt es nur in begrenztem Umfang. Deshalb sind sie in der Regel für keine andere als die geplante Aufgabe verfügbar. Sie werden nach strengen

---

[34]   Vgl. die Phasen der Trauer nach Elisabeth Kübler-Ross, wie in Kapitel 1 erläutert.

Prozessen zugeteilt, bei denen ihr Einsatz alljährlich neu gerechtfertigt werden muss. Sie sind mit Sicherheit nicht einfach zu bekommen.

Im Gegensatz dazu werden strategische Initiativen ohne besondere Rücksicht auf den gerade geltenden Budgetplan gestartet. Die Abteilungen, von denen die Ressourcen abgeworben werden, müssen dazu ihre Prioritäten ändern. Viele Unternehmen wissen nicht, wie sie dieses Problem handhaben sollen.

Die Lösung besteht darin, die Prozesse flexibler zu gestalten. Die Denkweise im Unternehmen muss sich dahingehend ändern, dass Abteilungen sich nicht mehr als „Besitzer" von Ressourcen betrachten, sondern als deren „Verwalter". Ressourcen können somit weitergereicht werden, wenn sie anderweitig benötigt werden. Ansonsten besteht keine Hoffnung, dass strategische Initiativen jemals funktionieren.

Die Neustrukturierung von Prioritäten, die zeitliche Verfügbarkeit und das Leistungsmanagement sind die häufigsten Quellen für Frustration, wenn firmenübergreifend Ressourcen angezapft werden müssen.

Neustrukturierung von Prioritäten

Wenn eine strategische Initiative gestartet wird, muss gleichzeitig ein Prozess in Gang gesetzt werden, durch den bisherigen Entscheidungen neue Prioritäten zugeteilt werden. Es muss entschieden werden, was nicht oder was erst später ausgeführt wird.

Ein typisches Beispiel dafür ist die Finanzierung der Initiative. Es gibt Initiativen, die gestartet werden, ohne dass darauf geachtet wird, woher das Geld kommen soll. So ist beispielsweise für die meisten Initiativen Startkapital notwendig, zumindest bis sich herausgestellt hat, dass die Initiative einen wirtschaftlichen Wert erzeugt. Die Frage ist jedoch, aus welchem Budget dieses Geld kommen soll. In vielen Firmen fordert die Zentrale von den regionalen Abteilungen regelmäßig wichtige Ressourcen an. Häufig wird einfach vorausgesetzt, dass derselbe Prozess angewandt werden kann, um große Initiativen zu finanzieren. Es ist allerdings unwahrscheinlich, dass dies auf regionaler Seite großen Enthusiasmus für die Initiative aufkommen lässt. Deshalb möchten wir hier nochmals betonen, auch wenn es selbstverständlich klingen mag, dass für jede Initiative ein eigener Finanzierungsmechanismus entwickelt werden muss, sobald sie beschlossen wird.

Jede Initiative benötigt außerdem spezielle funktionale Ressourcen, zum Beispiel aus den Bereichen Entwicklung, Informationstechnologie oder Marketing sowie möglicherweise aus den regionalen Bereichen. All diese Abteilungen haben aber ihre Ressourcenanforderungen bereits an den üblichen Anfragen aus den verschiedenen Geschäftsabteilungen innerhalb des Unternehmens ausgerichtet. Plötzlich kommt nun eine ganz neue Initiative und bedroht ältere Projekte oder laufende Aufgaben. Wenn bestimmte Ressourcen der Initiative zugeteilt werden, kann etwas anderes dafür nicht mehr erledigt werden. Möglicherweise erhalten andere Abteilungen dann nicht mehr die Unterstützung, auf die sie sich verlassen haben.

Dieses Dilemma wird häufig unter den Teppich gekehrt, indem man einfach auf das Beste hofft. Viele Unternehmen glauben an Wunder und erwarten, dass sich alles letztendlich mehr oder weniger von selbst regeln wird. Wenn eine neue Initiative gestartet wird, neigt das Top Management leider oft zu übermäßigem Optimismus in Bezug auf die verfügbaren Ressourcen.

Ressourcenanforderungen lösen sich jedoch nicht einfach in Luft auf. Es ist wichtig, sich hier von Beginn an den Realitäten zu stellen. Es müssen Entscheidungen getroffen werden, was depriorisiert werden soll. Wenn eine strategische Initiative gestartet wird, müssen andere Aktivitäten eine entsprechend geringere Priorität erhalten. Dies muss jedoch früh genug kommuniziert werden, um böse Überraschungen für die Mitarbeiter zu vermeiden, die gewissenhaft ihre Aufgaben erledigen und sie termingerecht zu erfüllen trachten.

Darüber hinaus muss eine gewisse Flexibilität in den Prozess der Ressourcenzuordnung integriert werden. Nicht alles wird auf einmal erledigt. Die Ressourcenzuteilung sollte also immer als ein Plan mit Optionen verschiedener Priorität betrachtet werden, nicht als eine Anspruchsberechtigung für die nächsten zwölf Monate. In einer sich schnell verändernden Umwelt muss es die Möglichkeit geben, diesen Optionen neue Prioritäten zuzuweisen, indem Projekte entfernt oder hinzugefügt werden, wenn sich neue Informationen ergeben.

Zeitliche Verfügbarkeit

Der Teamleiter muss nicht nur mit den Vorgesetzten eines jeden Teammitglieds verhandeln, um die nötige Zeit für die Initiative herauszuschlagen (siehe Kapitel 2, *Auswahl des Teams*). Er muss das gleiche Problem auch mit den Vorgesetzten all derjenigen Mitarbeiter besprechen, von denen erwartet wird, dass sie dem Projekt für einen gewissen Zeitraum mit ihren besonderen Fähigkeiten zur Verfügung stehen. Andernfalls wird sich der Kampf um Aufgabenzuteilungen innerhalb des Projekts katastrophal auswirken. Dennoch geschieht dies oft in Unternehmen, welche strategische Initiativen starten, ohne gewährleistet zu haben, dass diese durch grundlegende Prozesse wie beispielsweise Personalzuweisungen unterstützt werden.

Ralf Ulrich, Leiter der IT-Abteilung, hatte zum Beispiel die Zuteilung seiner Mitarbeiter zu verschiedenen Aufgabenbereichen sorgfältig geplant, um die mit anderen Abteilungen abgesprochenen Projekte fristgerecht zu vollenden. Nun muss er den jeweiligen Abteilungsleitern jedoch erklären, dass ihre Projekte aufgrund der strategischen Initiative in Verzug geraten werden. Dies kann definitiv nicht nur alleine das Problem von Ralf Ulrich sein.

Unternehmen, die strategische Initiativen als wirksame Methode einsetzen, um definierte Prioritäten anzugehen, müssen ihre Personalprozesse vorab darauf ausrichten. Führungskräfte sollten sich bewusst sein, dass sich ihren besten Mitarbeitern jederzeit eine Gelegenheit bieten kann, eine neue Herausforderung anzunehmen. Ein rascher Austausch muss bei Bedarf schon im Voraus überdacht werden.

Wie bei den Mitgliedern des Kernteams sollte auch in Bezug auf das erweiterte Team klar sein, dass die Mitwirkung an einer strategischen Initiative immer Teil des individuellen

Karriereplans ist. Dazu muss von vornherein klar sein, dass jeder Mitarbeiter im Unternehmen bei Bedarf einige seiner Aufgaben zurückstellen kann, um für ein anderes, wichtigeres Aufgabengebiet zur Verfügung zu stehen. In Firmen, die im Umgang mit strategischen Initiativen erfahren sind, existieren in der Regel bereits entsprechende Personalpläne, wenn eine Initiative beschlossen wird.

Leistungsmanagement

Der Teamleiter muss außerdem gewährleisten, dass die Prozesse des Leistungsmanagements der Teammitglieder nicht in Konflikt mit den Anforderungen der Initiative stehen.

Wie in Kapitel 2, *Auswahl des Teams*, bereits erläutert, fühlen sich in vielen Unternehmen nicht nur die Mitglieder des Kernteams, sondern auch die zusätzlichen Mitarbeiter des erweiterten Teams zwischen den Aufgaben innerhalb der Initiative und ihrer regulären Arbeit hin und hergerissen. Investieren sie Zeit in die Initiative, müssen sie einige Aspekte des Tagesgeschäftes dafür opfern. Möglicherweise ist das System von Leistung und Honorierung für ihre Arbeit innerhalb des Projektteams noch nicht wirklich eindeutig geregelt. Eindeutig werden jedoch ihre Leistungen in Bezug auf die regulären Aufgaben leiden.

Daher muss von Beginn an, sogar noch bevor strategische Initiativen überhaupt in Erwägung gezogen werden, genügend Flexibilität in die Prozesse des Leistungsmanagements eingebaut werden. Aus einer langfristigen Perspektive betrachtet, müssen Honorierungssysteme maßgeblich auf der Gesamtleistung innerhalb des Unternehmens beruhen, statt nur abteilungsspezifische Interessen zu stärken.

6.3.2   Engagement der Lieferanten von Ressourcen

Die Lieferanten von Ressourcen, von Fähigkeiten und von Fachkenntnissen müssen sich selbst als Mitglieder des erweiterten Projektteams sehen, als Mitglieder eines Teams mit dem Zweck eines bestimmten unternehmerischen Beitrags zu einem bestimmten Zeitpunkt. Als Mitglieder dieses Teams wird ihr Engagement von denselben Motiven bestimmt wie das der Mitglieder des Kernteams und das der Zielanwender. Erstens möchten sie sich selbst beweisen, indem sie an einer herausfordernden Aufgabe teilhaben, und dafür erwarten sie auch Anerkennung. Zweitens darf ihnen keine Lösung von außen aufoktroyiert werden, so als seien sie nur ein Gebrauchsgegenstand, der jederzeit und überall benutzt werden kann. Drittens möchten sie als vollwertige Mitglieder des Projektteams behandelt werden.

Diese drei Motive für das Engagement, die bereits in Kapitel 4, *Mobilisieren von Energie,* diskutiert wurden, verdeutlichen, warum es so wichtig ist, dass auch die Lieferanten von Ressourcen von Beginn an in die Gestaltung von Lösungen mit einbezogen werden. Wenn man dagegen versucht, wie wir es leider schon allzu häufig beobachtet haben, die Mitarbeiter einfach nur wie einen Gegenstand zu benutzen, den man je nach Lust und Laune einschalten kann, erhält man nur halbherzige Unterstützung.

Nachfolgend finden Sie ein Beispiel dafür, wie es einem Teamleiter gelang, einen positiven Effekt zu erzielen, indem er die Lieferanten von Ressourcen frühzeitig involvierte.

Motivation durch Mitspracherecht

Unsere Initiative zielte auf ein Wachstum des Gesamtunternehmens durch die Entwicklung neuer Produkte ab. Um sie umzusetzen, mussten wir Ressourcen einzelner Tochterunternehmen einbeziehen. Eine wichtige Ressource, die wir an verschiedenen Stellen im Umsetzungsplan benötigten, war die Untersuchung von wichtigen Produktkomponenten im Labor.

Zu Beginn des Projektes verließen wir uns auf die Mitarbeiter der Länderbereiche, welche die Untersuchungen mit den Labors koordinieren sollten. Dies führte jedoch zu erheblichen Verzögerungen und Rückständen. Um die Situation zu verbessern, verhandelte ich als Teamleiter persönlich direkt mit allen Laborleitern und bat sie darum, sich für eine schnellere Abwicklungszeit einzusetzen. Zusätzlich bildeten wir eine Innovationsgruppe, welche die Teammitglieder sowie die jeweiligen spezialisierten Wissenschaftler umfasste. Diese Gruppe traf sich regelmäßig, um zu entscheiden, auf welche Produktlinien und Anwendungsgebiete wir uns jeweils konzentrieren wollten.

Seitdem haben sich die Abwicklungszeiten und das Engagement seitens der Labore maßgeblich verbessert. Ich glaube, dass sich diese Veränderung auf zwei Dinge zurückführen lässt. Erstens: Sobald die Laborleiter zugestimmt hatten, dem Projekt eine hohe Priorität einzuräumen, stellte dies ein starkes Signal für die Mitarbeiter dar, welche die Analysen durchzuführen hatten. Zweitens: Dadurch, dass die Labore nun in den Prozess der Entscheidungsfindung mit einbezogen waren, erhöhten sich ihre Motivation und ihr Engagement.

Quelle: Leiter des Bereichs Forschung & Entwicklung in einem Unternehmen der chemischen Industrie

6.4   Unterstützung durch die öffentliche Meinung

Die Dienstleistungsfirma Opto stand unter Schock. Nach etlichen sehr erfolgreichen Jahren musste aufgrund von Kostenüberschreitungen bei einigen Projekten und aufgrund der zunehmenden Konkurrenz durch kostengünstige Wettbewerbsprodukte eine Gewinnwarnung ausgesprochen werden. Daraufhin wurden einige Maßnahmen zur Kostensenkung implementiert. Außerdem wurde eine Initiative gestartet, um die Aktivitäten auf einige Schlüsselsegmente zu konzentrieren, die weniger stark dem Wettbewerb ausgesetzt waren. Dennoch hielt der anfängliche Schock weiterhin an, und einige der besten Mitarbeiter verabschiedeten sich bereits. Es war nun wichtig, die Initiative entsprechend zu kommunizieren, um den Fokus der Mitarbeiter vom Scheitern abzu-

lenken und zu dem Kampfgeist zurückzufinden, der das Unternehmen bisher so erfolgreich gemacht hatte.

Das Meinungsbild im Unternehmen ist von großer Bedeutung. Viele Mitarbeiter haben ihre eigenen Ansichten zu dem, was vor sich geht, und beeinflussen andere in einer Weise, die wichtige Initiativen untergraben kann. Natürlich ist es von entscheidender Bedeutung, dass zu den strategischen Initiativen im Unternehmen eine positive Meinung vorherrscht. Daher dürfen Sie nicht zulassen, dass die öffentliche Meinung in Ihrem Unternehmen allein vom Gerede im Pausenraum bestimmt wird.

Aus diesem Grund muss aktiv eine positive Energie verbreitet werden, um dafür zu sorgen, dass alle sich auf die strategischen Prioritäten konzentrieren, und um falsche Interpretationen auszuräumen. Schweigen ist keine gute Alternative, da es im Wirkungs-feld strategischer Initiativen sehr negative Folgen haben kann. Der menschliche Verstand vermutet automatisch das Schlimmste, wenn die Mitarbeiter nicht ständig informiert und mit positiven Nachrichten auf dem Laufenden gehalten werden. Eine positive Energie unterstützt dagegen den Erfolg und hilft, die Umsetzungsenergie aufrechtzuerhalten.

Wie bereits erwähnt, erzeugt eine strategische Initiative Wellen innerhalb des Unter-nehmens. Manche Mitarbeiter fühlen sich dadurch möglicherweise beeinträchtigt. Dazu zählen nicht nur die von der Initiative direkt betroffenen Anwender, sondern auch andere Mitarbeiter, deren individuelle Pläne sich dadurch eventuell verzögern oder ändern. Die Mitarbeiter müssen also erkennen können, dass das Ergebnis der strategischen Initiative die Firma insgesamt erfolgreicher werden lässt, wovon auch sie profitieren werden.

In jedem Unternehmen gibt es Meinungsführer. Sie müssen nicht unbedingt etwas mit der Initiative zu tun haben, aber ihre Unterstützung wird dennoch gebraucht, weil sie andere, deren Arbeitsleistung benötigt wird, mobilisieren oder auch demobilisieren können.

Eine positive Energie rund um eine Initiative aufzubauen umfasst also alle Aspekte von einem hohen Energieniveau bis zur Schadensbegrenzung. Zu diesem Zweck ist es hilf-reich, sich die nachfolgenden Fragen zu stellen.

6.4.1   Wer sind die Meinungsführer?

Ihre Anzahl wird im Allgemeinen unterschätzt. Manche haben viele Zuhörer und können somit einen großen Teil des Unternehmens beeinflussen. Andere haben eine kleinere Zu-hörerschaft und beeinflussen damit vielleicht nur einen kleinen, aber unter Umständen umso wichtigeren Teil des Unternehmens, wie beispielsweise eine Abteilung, die kritische Ressourcen liefern muss.

Meinungsführer können sich mit den bereits erwähnten Personenkreisen, den Ziel-anwendern und den Lieferanten von Ressourcen, überschneiden. Deshalb ist es wichtig, ihre Meinungen zu kennen.

Wir schlagen vor, die Meinungsführer anhand einer Grafik ähnlich der zur Risiko-
bewertung zu unterteilen, und zwar nach dem Grad ihrer Zustimmung zur Initiative und
nach dem Grad ihres Einflusses.[35]

■ Grad der Zustimmung

Bis zu welchem Grad stimmen die Meinungsführer dem erwarteten Ergebnis der
Initiative und dem Umsetzungsplan zu? Initiativen sind für die Mitarbeiter mehr oder
weniger attraktiv, und die meisten haben einen eigenen Standpunkt dazu. Es ist jedoch
nicht immer einfach zu beurteilen, welche Ansichten einzelne Personen vertreten.

■ Grad des Einflusses

Bis zu welchem Grad können die Meinungsführer die Umsetzung der Initiative fördern
oder behindern? Ihr Einfluss kann von einer hierarchischen Macht über die in der
Initiative involvierten Mitarbeiter ausgehen, von persönlicher Beeinflussung durch Beziehungen und soziale Netzwerke oder er kann auf eine Kontrolle des Zugangs zu
Informationen und Ressourcen zurückzuführen sein. Aber auch Mitarbeiter in unteren
Positionen des Unternehmens können die Verfügbarkeit von kritischen Ressourcen
steuern.

Nun können Sie unter den Meinungsführern vier Haupttypen mit unterschiedlichen Verhaltensweisen identifizieren. Die Grenzen zwischen den Gruppen sind selbstverständlich
fließend. Es handelt sich hierbei lediglich um eine erste grobe Übersicht darüber, wie Mitarbeiter auf die Initiative reagieren könnten. Aber insgesamt werden Sie ihnen mit unterschiedlichen Kommunikationsstrategien begegnen müssen, um ihr Verhalten zu bestärken,
zu verändern oder zu neutralisieren.

---

[35]   Diese Einteilung stammt von Jean-Marie Descarpentries, einem renommierten Experten des
       Change Management mit herausragenden Erfolgen.

Abbildung 6.1   Einteilung der Meinungsführer

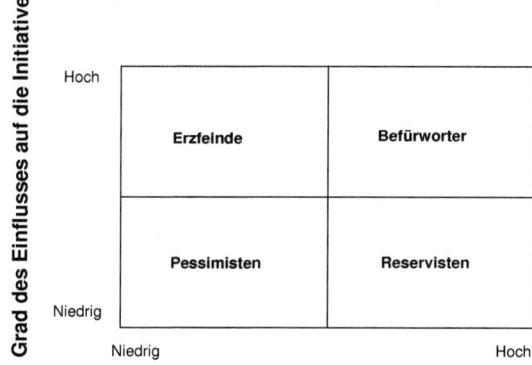

6.4.2   Meinungsführer identifizieren

■ **„Befürworter" benötigen Aufmerksamkeit.**

Die Befürworter stimmen der Initiative zu und können unterstützend wirksam werden. Sie müssen allerdings ihre Motive genau unter die Lupe nehmen, um zu erkennen, wie widerstandsfähig ihr Standpunkt ist. Stimmen sie aus den richtigen Gründen zu? Werden sie ihren potenziellen Einfluss nutzen oder ist alles nur leeres Gerede?

Weil Sie keinen Ärger von ihnen erwarten, neigen Sie möglicherweise dazu, die Befürworter als selbstverständlich zu betrachten und sich nur an sie zu wenden, wenn sie benötigt werden. Es ist jedoch wichtig, laufend mit ihnen in Kontakt zu bleiben, um sich ihre Unterstützung zu sichern. Sie sollten gemeinsam mit ihnen entscheiden, wie sie der Initiative am besten helfen können. Es ist auch wichtig, mit ihnen Kontakt zu halten, um sie über Fortschritte zu informieren, denn um helfen zu können, müssen die Befürworter auf dem Laufenden darüber sein, was passiert.

Es ist außerdem wichtig, ihre Unterstützung anzuerkennen, um sie sich zu erhalten und möglicherweise auch noch weitere Mitarbeiter dadurch anzuziehen. Undankbarkeit erzeugt keinerlei Unterstützung.

■ **„Erzfeinde" erfordern noch mehr Aufmerksamkeit.**

Diese Personen machen Ihnen erhebliche Sorgen. Sie sehen sie möglicherweise als „Erzfeinde" der Initiative. Oftmals neigt man dazu, ihnen auszuweichen, nur weil sie anderer Ansicht sind. Aber Sie sollten nicht vergessen, dass sie einen gewissen Einfluss haben. Vermutlich üben sie im Moment einen negativen Einfluss aus, aber wenn es einen Weg gibt, diesen Einfluss so umzulenken, dass er zur Unterstützung der Initiative beiträgt, sollten Sie sich diese Möglichkeit nicht entgehen lassen.

Sowohl als Sponsor der Initiative als auch als Teamleiter sollten Sie in der Tat ihr Bestes tun und mit diesem Personenkreis in Kontakt bleiben. Sie müssen verstehen, weshalb sie anderer Ansicht sind. Was sehen diese Mitarbeiter, was Sie nicht erkennen? Haben Sie nicht die richtige Priorität? Ist es nicht die richtige Zeit? Ist es nicht der richtige Ansatz? „Erzfeinde" können tatsächlich eine wertvolle Informationsquelle im Hinblick darauf sein, was falsch laufen könnte und warum.

Indem Sie offen mit ihnen diskutieren und ihnen zuhören, können Sie Ihren eigenen Ansatz verbessern, von ihren Erkenntnissen profitieren, auf ihre Sorgen eingehen und Missverständnisse beseitigen. Sie können möglicherweise sogar ihre Zustimmung erlangen und von ihrer Unterstützung profitieren. Oder Sie können sich darauf einigen, dass in diesem Punkt kein Konsens erzielt werden kann, und wenigstens eine gewisse Neutralität erreichen. Zumindest werden Sie noch vor allen anderen wissen, was die Gegenseite denkt.

■ „Reservisten" können mobilisiert werden.

Dabei handelt es sich um Mitarbeiter, die der Initiative zustimmen, aber nicht viel Einfluss haben. Oft werden sie vernachlässigt, da davon ausgegangen wird, dass ihre Zustimmung zwar angenehm ist, aber keinerlei Konsequenzen im Unternehmen hat. Das ist jedoch ein Fehler, denn ihr Einfluss kann durchaus verstärkt werden. Dies ist der Grund, weshalb wir sie als „Reservisten" bezeichnen.

Ein Projektleiter, der feststellen musste, dass die Länderbereichsleiter sehr zögerlich auf seine Initiative reagierten, begann Gespräche mit ihren Untergebenen. Dort fand er ungeduldige Mitarbeiter, die schon lange auf Veränderungen gewartet hatten und der Ansicht waren, dass mit der Initiative die richtigen Schritte in die Wege geleitet wurden. Heimlich hatten sie sogar schon einige der Ideen ausprobiert. Sie hatten außerdem Vorschläge, wie man das Projekt besser und schneller fortsetzen konnte. Als sie direkte Unterstützung bekamen, begannen sie, Druck von unten auszuüben.

Wo befinden sich versteckte Ressourcen? Wo können Sie Mitarbeiter finden, die nach Veränderung streben? Wer weiß am besten, woran gearbeitet werden muss? Wer hat wenig zu verlieren und viel zu gewinnen, wenn sich die aktuelle Situation ändert? Wo befinden sich die wahren Umsetzungsexperten, nah an der Frontlinie oder in der Hauptniederlassung? Diese Fragen sollten Sie klären.

■ „Pessimisten" sollte man am besten ignorieren.

Pessimisten widersprechen aus Prinzip und reden gern über ihre Ansichten, weil sie ansonsten nicht viel tun können. Widerspruch ist natürlich irritierend, doch Sie sollten Ihre Energie nicht damit verschwenden, diese Gruppe überzeugen zu wollen.

Möglicherweise gibt es unter ihnen auch einige markante Persönlichkeiten oder aber Einzelne, denen Sie vertrauen und die Sie respektieren, welche jedoch aus irgendeinem Grund schwere Bedenken gegenüber der Initiative haben. Dann sollten Sie einzeln mit den Betreffenden sprechen, um herauszufinden, was ihre Gründe dafür sind. Wie die „Erzfeinde" könnten auch die Pessimisten unter Umständen etwas wissen, was Ihnen bisher entgangen ist. Damit könnten sie eine wichtige Informationsquelle in Bezug auf potenzielle Probleme darstellen.

Andererseits kann die Opposition auch aus einer inhomogenen Gruppe Unzufriedener bestehen, von denen Sie sich nicht beirren lassen sollten. Ihnen weitere Fakten und Ergebnisse zu liefern, wird Ihnen keine weitere Unterstützung einbringen. Dies dürfte lediglich den Kampfgeist der Befürworter anheizen.

Nehmen Sie sich aber auf jeden Fall vor einer Koalition der Trägheit in Acht. Diese Gefahr wird leicht unterschätzt, weil sie nur schwer zu erkennen ist, dabei kann sie eine Initiative durchaus zu Fall bringen. Durch rasche Antworten, die die bereits erzielten Erfolge herausstellen, lässt sich die Opposition oft Schritt für Schritt reduzieren.

6.5 Kommunikation ist kritisch

Aber nicht nur im Zusammenhang mit den bereits erwähnten Personenkreisen, also den zukünftigen Anwendern, den Lieferanten notwendiger Ressourcen und den Meinungsführern, ist eine positive Energie wichtig, sondern darüber hinaus auch im gesamten Unternehmen. Dafür gibt es mehrere Gründe.

Ein Grund liegt darin, dass Stillschweigen immer schlecht ist. Für viele Mitarbeiter bedeuten keine Nachrichten de facto keine guten Nachrichten. Eine gut organisierte Einführung, auf die offizielles Stillschweigen folgt, kann zu allerlei negativen Gerüchten führen, was die Kooperation im Unternehmen letzten Endes untergräbt. Stillschweigen suggeriert darüber hinaus auch, dass die Initiative kein angebrachtes Gesprächsthema ist, weshalb Sie kein nützliches Feedback dazu erhalten werden. Das nachfolgende Beispiel beschreibt, welche Konsequenzen es haben kann, wenn man eine Initiative zu stark im Hintergrund hält.

Die „geheime" Initiative

Im Jahr 2005 kündigte ein großes deutsches Unternehmen der Spitzentechnologie eine bedeutende Wachstumsinitiative aus zwölf separaten Wachstumsprojekten an, die eine neue Produktlinie und neue geografische Regionen eröffnen sollten. Der Hauptgeschäftsführer startete diese Wachstumsinitiative selbst. Seine Eröffnungsrede wurde in der Presse veröffentlicht und war Tagesgespräch unter Investmentbankern.

Nach dem Start zögerte die Geschäftsleitung jedoch, genauere Details der Initiative an die Öffentlichkeit zu geben, da sie befürchteten, dass die Wettbewerber nachziehen könnten oder dass sie versuchen würden, wichtige Manager abzuwerben, welche die Initiative leiteten. Infolgedessen wurden kaum Informationen über die strategische Initiative veröffentlicht. Sogar innerhalb des Unternehmens wurden noch nicht einmal Informationen allgemeinen Charakters weitergegeben.

Ein Jahr später waren die Teamleiter dieser zwölf Initiativen ratlos und deprimiert. Die Firma hatte sie gebeten, an einer Initiative öffentlichen Ausmaßes zu arbeiten, die nun gewissermaßen „geheim" war. Ein Teamleiter beschwerte sich: „Ich empfinde es als sehr schwierig, Unterstützung für meine Initiative zu bekommen. Viele Mitarbeiter scheinen eine ziemlich zynische Einstellung dazu zu haben, und die Anzahl der Zyniker hat sich während der letzten Monate offenbar drastisch erhöht. Wir sind einfach nicht in der Lage, die Mitarbeiter dazu zu mobilisieren, die Initiative zu unterstützen. Ich weiß, dass der CEO einige der Initiativen abgebrochen hat, aber niemand hat im Unternehmen die Gründe dafür kommuniziert, was die Mitarbeiter wohl zu dem Schluss geführt hat, dass die Wachstumsinitiative für unser Geschäft nicht wirklich wichtig ist. Die Initiative sollte ursprünglich die gesamte Firma mobilisieren, aber stattdessen ist sie einfach nur irgendwie im Sande verlaufen."

Ein anderer Teamleiter kommentierte: „Wir müssen die Mitarbeiter über die Initiativen informieren und über unseren Fortschritt berichten. Wir müssen dem Unternehmen ausgewählte Initiativen regelmäßig und aktiv darlegen, insbesondere den führenden Managern. Dies ist der einzige Weg, um die Unterstützung zu erhalten, die wir benötigen."

Quelle: Anonymisierter Fallbericht

Offene Kommunikation ist also unbedingt notwendig, um Unterstützung im gesamten Unternehmen zu gewinnen. Das gilt selbstverständlich, wenn man gute Nachrichten hat und die Initiative Fortschritte macht. Jeder möchte schließlich mit einem Erfolg in Verbindung gebracht werden. Diese These bewahrheitet sich aber auch, wenn Schwierigkeiten auftreten. Auch diese müssen anerkannt werden.

Sie sollten keine Gelegenheit auslassen, innerhalb des gesamten Unternehmens schonungslos über die Initiative zu sprechen. Sie müssen immer wieder darlegen, wie die Initiative in den strategischen Gesamtzusammenhang passt. Sie müssen ständig wiederholen, warum sie eine hohe Priorität hat. Sie müssen unaufhörlich aufzeigen, mit welchem Ergebnis zu rechnen ist. Sie müssen unermüdlich erklären, zu welchen Veränderungen sie führen wird. Und wenn Sie glauben, Sie hätten nun endlich alles getan, sollten Sie gleich noch einmal von vorne anfangen.

Die Mitarbeiter innerhalb des Unternehmens möchten außerdem wissen, wie die Initiative funktioniert, wie sie organisiert ist, wer sich um was kümmert und wie sich die Veränderungen auf sie selbst auswirken werden.

Ein gutes Beispiel für wirksame Kommunikation zu solchen Fragen ist eine Broschüre, die vom finnischen Edelstahlhersteller Outokumpu herausgebracht wurde, als dieser eine wichtige Initiative namens OK-1 startete.

Fallbeispiel Outokumpu: Wie wir weltweit die Nummer eins werden

Im Jahr 2005 verkündete Juha Rantanen, CEO des Edelstahlherstellers Outokumpu, dass das Unternehmen innerhalb der nächsten drei Jahre europaweit die Nummer eins werden wolle sowie weltweit innerhalb von fünf Jahren. Um dieses Ziel zu erreichen, wurden zwei Programme gestartet: OK-1, ein Projekt im Bereich Produktion, und K2, ein Projekt im kaufmännischen Bereich.

Das war ein neuer Ansatz für das bisher eher traditionell orientierte Unternehmen, der nichts weniger bedeutete als eine Verlagerung der Kultur hin zu mehr Offenheit und zu der Bereitschaft, Probleme gemeinsam anzugehen.

Um den Auftakt von OK-1 zu unterstützen, startete Outokumpu eine Kommunikationskampagne, um die geplanten Veränderungen deutlich zu machen. Zu diesem Zweck erhielten die Mitarbeiter kleine Broschüren mit dem Titel: „OK-1 – Wie wir weltweit die Nummer eins werden." In dieser Broschüre sollte erklärt werden, worum es bei OK-1 ging. Dazu wurden dreizehn häufig gestellte Fragen aufgelistet und jeweils auf einer eigenen Seite beantwortet. Die Antworten wurden mit Hilfe von Karikaturen verdeutlicht, die ein Team junger Hunde darstellten, die auf dem Weg waren, die Fußballmeisterschaft zu gewinnen.

Die leicht verständliche und witzig aufgemachte Broschüre war ein voller Erfolg im Unternehmen und sorgte für viel Aufmerksamkeit und Motivation.

- Was ist OK-1?

- Warum OK-1?

- Was ist falsch an unserer bisherigen Arbeitsweise?

- An wen richtet sich OK-1?

- Wie wird OK-1 umgesetzt?

- Was hat OK-1 mit mir zu tun?

- Wohin steuern wir?

- Wie wird OK-1 organisiert?

- Was steht als Nächstes an?

- Was passiert nach dem Start?

- Wann wird OK-1 abgeschlossen sein?

- Worin liegt der Vorteil für mich?

- Wo erhalte ich weitere Informationen über OK-1?

Quelle: Outokumpu

Mitarbeiter möchten wissen, welche Konsequenzen eine Initiative für sie hat, inwiefern sie beeinflusst werden und welche Vorteile sich für sie ergeben. Auch in dieser Hinsicht ist die Broschüre von Outokumpu ein gutes Beispiel (siehe den nachfolgenden Abschnitt zum Thema: „Was hat OK-1 mit mir zu tun?").

Was hat OK-1 mit mir zu tun?

Benutzen Sie Ihren gesunden Menschenverstand!

Lassen Sie uns die optimalen Methoden einsetzen!

Dazu müssen wir alle wichtigen Informationen miteinander teilen.

Während sich OK-1 Schritt für Schritt entwickelt, werden Sie erkennen, dass es sich auf das gesamte Unternehmen auswirken wird, auch auf Sie. Auf welche Weise dies geschieht, können Sie selbst beeinflussen. Die Veränderungen betreffen zum Beispiel die Nutzung der Maschinenanlagen und der Ausrüstung, die Arbeitsmethoden, die Arbeitssicherheit sowie das Materialmanagement. Diese Veränderungen werten auch das Arbeitsumfeld insgesamt auf und sorgen für mehr Übersicht und Transparenz.

Es ist nicht notwendig, das Rad in verschiedenen Bereichen immer neu zu erfinden, weil OK-1 dafür sorgen wird, dass Informationen über die besten Arbeitsmethoden an alle weitergegeben werden. Indem Sie das Wissen teilen, über das Sie aufgrund Ihrer eigenen Erfahrungen und Beobachtungen verfügen, können Sie selbst zum Erfolg des Unternehmens beitragen. Dies funktioniert ebenso umgekehrt. Daher sollten stets bereits sein, Ihre Arbeitsweise und die eingesetzten Techniken zu verändern, sobald Sie bessere kennen lernen. OK-1 stellt allen Mitarbeitern zu diesem Zweck Möglichkeiten für Training, Dialog und Information zur Verfügung.

Mitarbeiter möchten außerdem wissen, ob die Initiative Fortschritte macht oder ob sie mit Schwierigkeiten zu kämpfen hat. Sie möchten ferner wissen, ob die wichtigen Meilensteine erreicht wurden und ob die Pilotprojekte erfolgreich waren. Der Wunsch nach Antworten auf diese Fragen ist ein natürliches Anliegen für viele Mitarbeiter innerhalb des Unternehmens und erfordert ständige und detaillierte Kommunikation.

6.5.1   Die Energie aufrechterhalten

Eine wirksame Kommunikation überzeugt die Mitarbeiter des Unternehmens nicht nur aus einer rationalen Perspektive, das heißt im Hinblick auf die Frage, ob das, was mit dieser strategischen Initiative angepeilt wird, auch sinnvoll ist und die strategische Position verbessern wird. Darüber hinaus erzeugt sie auch eine emotionale Bindung zwischen den Mitarbeitern des Unternehmens und dem Projektteam. Diese Bindung hat eine Wirkung, die weit ausstrahlt und für mehr Energie in der gesamten Firma sorgt. Erfolgsgeschichten tragen zu einer weiteren Erhöhung des Energieniveaus bei. Selbst wenn nur wenige greifbare Ergebnisse nachweisbar sind, helfen beispielsweise Geschichten über einen Durchbruch im Labor, über das Feedback von Kunden oder über lokale Pilotprojekte, die Energie zu bewahren.

Wichtige Informationen immer wieder im gesamten Unternehmen zu verbreiten trägt außerdem dazu bei, dass das Team öffentliche Anerkennung erfährt. Als Sponsor oder als Teamleiter wissen Sie, dass dies dabei hilft, die Energie des Teams zu erhalten. Gleichzeitig macht es das Engagement des Teams öffentlich sichtbar und setzt somit die Messlatte höher.

Manche Firmen beziehen bei Initiative ihre interne Kommunikationsabteilung von Beginn an mit ein und greifen auf eine Reihe verschiedener Medien für unterschiedliche Anwendungsbereiche zurück. Für die Initiative „Führungsprinzipien und Verhaltensweisen" entwickelte Outokumpu beispielsweise ein eigenes Spiel, das die Mitarbeiter dazu anregen sollte, über die Anwendung der Führungsprinzipien in verschiedenen Situationen zu diskutieren. Die Firma drehte außerdem ein Video, in dem der Hauptgeschäftsführer mit Zeichentrickfiguren in verschiedenen Situationen interagierte, um die einzelnen Prinzipien zu veranschaulichen. Zunächst waren viele Mitarbeiter über diese „plumpen PR-Techniken" entrüstet. Doch die Darstellungsweise sorgte für Aufmerksamkeit und fand vor allem bei den jüngeren Mitarbeiter des Unternehmens auch viel Zustimmung.

Kommunikation ist eine niemals endende Aufgabe bei jeder Initiative. Sie muss ständig wiederholt werden. Ein fortwährender Kommunikationsplan sollte schon zu Beginn ausgearbeitet werden und darf weder als nachträgliche noch als reaktive Maßnahme behandelt werden. Mitarbeiter brauchen Kontinuität und Beständigkeit, um sich gedanklich an die neue, firmenübergreifende Priorität anzupassen, die über die Fachabteilungen hinausgeht.

6.6   Zusammenfassung

Eine strategische Initiative hat in der Regel Auswirkungen auf viele Mitarbeiter. Wenn es darum geht, Unterstützung für die Initiative innerhalb des Unternehmens zu gewinnen, müssen Sie sich also zunächst an alle wenden, die von den Veränderungen betroffen sind und ihre Arbeitsweise darauf abstellen müssen. Doch darüber hinaus gibt es noch weitere Zielgruppen.

- Alles beginnt an der Spitze. Sie benötigen zunächst die volle Aufmerksamkeit des Top Managements, um dann auch die Unterstützung der Mitarbeiter gewinnen zu können. Mitarbeiter suchen automatisch nach Signalen, die zeigen, dass es sich um eine ernsthaft gemeinte Angelegenheit handelt. Das Hauptsignal ist, dass das gesamte Umsetzungsteam an einem Strang zieht. Vermeiden Sie also unbeabsichtigte, unbewusste Hinweise auf das Gegenteil.

- Ihre Zielanwender sind diejenigen, die am meisten von der strategischen Initiative betroffen sind. Sie müssen noch vor Beginn der Initiative Teil des Teams sein. Letztlich kennen diese Personen sich am besten damit aus, wie sie ihr eigenes Geschäft abwickeln.

- Die Lieferanten der benötigten Ressourcen müssen ungewöhnliche Flexibilität darin zeigen, ihre Verpflichtungen neu zu priorisieren, um Platz für die Initiative zu schaffen. Sie sollten deshalb ebenfalls direkt zu Beginn ins Boot geholt werden. Das gesamte Unternehmen sollte eine entsprechende Flexibilität zum Teil der eigenen Kultur machen.

- Die öffentliche Meinung hat ebenfalls einen Einfluss auf die Umsetzung Ihrer Initiative. Hierbei handelt es sich um unterschiedliche Gruppen, die Sie mit verschiedenen Ansätzen angehen und für die Sie spezifische Botschaften entwickeln sollten.

Um die Unterstützung aller Mitarbeiter im Unternehmen zu gewinnen und zu erhalten, ist eine fortwährende Kommunikation erforderlich. Stillschweigen ist einer der ärgsten Feinde jeder Initiative.

7 Steuerung des Umsetzungsprozesses

„Ich habe auf ziemlich drastische Weise erfahren, welche Bedeutung die Steuerung der Umsetzung hat. Ich wurde beauftragt, eine große strategische Initiative zu leiten, bei der es darum ging, weltweit eine neue Dienstleistung einzuführen. Dazu sollten Angebote, die in einigen Ländern schon existierten, entsprechend ausgeweitet werden. Spanien war in diesem Fall das Land, in dem die Dienstleistung bereits am stärksten entwickelt war. Die Länderverantwortlichen, die der Initiative zugeteilt waren, erweiterten die geografische Ausdehnung der Initiative noch zusätzlich, da sie in einigen Ländern großes Potenzial sahen.

Wir begannen mit einem einwöchigen, sehr viel versprechenden Workshop. Jeder Teilnehmer stellte zunächst den Markt eines Landes vor. Einige von ihnen hatten die Dienstleistung schon genutzt, andere waren lediglich begeisterte Neueinsteiger. Aber wir waren uns alle sicher, dass wir uns bei der Zielsetzung der Initiative einig waren. Es herrschte große Begeisterung für das Konzept. Am Ende des Workshops einigten wir uns sogar darauf, dass jedes Teammitglied einen Aktionsplan für den jeweiligen Markt im Hinblick auf die nächsten zwölf Monate aufstellen sollte, und legten fest, was dabei abgedeckt werden musste. Die Teammitglieder erweckten den Eindruck, als wüssten sie genau, was sie als Nächstes zu tun hatten. Ich hätte mich sehr unwohl dabei gefühlt, das nochmals zu überprüfen – so als vertraute ich ihnen nicht.

Aufgrund der allgemeinen Begeisterung erwartete ich, dass die Dinge schnell ins Rollen kommen würden, insbesondere in den Ländern, in denen die Dienstleistung bereits vermarktet wurde. Einige der Aktionspläne wurden eingereicht, wenn auch etwas verspätet. Manche mussten mehrfach angefordert werden. Die Pläne waren aber kaum mehr als eine Kurzübersicht über die Dinge, die bereits während des Workshops angesprochen worden waren. Ich dachte: „Die Verantwortlichen sind wohl sehr damit beschäftigt, sich mit potenziellen Kunden zu treffen!" Währenddessen arbeitete ich an einigen anderen Projekten, die ich zu leiten hatte.

Nach sechs Monaten wurde ich jedoch ziemlich nervös, denn es kamen keinerlei Lebenszeichen aus den Märkten. Meine E-Mails blieben unbeantwortet. Die Länderverantwortlichen waren schwer zu erreichen. Um es kurz zu machen: Ich musste erkennen, dass sich absolut nichts tat. In einem Land hatte es zwar einen sensationellen Auftakt gegeben, aber danach nichts mehr. Das Ende der geplanten zwölf Monate nahte unaufhaltsam, und zwar ohne jegliche Ergebnisse, die man der Geschäftsleitung hätte vorlegen können.

Die Teammitglieder waren einfach zu ihrem Alltagsgeschäft zurückgekehrt. Sobald jeder wieder in seine Region zurückgekehrt war, hatte das gewohnte Umfeld mit all seinen üblichen Problemen wieder die Oberhand gewonnen. Und das Bonussystem lieferte keine Anreize über die Routinearbeit hinaus.

Ich hatte den Fehler begangen, dass ich anfangs nicht genügend Kontrolle ausgeübt hatte und die Situation dadurch außer Kontrolle geraten war. Da wir uns nicht auf genaue Ziele geeinigt hatten, konnte ich von den Teammitgliedern noch nicht einmal konkrete Ergebnisse einfordern. Sie hatten alle möglichen Ausreden parat. Erst viel später begann ich zu verstehen, was falsch gelaufen war, und jetzt war es zu spät, etwas dagegen zu unternehmen, bevor ich an die Geschäftsleitung berichten musste."

Uns sind viele ähnliche Geschichten bekannt, bei denen nichts passierte, weil es keine *Steuerung des Umsetzungsprozesses* gab. Steuerung bedeutet, dass man einen Plan so durchführt, dass bis zu seiner Vollendung immer wieder Feedbackschleifen eingebaut werden, die die Vollendung der einzelnen Umsetzungsschritte prüfen.

Wir werden im Folgenden die Steuerung, aber auch die charakteristischen Feedbackschleifen diskutieren. Die Steuerung ist einer der wichtigsten Aspekte bei der Umsetzung strategischer Initiativen.

Kontrolle oder Steuerung?

Alle Manager sind sich darin einig, dass regelmäßige Umsetzungskontrollen notwendig sind, doch keiner mag sie. Durch Umsetzungskontrollen wird geprüft, ob ein Ziel erreicht wurde. Doch ohne eine Steuerung des Prozesses, bei der gleichzeitig immer auch festgelegt wird, was als nächstes zu tun ist, sind Umsetzungskontrollen nicht wirklich sinnvoll und manchmal sogar frustrierend.

Umsetzungskontrollen werden in der Tat häufig nur eingesetzt, um zu überprüfen, ob etwas ausgeführt wurde oder nicht. Die Kontrollierten empfinden diese Art der Überprüfung oft wie ein polizeiliches Ermittlungsverfahren, das Fehlverhalten aufdecken soll. Es bedeutet häufig, dass Sündenböcke gesucht werden und die Schuldfrage geklärt werden soll, um irgendjemanden verantwortlich machen zu können, obwohl Schuldzuweisungen noch nie eine missliche Situation gerettet haben. Die Mitarbeiter gehen davon aus, dass sie am Ende immer auf irgendeine Weise bestraft werden.

Viele Manager geben bereitwillig zu, dass sie diese Art von Kontrolle nicht mögen und sie letztlich auch nicht durchführen. Oft bekommen wir folgenden Kommentar zu hören: „Ich vertraue meinen Mitarbeitern! Deshalb kann ich mich auch auf andere Dinge konzentrieren!" Viele Manager erklären ihre Scheu vor Kontrolle damit, dass sie den Prozess nicht stören wollen und nicht als misstrauische Mikromanager gelten möchten. Unser Eindruck ist, dass diese Manager es noch nie mit einer Steuerung des Umsetzungsprozesses versucht haben. Doch eine Umsetzung lässt sich ohne umfassende Steuerung nicht erfolgreich durchführen.

7.1   Steuerung ist notwendig

Eine Führungskraft kommentierte dazu: „Sie haben vollkommen Recht, was die Schwäche der Manager im Bereich der Steuerung betrifft. Dies ist der wichtigste, aber auch der schwierigste Teil unserer Arbeit." Viele Leitungsaufgaben lassen sich delegieren, aber nicht die Steuerung der Umsetzungsprozesse, denn dies ist die einzige Maßnahme, durch die das Unternehmen seine Leistungen stetig verbessern kann. Eine andere Führungskraft hebt hervor: „Man plant, man legt Meilensteine fest, man kontrolliert die Umsetzung und man steuert den gesamten Prozess. Das muss ein disziplinierter und eindeutiger Ablauf sein, bei dem man völlig unnachgiebig bleiben muss. Man darf niemals sagen: Dieses Mal verzichten wir darauf."

In der Tat ist die Steuerung der Umsetzung für strategische Initiativen noch wichtiger als für das Management eines Unternehmens im Allgemeinen. Initiativen sind keine Routinearbeit. Sie konkurrieren mit vielen mehr oder weniger alltäglichen Aufgaben, die das Unternehmen und seine Mitarbeiter gänzlich beschäftigen. Sie konkurrieren um die Zeit und um die Ressourcen sowie um die Aufmerksamkeit des Managements.

Während die Ausführung der meisten Aufgaben in einem Unternehmen vertraut ist, ist dies bei strategischen Initiativen nicht der Fall. Initiativen bringen häufig vollkommen neue Aufgabenstellungen mit sich, deren Lösung im Laufe der Durchführung erst erarbeitet werden muss, was in vielen Firmen ungewöhnlich ist. Ohne eine sorgfältige Steuerung des Prozesses findet dieses Lernen meist nicht statt.

Strategische Initiativen erfordern außerdem einen extra Energieschub für ihre Umsetzung, während die meisten Standardaufgaben Routine sind und wenig Energie verlangen. Bei Initiativen gibt es kaum Gelegenheiten, sich zurückzulehnen und auszuruhen. Die Steuerung des Umsetzungsprozesses hilft dabei, die notwendige Energie aufrechtzuerhalten.

Es gibt somit drei Gründe, weshalb die Steuerung für die erfolgreiche Umsetzung von strategischen Initiativen überaus wichtig ist.

■ Sie ist notwendig, um die Umsetzung auf Kurs zu halten.

■ Sie ermöglicht immer neue Lernprozesse im Verlauf der Umsetzung.

■ Sie unterstützt dabei, die Energie für die Umsetzung aufrechtzuerhalten.

7.1.1 Die Umsetzung auf Kurs halten

Die Meilensteine der Umsetzung wurden festgelegt. Sie spezifizieren die zu bestimmten Zeitpunkten zu erreichenden Ergebnisse, die notwendig sind, um die gesamte Umsetzung erfolgreich zu gestalten. Meilensteine sind Verpflichtungen. Bei der Steuerung des Umsetzungsprozesses geht es in erster Linie darum, festzustellen, ob diese Meilensteine erreicht wurden oder nicht. Wurden sie nicht erreicht, müssen umgehend Korrekturen beschlossen werden, um wieder auf Kurs zu kommen. Korrekturen müssen außerdem auch dann vorgenommen werden, wenn die erzielten Ergebnisse zeigen, dass die Umsetzung schwieriger als geplant werden könnte.

Ein Meilenstein, der nicht erreicht worden ist, ist auch als solcher zu betrachten. Es wäre nicht klug, ihn einfach nur zu verschieben, nachdem er nicht erreicht worden ist. Ein nicht erreichter Meilenstein liefert wichtige Informationen, die man prüfen und deren Ergebnisse man dann in den Umsetzungsplan einbauen sollte. Wenn ein Meilenstein einfach nur verschoben wird, bedeutet dies, dass die darin enthaltenen Informationen ignoriert werden. Selbst wenn sich ein Meilenstein als unrealistisch herausstellt, darf er nicht einfach nur verschoben werden. Vielmehr sollten die sich daraus ergebenden Informationen in die Planung der nächsten Meilensteine einfließen. In vielen Feedbacksitzungen wird ausführlich darüber diskutiert, ob ein Meilenstein verschoben werden sollte oder nicht. Das einzige Problem, über das es sich wirklich zu diskutieren lohnt, ist jedoch, was als Nächstes getan werden muss, um eine erfolgreiche Umsetzung sicherzustellen.

Die Meetings zur Steuerung des Umsetzungsprozesses sind ein guter Zeitpunkt, um die nächsten Schritte zu planen und zu überdenken. Wir haben in Kapitel 5, *Durchdenken der Schritte,* erläutert, wie wichtig das Überdenken ist. Der Steuerungsprozess stellt sicher, dass die nächsten Umsetzungsschritte sorgfältig durchdacht werden. Dies ermöglicht es den Teammitgliedern, sich untereinander abzustimmen und gemeinsam an einem Strang zu ziehen. Zur Steuerung des Umsetzungsprozesses gehört auch, nichts unter den Teppich zu kehren, alle Optionen sorgfältig zu prüfen, alle Eventualitäten zu analysieren und mögliche Korrekturmaßnahmen einzuplanen. Dabei gilt es die nachfolgenden Aspekte zu beachten.

Offene Kommunikation

Die Umsetzung auf Kurs zu halten erfordert eine offene Kommunikation. Gute wie schlechte Nachrichten müssen kommuniziert werden. Die Teammitglieder müssen Informationen über ihren Fortschritt offen weitergeben. Im besten Fall haben sie eventuelle Probleme vorausgesehen und bereits entsprechende Maßnahmen ergriffen. Oder sie bitten um Hilfe, wenn sie nicht genau wissen, was sie tun sollen. Das eindeutig schlechteste Verhalten ist dagegen, gar nichts zu sagen. Oft herrscht in Teams Besorgnis vor Meilensteinsitzungen, da einzelne Mitglieder nicht zugeben wollen, wenn die Dinge nicht gut gelaufen sind und sie keine Antworten haben. Doch wenn die Probleme nicht angesprochen werden, lässt sich auch keine Abhilfe finden.

In einer Unternehmenskultur, in der die Steuerung des Umsetzungsprozesses wirklich bewusst gepflegt wird, haben die Mitglieder des Umsetzungsteams die relevanten Informationen über den Fortschritt sofort zur Hand. In diesem Fall hören Sie während der Besprechungen keine Aussagen wie: „Ich glaube, wir haben ein Problem. Lasst es uns untersuchen und nächstes Mal darüber sprechen." In einer solchen Kultur wissen die Teammitglieder genau, welche Fragen diskutiert werden müssen und welche Informationen erwartet werden. Deshalb kommen sie vorbereitet zu jeder Besprechung.

Diskussionen konzentrieren sich in solch einer Kultur auf das, was als Nächstes zu tun ist, und weniger darauf, was passiert ist oder gar, wer Schuld daran hat. Es sollte keine Zeit damit vergeudet werden, nach Schuldigen zu suchen. Der Maßstab ist, die Realität der aktuellen Lage zu erkennen. Schlechte Neuigkeiten werden dabei nicht verleugnet. In

Kulturen, in denen die Steuerung des Prozesses gepflegt wird, sind „schlechte Nachrichten" lediglich Informationen, und zwar wertvolle Informationen. Die Probleme, die angegangen und gelöst werden müssen, werden anerkannt. Strittige Themen werden nicht unter den Teppich gekehrt. Ihnen wird offen begegnet und sie werden ebenso offen gelöst. Idealerweise wurden korrigierende Maßnahmen bereits in Angriff genommen, so dass sich die Diskussion auf das anstehende Problem konzentrieren kann, statt sich mit der Vergangenheit aufzuhalten.

Kommunikationskiller vermeiden

Es gibt bestimmte Arten von Feedback, die wahre Kommunikationskiller sind. Dazu zählt vor allem eine Kultur der Schuldzuweisung, bei der versucht wird, nach Schuldigen zu suchen und diese öffentlich bloßzustellen. In solch einer Kultur werden alle Teammitglieder in Deckung gehen. Informationen werden nicht mehr offen weitergegeben. Bei Besprechungen wird jeder schweigen und hoffen, dass ein anderer zuerst überprüft wird. Werden einzelne Teammitglieder beschuldigt, haben sie bereits unzählige Ausreden bei der Hand, um von sich abzulenken. Mit der Zeit werden sich alle schon vorsorglich in Verteidigungshaltung begeben. Entschlusskraft und Verantwortungsgefühl verschwinden auf diese Weise. Wenn ein Problem auftritt, hoffen die Mitarbeiter dann einfach nur noch, dass es vorüber geht und sich von selbst löst, bevor es entdeckt wird. Wird das Problem angesprochen, ist es in ihren Augen bereits zu spät.

Offene Kommunikation kann auch dadurch zerstört werden, dass man die Überbringer schlechter Nachrichten bestraft. Manche Chefs zeigen eine ausgesprochene Abneigung gegen schlechte Nachrichten und wollen einfach nichts davon hören. Oft nehmen sie schlechte Nachrichten auch sehr persönlich, so als würde derjenige, der ihnen schlechte Nachrichten überbringt, Verrat an ihnen begehen. Gilt das für den Sponsor der Initiative oder den Teamleiter, hat das Team ein ernsthaftes Problem. Die Teammitglieder werden sich hüten, den Chef zu verärgern, und schweigen deshalb lieber. Schon bald gibt es demzufolge keine schlechten Nachrichten mehr. Doch ohne exakte Steuerung, die Erfolge ebenso wie Misserfolge einbezieht, wird die Initiative irgendwann vom Kurs abkommen, wie ein Schiff, das sich im dichten Nebel verloren hat.

Ein häufiges Problem ist auch, dass überhaupt keine Maßnahmen zur Steuerung der Umsetzung ergriffen werden. Es gibt Führungskräfte und Teams, die Besprechungen zur Umsetzungssteuerung regelmäßig ausfallen lassen. Damit sagen sie aus, dass es wichtigere Dinge zu tun gibt, als den Fortschritt der Initiative zu überwachen, und dass entsprechende Informationen unwichtig sind. Das ist jedoch ein großer Fehler.

7.1.2   Lernen während der Umsetzung

Lernprozesse während des Handlungsverlaufs zu ermöglichen ist das zweite Ziel bei der Steuerung des Umsetzungsprozesses.

Die meisten strategischen Initiativen bewegen sich im unbekannten Terrain firmenüber-greifender Themen. Jedes Teammitglied ist möglicherweise ein Experte für einen einzelnen Bereich, sei es nun Technik, Beschaffung, Prozesse oder Marketing. Aber vermutlich ist kein Teammitglied ein Experte für alle Aspekte des gesamten Aufgabenbereichs der Initiative. Die Teammitglieder werden sich natürlich darum bemühen, so schnell wie mög-lich Antworten zu finden. Sie werden nach fertigen Lösungen und verwendbaren An-sätzen suchen. All das ist nützlich, doch letzten Endes wird die beste Methode darin be-stehen, einfach verschiedene Optionen und Möglichkeiten auszuprobieren. Kluge Sponsoren und Teamleiter steuern ihre Teams so rasch wie möglich auf die Entwicklung eines Musters oder Prototyps hin, damit sich aus dem Feedback darauf neue Lern- und Entwicklungsschritte ergeben können. Diese unentbehrlichen Gelegenheiten zum Lernen sind ein wichtiger Teil des Umsetzungsprozesses, bevor man einen Schritt weiter geht.

In Kulturen, welche die Steuerung des Umsetzungsprozesses pflegen, werden „intelligente Fehler" beispielsweise als potenzielle Lernquellen angesehen. Nachbesprechungen werden häufig und routinemäßig durchgeführt. Bewährte Lösungen werden dokumentiert, unter-einander kommuniziert und systematisch weiter verfolgt, um die Umsetzung zielführend zu steuern. Ist der Lernprozess erfolgreich, werden dieselben Fehler natürlich nicht noch einmal gemacht.

Probleme und Rückschläge gelten in solchen Kulturen als Gelegenheit, zu lernen und die Dinge zu optimieren. Es kommt schließlich immer darauf an, was man als nächstes tut. Was bereits geschehen ist, ist nur insofern relevant, als sich für die Zukunft etwas daraus lernen lässt. Dem Herausarbeiten von Problemen folgen deshalb immer sofort Lösungs-vorschläge.

Solch eine Kultur wird durch die folgenden Faktoren gefördert.

Häufiges Feedback

Eine kluge und flexible Umsetzungssteuerung sorgt dafür, dass häufiges Feedback auf Zwischenlösungen eingeholt wird, statt auf spektakuläre Endergebnisse zu warten. Dabei kann es sich beispielsweise um Feedback auf Angebote, erste Muster und Testdurchläufe handeln. Insbesondere wird versucht, so früh wie möglich ein Feedback von den Ziel-anwendern und den potenziellen Kunden zu erhalten. Auf diese Weise können die Teams sicherstellen, dass sie so schnell wie möglich Informationen bekommen, die ihnen helfen, ihr geplantes Produkt zu verbessern, bevor zu viel Schaden angerichtet und zu viel Geld investiert wurde.

Die Steuerung des Prozesses kann sich dann auf handfeste Ergebnisse konzentrieren sowie auf die Frage: „Lässt sich damit Geld verdienen?" Andernfalls würde der Umsetzungs-prozess nur von Ersatzkriterien wie der Einhaltung des Zeitrahmens oder des Budgets geleitet. Dies können Sie aber auch mit einer falschen Lösung erreichen. Wenn Sie sich dagegen schon früh auf handfeste Ergebnisse konzentrieren, hat das Team die Möglich-keit, Dinge zu testen und das dabei Gelernte sofort anzuwenden, solange noch ausreichend Zeit für Verbesserungen ist und noch genügend Geld für die entsprechenden Maßnahmen zur Verfügung steht.

Übernahme von Verantwortung

Eine Bedingung für rasches Lernen ist, dass sich eindeutig erkennen lässt, dass die erzielten Resultate das Ergebnis der eigenen Handlungen sind. Wenn Resultate das Ergebnis einer „unsichtbaren Hand" wären, wären Verbesserungsversuche nutzlos. In diesem Fall wäre immer nur die „unsichtbare Hand" die Ursache für die Ergebnisse.

In Kulturen, welche die Steuerung des Umsetzungsprozesses pflegen, übernehmen die Mitarbeiter daher die Verantwortung für ihre eigenen Leistungen. Wenn Sie sich beweisen wollen, möchten Sie natürlich, dass ein erfolgreiches Ergebnis auf Ihre Bemühungen zurückgeführt wird statt auf einen anderen Faktor. Und im Falle eines Scheiterns würden Ausreden einen Gesichtsverlust bedeuten.

In solchen Kulturen entwickeln Teams außerdem einen selbstregulativen Ansatz in Bezug auf ihre Leistung. Ihre gegenseitige Abhängigkeit macht sie gemeinschaftlich verantwortlich für alle auftretenden Probleme, unabhängig davon, wen sie gerade konkret betreffen. Aussagen wie: „Das ist nicht meine Aufgabe!" sind für solche Teams vollkommen irrelevant. Der Gruppendruck ist in diesem Fall sehr viel wirksamer als eine hierarchische Steuerung von oben nach unten. Der Chef weiß niemals alles, was in der gesamten Initiative vor sich geht, doch die Teammitglieder sind direkt involviert. Sie reagieren deshalb sofort, denn andernfalls leiden alle unter den Konsequenzen. Sie korrigieren auch ihre eigenen Fehler schneller. Wie eine Führungskraft beobachtete: „Es ist relativ einfach, das obere Management zu täuschen, doch um einiges schwieriger, die Kollegen auf gleicher Ebene zu täuschen. Diese können manchmal sehr direkt zueinander sein."

Vermeiden von Störungen

Die oben erwähnten Kommunikationskiller bewirken gleichzeitig auch Störungen des Lernprozesses. Sie nehmen dem Team nicht nur wertvolle Informationen über den Prozess, sie unterbinden auch die Möglichkeit, die Dinge in Zukunft besser zu machen. Ein Beispiel dafür sind Besprechungen, die sich auf die Leistung einzelner Personen konzentrieren statt auf das, was das Team als Nächstes tun sollte.

Ebenso nutzlos ist es, sich in die Konsequenzen eines Fehlers zu verbeißen, den man nicht rückgängig machen kann, statt die Argumentationskette zu prüfen, die zu dem Fehler geführt hat, um Fehler in der Logik zu erkennen und sie beim nächsten Mal vermeiden zu können.

Endlose Ausreden sind ein anderer wirksamer Weg, Lernprozesse zu unterbinden. In vielen Unternehmen hören Sie nur Ausreden nach dem Motto: „Der Sommer war sehr regnerisch und im Winter gab es keinen Schnee." Alles ist immer die Schuld von jemand anderem, insbesondere natürlich im Falle eines Misserfolgs. Für Erfolge ist schließlich jeder gerne verantwortlich. Dabei gibt es eine schmale Trennlinie zwischen Gründen und Ausreden.

Ähnlich verhält es sich, wenn man davon ausgeht, dass sich die Dinge nur dann verbessern lassen, wenn eine andere Abteilung ihr Verhalten ändert. Wenn der einzige Lerneffekt darin besteht, dass die Probleme jemand anderem angelastet werden können, hat man nicht viel, womit sich die Umsetzung verbessern lässt.

7.1.3   Die Energie bewahren

Die Energie für die Umsetzung aufrechtzuerhalten ist das dritte Ziel bei der Steuerung des Umsetzungsprozesses.

In Kapitel 4, *Mobilisieren von Energie,* haben wir die drei sozialen Motive erläutert, durch die Ihre Teammitglieder mobilisiert werden können: Ehrgeiz, Einfluss und Teamintegration. Während des Umsetzungsprozesses bieten sich regelmäßig Möglichkeiten, diese Motive anzusprechen und damit die Energie und das Engagement des Teams zu fördern. Dazu sollten Sie die nachfolgenden Aspekte berücksichtigen.

Ehrgeiz fördern

Einige Ihrer Teammitglieder sind vermutlich leistungsorientiert und werden durch ihren Ehrgeiz dazu motiviert, an ihre Grenzen zu gehen, wie wir dies im Fall von Lennard Hansen gesehen haben. Wir haben auch beschrieben, wie wichtig Feedback für ihn ist, um seine Energie zu mobilisieren. Jeder braucht Meilensteine und muss immer wieder an der aktuellen Lage gemessen werden. Gute Mitarbeiter genießen dies sogar. Das gilt insbesondere für Menschen wie Lennard Hansen. Die Steuerung des Umsetzungsprozesses bietet viele Möglichkeiten, die Leistung einzelner im Team anzuerkennen, wenn der Fortschritt des Teams besprochen wird. Die Tatsache, dass dies Lennard Hansen bestärkt, ist für das gesamte Team von Vorteil.

Selbst eine enttäuschende Leistung bietet eine Gelegenheit, leistungsorientierte Mitarbeiter in Ihrem Team anzuspornen. Sie zeigen gern, was sie können, und dazu zählt auch konstruktive Problemlösung. Dies setzt bei Menschen wie Lennard Hansen Energie frei, die dem gesamten Team zugute kommen und die Initiative wieder auf Kurs bringen kann.

In manchen Unternehmenskulturen ist es nicht üblich, positives Feedback zu geben. Wenn etwas funktioniert, wird das als selbstverständlich betrachtet. Nur wenn etwas nicht funktioniert, wird es hervorgehoben. Das ist jedoch eine Methode, die bei Menschen wie Lennard Hansen nicht empfehlenswert ist. Ein fortwährender Mangel an Anerkennung untergräbt ihre Energie, während schon ein ganz einfaches persönliches Lob enorm aufbauend wirken kann.

Einflussmöglichkeiten bieten

Teams wollen manchmal, dass man ihnen sagt, was zu tun ist. Das ist jedoch kein Zeichen von Energie. Kluge Sponsoren und Teamleiter geben dem Team den Ball zurück, indem sie es mit Fragen herausfordern: „Was glauben Sie? Haben Sie schon an dies oder an jenes gedacht …?"

Wir haben über Mona Sandberg berichtet, die machtorientiert ist und ihr Streben nach institutionellem Einfluss einbringt. Verantwortung zu übernehmen und am Ball zu bleiben mobilisiert ihre Energie. Bei der Steuerung des Umsetzungsprozesses bietet sich die Gelegenheit, den Ball in ihre Hände zurückzugeben. Mitarbeiter wie sie stellen sicher, dass das Team seine nächsten Schritte sorgfältig bespricht und plant. Um das zu ermöglichen, dürfen Besprechungen jedoch nicht so durchgeführt werden, als wären es polizeiliche Ermittlungen zur Überprüfung des Teams. Dies gilt sowohl für Teamleiter als auch für Teammitglieder wie Mona Sandberg, die dazu neigen, andere einzuschüchtern. Um die Energie des gesamten Teams zu mobilisieren, sollte vielmehr jeder dazu herausgefordert werden, seine Fortschritte selbst zu überprüfen und zu seinen eigenen Schlussfolgerungen zu gelangen.

Beständigkeit ist für das gesamte Team, insbesondere aber für Menschen wie Mona Sandberg, wichtig, um in ihr das Gefühl zu erzeugen, dass sie die Dinge unter Kontrolle hat. Was in der letzten Besprechung diskutiert wurde, muss in der nächsten Sitzung wieder aufgegriffen werden. Die gleichen Prioritäten müssen wieder und immer wieder betont werden, in einer Besprechung nach der anderen. Wenn die Regeln dagegen ständig geändert werden, wird sich die Energie des Teams rasch verflüchtigen.

Teamintegration stärken

Die Steuerung des Umsetzungsprozesses wird auch den Motiven von Tina Berger gerecht. Sie erinnern sich sicher daran, dass Tina Berger sich dafür engagiert, dass sich das Team seiner gegenseitigen Abhängigkeit und gemeinsamen Verantwortung bewusst ist und sich gegenseitig auf unterstützende Weise herausfordert.

Genau darum geht es auch bei der Steuerung des Umsetzungsprozesses. Dies macht den Teammitgliedern bewusst, dass sie voneinander abhängig sind, wenn es um die Erzielung von Ergebnissen geht. Sie erkennen, wie sehr sie von der Leistung des jeweils anderen abhängig sind. Menschen wie Tina Berger zeigen den anderen im Team, dass gegenseitige Unterstützung immer der beste Weg ist, und machen ihnen klar, dass sie als Team eine gemeinsame Verantwortung teilen. Die Teammitglieder werden dadurch mehr voneinander verlangen, wodurch das Energieniveau insgesamt zunimmt.

Besprechungen zur Steuerung des Umsetzungsprozesses sind außerdem auch eine gute Gelegenheit für Sie, zu überwachen, wie das Team funktioniert. Es gibt nur wenige Dinge, die entmutigender sind als ein schlecht funktionierendes Team. In einem solchen Fall spüren Sie die dicke Luft schon, wenn Sie den Besprechungsraum des Teams betreten, sodass Sie sich nicht besonders willkommen fühlen. Einige Teammitglieder sitzen möglicherweise abseits der anderen. Treffen zur Steuerung des Prozesses wie zum Beispiel Lagebesprechungen oder auch informelle Anlässe werden solche Probleme schnell aufdecken. Sie bieten Ihnen die Möglichkeit, mit Menschen wie Tina Berger zusammenzuarbeiten, um dem Team wieder die Verantwortung für die eigene Energie zu geben. Ein Beispiel dafür ist der Umgang mit Konflikten.

In einem leistungsstarken Team sind Konflikte etwas Natürliches, wie wir oft gesehen haben. Sie entstehen durch die Leistungsorientierung von Menschen wie Lennard Hansen, und werden noch verschärft durch den Druck von Mitarbeitern wie Mona Sandberg, die Wert auf rasche Ergebnisse legen. Das Problem besteht nicht darin, dass ein Konflikt vorhanden ist, sondern darin, dass keiner weiß, wie man ihn lösen kann. Denjenigen, die der Ursprung des Konfliktes sind, ist es möglicherweise peinlich, dass sie die Auslöser waren, und vielleicht auch, dass es zu heftigen emotionalen Auseinandersetzungen kam. Letztlich leiden aber alle unter der Situation.

Es kann verlockend sein, zu versuchen, das Problem unter den Teppich zu kehren und einfach weiterzumachen „wie reife Erwachsene". Dieser Ansatz verbraucht allerdings noch mehr Energie. Das Problem wird wieder auftauchen, weil es nicht um das geht, was wirklich passiert ist (was ohnehin schon bald in Vergessenheit gerät), sondern um die schlechten Erinnerungen und Gefühle, die das Problem zurückgelassen hat. Diese negativen Gefühle werden im Zusammenhang mit anderen Anlässen wieder auftauchen. Diese Situation lässt sich mit Kieselsteinchen im Schuh vergleichen. Sie können natürlich damit weitergehen. Es ist jedoch ratsam, stehen zu bleiben und die Kieselsteine zu entfernen. In so einem Fall hat also das gesamte Team buchstäblich Kieselsteine im Schuh. Jedes Teammitglied muss sagen: „Lasst uns anhalten. Mich stört etwas." Tina Berger ist vermutlich die erste, die das zum Ausdruck bringt.

Bei einem Teamkonflikt hat jeder etwas, was ihn bedrückt, selbst wenn der Konflikt vordergründig nur zwischen zwei Personen zu bestehen scheint. Um das Problem zu lösen, ist es wichtig, das eigene Anliegen zunächst einmal mitzuteilen, als Team darüber zu sprechen, wie das Problem gelöst werden kann, und sich letztlich darauf zu einigen, wie man gewährleisten kann, dass es nicht wieder auftaucht. In manchen Fällen erfordert das die Unterstützung des Teamleiters oder auch des Sponsors. Aber es kann eine wichtige Erfahrung für das Team sein, die die Bindung untereinander enorm stärkt. Das Vertrauen in den Zusammenhalt und die Fähigkeit, mit konfliktbeladenen Themen umzugehen, wird zunehmen, so dass das Team mit mehr Energie aus der Situation hervorgeht.

7.1.4   Engagement fördern und erhalten

Der Steuerungsprozess gibt Ihnen auch die Möglichkeit, praktisch zu demonstrieren, welche Verhaltensweisen Sie in der Umsetzung von Ihrem Team erwarten. Dazu müssen Sie Ihre Kommunikation immer klar und deutlich auf die erzielten Fortschritte ausrichten. Sie sollten zeigen, dass es wichtiger ist, über die zukünftigen Schritte zu diskutieren, statt im Detail aufzuschlüsseln, was passiert ist. Sie können deutlich machen, dass Sie nicht daran interessiert sind, wessen Schuld etwas ist, sondern daran, was als Nächstes zu tun ist. Dadurch können Sie beweisen, dass sie ernsthaft am Erfolg des Teams bei der Umsetzung der Initiative interessiert sind. Jeder – ob Sponsor, Teamleiter oder Teammitglied – , der den anderen das gewünschte Verhalten vorlebt, kann dadurch zu einem starken Antrieb für alle werden und steigert das gemeinsame Engagement.

Die Steuerung des Prozesses ist eine Gelegenheit, einzelnen Teammitgliedern Aufmerksamkeit zu zeigen

Der Umsetzungsprozess liefert wichtige Informationen über die Motive und Beweggründe jedes Teammitglieds. Sie können erkennen, wie jedes Teammitglied unter Druck reagiert. Sie sehen, wie jeder Einzelne mit Misserfolgen umgeht. Sie können beurteilen, wie jedes einzelne Mitglied arbeitet. Sie sehen, welche Verhaltensweisen und Handlungen die Energie des Teams nähren. Für einen Teamleiter, aber auch für jedes Teammitglied, sind dies wesentliche Informationen, um den Fortschritt zu unterstützen und die Energie des Teams zu etwas zu machen, was in positiver Hinsicht ansteckend ist.

Während des Umsetzungsprozesses gibt es zahlreiche Gelegenheiten, persönliche Aufmerksamkeit zu zeigen, bei den laufenden Statusbesprechungen ebenso wie bei anderen, mehr informellen Anlässen. Es ist ein integraler Teil dieses Prozesses, persönliches Interesse am Einzelnen, an dessen Familie und an dessen persönlichen Projekten zu zeigen. Wie in Kapitel 4, *Mobilisieren von Energie*, erläutert wurde, kann dies enorm positive Auswirkungen auf die Energie des Teams haben.

Mangelnde Steuerung des Prozesses raubt Energie

Keine oder eine schlechte Steuerung des Prozesses führt sehr schnell dazu, dass das Team an Energie und Elan verliert.

Das fängt damit an, dass kein Feedback gegeben wird, so als würde es keinen Unterschied machen, ob eine Leistung gut oder schlecht war. Viele Mitarbeiter haben auch Erfahrungen mit oberflächlichem, uninteressiertem Feedback, das sie ratlos zurücklässt. Kein kritisches Feedback auf eine Leistung zu erhalten, die unter ihrem üblichen Niveau liegt, kann insbesondere für leistungsorientierte Mitarbeiter ziemlich demoralisierend sein. Keine Anerkennung für eine Spitzenleistung kann ebenfalls äußerst entmutigend sein, insbesondere, wenn sich ein anderer fälschlicherweise mit dem Ruhm schmückt. So werden Sponsoren, die die Leitung einer Initiative nur übernehmen, um alle Anerkennung auf sich selbst zu lenken, ohne den Erfolg jemals mit dem Team zu teilen, vom Team bald im Stich gelassen.

Ein weiterer wichtiger Punkt ist der Kommunikationsstil. Werden Statusbesprechungen zum Beispiel in einem autoritären Stil geleitet, kann das zwar für eine gewisse Disziplin sorgen, aber das Engagement zerstören. Wenn das Team spürt, dass ihm nur die Möglichkeit bleibt, genau das zu tun, was von ihm verlangt wird, löst dies nicht besonders viel Motivation aus – nicht in der Durchführung und schon gar nicht im Umgang mit den üblichen Schwierigkeiten und Rückschlägen in der Umsetzungsphase. Der Einsatz von Autorität raubt den Mitarbeitern Energie, weshalb er sich mit der Zeit auch abnutzt.

Mangelnde Konsequenz in der Steuerung des Umsetzungsprozesses ist ein weiterer Weg, die Energie zu zerstören. Manche Führungskräfte können erstaunlich unsystematisch in ihrer Überwachung der Leistungen sein, indem sie beispielsweise unverhältnismäßig auf die neuesten Ereignisse reagieren und dabei vollständig ignorieren, worauf sich das Team in der letzten Statusbesprechung geeinigt hat. Oder sie stellen widersprüchliche Anforderungen, wodurch die Teammitglieder es nie richtig machen können, egal was sie tun. Ein weiteres Problem sind willkürliche und launische Beurteilungen, auf die man sich nicht verlassen kann, weil sie beim nächsten Mal völlig anders ausfallen. All das kann den Selbstrespekt der Teammitglieder untergraben und ihnen jegliche Energie rauben.

7.2   Die praktische Steuerung des Prozesses

Es gibt viele Gelegenheiten zur Steuerung des Umsetzungsprozesses. Teamleiter, die viel Zeit mit ihrem Team verbringen, dürften keine Schwierigkeiten haben, immer wieder entsprechende Gelegenheiten zu finden und zu schaffen. Von Seiten des Sponsors erfordert dies schon mehr Einsatz. Er arbeitet nicht die ganze Zeit mit dem Team zusammen, so dass seine Aufmerksamkeit leicht von anderen Dingen abgelenkt werden kann. Nur gelegentliche Aufmerksamkeit ermöglicht allerdings keine wirkliche Steuerung des Prozesses. Beständigkeit ist dabei von essenzieller Bedeutung.

Um eine fortwährende Steuerung des Umsetzungsprozesses zu gewährleisten, empfehlen wir zwei sich ergänzende Arten von Besprechungen: regelmäßige Statusbesprechungen sowie Meilensteinbesprechungen. Wie wir sehen werden, ist jedoch auch zwischen den Besprechungen zielgerichtetes Handeln notwendig.

7.2.1   Organisierte Statusbesprechungen

Unter Statusbesprechungen versteht man die laufenden Teambesprechungen, die vom Teamleiter abgehalten und von allen Teammitgliedern besucht werden. Die Regelmäßigkeit dieser Besprechungen sorgt für einen starken "Puls" des Projektes und liefert die Energie, die für die Arbeit des Teams notwendig ist. Ohne Regelmäßigkeit werden die Teammitglieder die Initiative möglicherweise einfach vergessen. Nur durch Regelmäßigkeit kann dem Team der Eindruck vermittelt werden, dass die Initiative höchste Priorität besitzt. Diese Besprechungen trainieren die Ausdauer und verbessern die Umsetzungsfähigkeit des Teams, ebenso wie regelmäßiges körperliches Training die Fitness steigert.

Sicherlich wird es Tage geben, an denen die in Ihrem Kalender vermerkte Projektbesprechung Ihnen nicht wirklich passt, und sogar Zeiten, in denen es tatsächlich nichts zu besprechen gibt. Das ist jedoch unerheblich. Es ist wichtig, dass das Team sich trotzdem trifft. Die Trainerin eines Expertenteams sagte uns einmal sogar, dass ihrer Meinung nach die Fähigkeit eines Teams, sich an die regelmäßigen Besprechungen zu halten, der wichtigste kritische Faktor für den Erfolg sei.

Laufende Statusbesprechungen müssen vom Teamleiter geführt werden. Im Folgenden finden Sie einige praktische Hinweise dazu, wie sich diese Besprechungen organisieren lassen.

Teilnehmer

An den Besprechungen müssen alle Teammitglieder teilnehmen. Zu verschiedenen kritischen Zeitpunkten oder zu Besprechungen, bei denen es um wichtige Schritte geht, können Sie auch Mitglieder des erweiterten Teams einbeziehen. Doch Sie sollten darauf achten, dass die Zahl der beteiligten Personen nicht zu hoch wird. Bei mehr als zehn Teilnehmern werden Diskussionen oft schleppend und mühselig.

Wenn Sie sich dazu entschieden haben, bei der Leitung des Teams eng mit dem Sponsor zusammenzuarbeiten, muss der Sponsor an diesen Besprechungen ebenfalls in einem regelmäßigen Turnus teilnehmen. Selbst wenn Sie allein dafür verantwortlich sind, das Team im laufenden Geschäft zu leiten, sollte der Sponsor von Zeit zu Zeit dabei sein, denn dies ist eine gute Gelegenheit für ihn, den Stand der Dinge zu überprüfen, bei Bedarf Coaching zu geben, aber auch einfach nur durch seine Anwesenheit das Engagement des Teams zu fördern.

Allen Teammitgliedern muss klar sein, dass ihre Anwesenheit nicht optional ist. Wenn ein Teammitglied tatsächlich aus wichtigen Gründen nicht teilnehmen kann, müssen Sie darauf bestehen, dass der Rest des Teams so früh wie möglich davon in Kenntnis gesetzt wird. Das fehlende Teammitglied sollte rechtzeitig *vor* der Besprechung einen Statusreport an alle schicken. Wenn ein Teammitglied ohne Ankündigung fehlt, sollten Sie so früh wie möglich nach der Besprechung Kontakt aufnehmen, um die Gründe für die Abwesenheit zu klären und einen aktuellen Statusreport anzufordern. Häufige unbegründete Abwesenheit eines Teammitglieds sollte nicht stillschweigend geduldet, sondern in den Besprechungen thematisiert werden. Falls angebracht, kann sich das Team für die Einführung von Sanktionen bei unentschuldigtem Fernbleiben entscheiden, zum Beispiel in Form von Spenden an Wohltätigkeitsorganisationen.

Häufigkeit und Dauer

Ein strategisches Projektteam sollte sich wöchentlich oder jede zweite Woche virtuell oder physisch treffen. Die Entscheidung bezüglich der Häufigkeit richtet sich zum Teil nach der Art der Initiative. Kurzfristige Initiativen erfordern wöchentliche Besprechungen, langfristige Initiativen dürften mit vierzehntägigen Besprechungen auskommen. Es hängt natürlich auch davon ab, wie gut die Teammitglieder sich untereinander kennen und wie gut sie zusammenarbeiten. Teams, die untereinander noch nicht sehr vertraut sind, sollten sich häufiger treffen.

Ein wichtiger Schlüssel für den Erfolg ist, diese Besprechungen lange im Voraus zu planen. Bereits bevor die Umsetzung in Gang gesetzt wird, sollten die Termine und Zeiten der Statusbesprechungen für die Dauer der Initiative vorab festgelegt werden. Es mag etwas albern erscheinen, Besprechungen so früh im Voraus zu planen, aber wenn Sie die Besprechungen einmal eingeplant haben, ist es schwieriger, die Termine nachträglich wieder aus dem Kalender zu streichen. Dies erschwert es dem Team, die Besprechungen abzusagen.

Im Allgemeinen sollten die Besprechungen relativ kurz sein. Für Teams, die sich persönlich treffen, sollten zwei bis drei Stunden das Maximum sein. Dies ist der beste zeitliche Rahmen, denn bei längerer Dauer wird die Aufmerksamkeitsgrenze der Teilnehmer überschritten. Wenn sich die Besprechungen länger als geplant hinziehen, bedeutet dies, dass sie nicht effektiv geleitet werden. Eine weitere wichtige Regel ist, dass alle Besprechungen pünktlich beginnen und enden sollten, um Zeitverschwendung auf allen Seiten zu vermeiden.

Tagesordnung

Es ist am sinnvollsten, für diese Besprechungen eine standardisierte Tagesordnung festzulegen. Auf diese Weise wissen die Teammitglieder, was sie zu erwarten haben, und die Besprechungen sind dadurch effizienter. Obwohl es dabei wichtig ist, einem Zeitplan zu folgen, ist es gleichermaßen wichtig, genügend Zeit für Diskussionen sowie für persönlichen Austausch und zwischenmenschlichen Kontakt einzuplanen.

■ **Überprüfen, was seit der letzten Besprechung erledigt wurde**

Zu Beginn der Besprechung bitten Sie jedes Teammitglied darum, die Maßnahmen, die es seit der letzten Besprechung durchgeführt hat, zu präsentieren. Bei sieben Teammitgliedern ist es wichtig, dass alle ihre Präsentation relativ kurz halten. Eine kurze Übersicht (von maximal einer Seite Länge) mit den Resultaten und Aufgaben der vorhergegangenen Besprechung, den erwarteten Ergebnissen, den tatsächlichen Ergebnissen und den vorgeschlagenen nächsten Schritten hilft allen dabei, sich zu konzentrieren. Die übrigen Teammitglieder sollten dazu ermuntert werden, Fragen zu stellen, strittige Punkte zu klären und auf potenzielle Schwierigkeiten aufmerksam zu machen.

■ **Probleme ansprechen, die sich ergeben haben**

Während dieser Einzelberichte sollten Sie sich zusammen mit dem Team auf die Teile des Umsetzungsplans konzentrieren, die nicht im Zeitplan liegen. Zu jedem einzelnen dieser Probleme sollten Sie den für die jeweilige Aufgabe verantwortlichen Mitarbeiter nach den wesentlichen Gründen dafür fragen, wobei Sie das gesamte Team zur unterstützenden Herausforderung ermuntern. Bitten Sie den Mitarbeiter, Lösungsvorschläge vorzubringen. Falls nötig, sollte das gesamte Team an den Lösungsvorschlägen arbeiten. Finden Sie heraus, an welcher Stelle der jeweilige Mitarbeiter Hilfe benötigt. Bringen Sie das Team dann dazu, sich auf eine konkrete Lösung und auf die nächsten Schritte zu einigen.

■ **Die nächsten Schritte besprechen**

Besprechen Sie mit dem Team die nächsten Schritte im Umsetzungsplan. Jedes Teammitglied muss erklären, was es als nächstes zu tun beabsichtigt. Ermutigen Sie das

Team dazu, die nächsten Schritte zu überdenken, wobei Sie Unterstützung und Herausforderung bieten. Stellen Sie sicher, dass die Ziele und die Fristen detailliert festgelegt werden. Besprechen Sie mit dem Team alle besonderen Schwierigkeiten innerhalb der anstehenden Aufgaben sowie die Risiken, die dabei ins Spiel kommen könnten. Einigen Sie sich mit dem Team darauf, wie Sie diese Risiken überwachen wollen, und einigen Sie sich auch auf die Notfallpläne, die jedes Teammitglied bei Bedarf aktivieren muss.

■ **Fassen Sie die Entscheidungen zusammen**

Gehen Sie am Ende der Besprechung die wichtigsten der getroffenen Entscheidungen noch einmal durch, inklusive der genauen Fristen und Verantwortlichkeiten. Ein Protokoll der Besprechung sollte möglichst bald im Anschluss an das Meeting an alle Teammitglieder verteilt werden, spätestens innerhalb von 24 Stunden.

7.2.2 Meilensteinbesprechungen

Diese Besprechungen decken ein breiteres Spektrum ab als die laufenden Statusbesprechungen. Sie dienen dazu, den Fortschritt innerhalb des breiteren Zusammenhangs der gesamten Initiative und der Unternehmensstrategie zu erkennen. Sie finden im Zusammenhang mit den bedeutendsten Umsetzungsmeilensteinen statt, insbesondere, wenn ein Abschluss vor dem nächsten Schritt erforderlich ist oder wenn kritische Entscheidungen getroffen werden müssen, um die nächsten Umsetzungsphasen anzusteuern. Sie werden üblicherweise vom Sponsor der Initiative geleitet.

Meilensteinbesprechungen können einzelnen oder mehreren der nachfolgenden Zwecke dienen. Manchmal kann man diese gut in einer einzigen Besprechung miteinander kombinieren, manchmal sind aber auch mehrere Termine dafür erforderlich.

Eine wichtige Umsetzungsphase starten

Bei diesen Meetings kann es um zwei verschiedene Ziele gehen, nämlich zum einen darum, die Umsetzungsenergie des Teams vor dem Start einer wichtigen Phase zu mobilisieren, und zum anderen darum, das Engagement des erweiterten Teams zu gewinnen, welches gemeinsam mit dem Kernteam einen Beitrag zur nächsten Phase leisten wird.

Wie in Kapitel 6, *Unterstützung gewinnen,* erläutert, hat das Team mit den Zielanwendern und den Lieferanten von Ressourcen daran gearbeitet, seinen Umsetzungsplan auszuarbeiten. Nun geht es darum, den Plan dem gesamten erweiterten Team oder auch einem noch größeren Publikum vorzustellen. Für den Sponsor sollte er keine Überraschung mehr beinhalten, denn dieser sollte mit dem Teamleiter und möglicherweise auch mit dem Team so eng zusammengearbeitet haben, dass der Plan jetzt nicht etwa abgelehnt wird.

Dies schließt jedoch nicht aus, dass der Plan bei einer Meilensteinbesprechung, bei der unter Umständen ein größeres Publikum involviert ist, noch einmal gründlich auf Herz und Nieren geprüft wird. Das bietet dem Sponsor eine wichtige Gelegenheit, darauf hinzuweisen, welches Engagement von allen erwartet wird, und selbstverständlich auch sein eigenes Engagement unter Beweis zu stellen. Wenn auch noch andere Mitglieder des Top-Managements zur Besprechung eingeladen wurden, sind ihre Teilnahme und ihr Engagement ebenfalls ein wichtiges Signal für das Team.

Eine wichtige Umsetzungsphase abschließen

Diese Meilensteinbesprechungen umfassen in der Regel mindestens eine Nachbesprechung (siehe die folgende Kurzbeschreibung dieses Prozesses). Das Ziel dabei ist, die wichtigsten Lernschritte zu resümieren, die in der eben abgeschlossenen Phase gemacht wurden, und mögliche Optionen für den nächsten Schritt herauszuarbeiten.

Nachbesprechung

Nachbesprechungen sind eine Methode zum kontinuierlichen Lernen, die in manchen Zusammenhängen routinemäßig praktiziert werden, insbesondere im militärischen Kontext. Bisher werden sie im betrieblichen Zusammenhang noch verhältnismäßig selten eingesetzt, können hier aber ebenfalls sehr sinnvoll sein.

Eine Nachbesprechung besteht aus vier Fragen:

1. Welche Abweichungen - positiver oder negativer Art – gibt es zwischen den Zielen des Projektes und den tatsächlich erreichten Resultaten?

2. Wie war die Chronologie der Ereignisse (also der Umsetzungsschritte des Projekts), die zu den tatsächlichen Resultaten geführt hat?

   - Welches Ergebnis wurde bei jedem Schritt in der Abfolge erwartet und welches tatsächliche Ergebnis wurde erreicht?

   - Welches Ereignis führte zu einer Abweichung?

   - Gründe für Abweichungen können beispielsweise mit Personen, Ressourcen, Prozessen und Gegebenheiten der Infrastruktur zusammenhängen. Welche waren in diesem Fall relevant?

3. Was waren die wichtigsten Gründe, die zur gesamten Abweichung geführt haben?

   - Wiederkehrende Gründe, Einflüsse von außen, Einflüsse, die auf die Unternehmensstruktur insgesamt zurückzuführen sind?

4. Was sind die wichtigsten Lernaspekte, die gewonnen werden können?

   - Was ist notwendig, um zukünftig erfolgreicher zu sein?

   - Wem, wie und wann müssen diese Lernaspekte vermittelt werden?

Sechs wichtige Regeln müssen bei Nachbesprechungen von allen Beteiligten befolgt werden:

- Keine Schuldzuweisungen. Konzentrieren Sie sich auf die Aktivitäten statt auf die Akteure.

- Alle leisten ihren Beitrag dazu. Alle Perspektiven sind gefragt.

- Absolute Ehrlichkeit. Nichts wird unter den Teppich gekehrt.

- Keine Empfindlichkeiten. Keine emotionalen Ausbrüche.

- Halten Sie sich an die Tatsachen. Beziehen Sie sich auf Fakten, nicht auf Meinungen.

- Keine Bestrafungen – auf keinen Fall.

Zu diesen Meilensteinbesprechungen kann natürlich ebenfalls ein breiteres Publikum eingeladen werden, für das diese Lernaspekte wichtig sind. Normalerweise gilt dies vor allem für die Mitglieder des erweiterten Teams, die an der Phase teilgenommen haben. Zum Beispiel müssen die Zielanwender, die bei einem Testlauf involviert waren, auf jeden Fall mit einbezogen werden.

Es ist auch möglich, dass andere Teams, die in parallelen Initiativen involviert sind, darum gebeten werden, an diesen Meilensteinbesprechungen teilzunehmen. Dabei können sie ihre eigenen Lernerfahrungen einbringen und die Perspektive des Teams dadurch ergänzen.

Zwischen zukünftigen Optionen wählen

Bei einer klugen und flexiblen Umsetzung treten häufig Punkte auf, an denen über die nächsten Schritte entschieden werden muss. Die wichtigsten dieser Entscheidungspunkte erfordern Meilensteinbesprechungen.

Schon lange vor dem eigentlichen Termin verlangen diese Meetings eine sorgfältige Vorbereitung durch den Sponsor und den Teamleiter, unter Umständen gemeinsam mit dem Team. Es wäre unverantwortlich, bis dahin abzuwarten und erst dann mit dem Sondieren des Terrains zu beginnen. Bereits vor der Besprechung muss der Sponsor eine relativ klare Meinung dazu haben, wie es weitergehen soll. Die Entscheidung darüber muss dann rasch und auf transparente Weise getroffen werden, um die Energie des Teams aufrechtzuerhalten.

Normalerweise wird das Team eine Empfehlung abgeben, welche bereits die Unterstützung des Sponsors hat. Weitere Führungskräfte, die am Meeting teilnehmen und womöglich bei der Entscheidung mit involviert sind, müssen vorher gebrieft worden sein. Aber selbst wenn es zu keinen Überraschungen kommt, wird die Gelegenheit für das Team, seinen Vorschlag einem solchen Publikum zu präsentieren, das eigene Engagement verstärken. Dies schafft eine gute Basis für den nächsten Umsetzungsschritt.

In manchen Fällen kann es passieren, dass das Team und der Sponsor sich nicht einig sind, zum Beispiel bei Entscheidungen darüber, ob eine Initiative fortgeführt werden soll oder nicht. Die Entscheidung muss dann transparent und ohne Aufschub getroffen werden. Wenn der Sponsor „Nein" sagt, muss er dem Team seine Gründe dafür klar und eindeutig darlegen, ohne auszuweichen. Eine Entscheidung gegen die Fortführung einer Initiative kann sehr bitter sein. Wenn jedoch das Team selbst in der Entscheidung involviert ist, bei der Vorbereitung ebenso wie bei der entscheidenden Besprechung selbst, kann das dafür sorgen, dass die Motivation für zukünftige Initiativen nicht verloren geht.

Solche Meilensteinbesprechungen zu wichtigen Entscheidungen sind ein integraler Teil einer klugen und flexiblen Umsetzung. Sie sind dann erfolgreich, wenn sie die Energie des Teams stärken. Wir haben allerdings auch viele Gelegenheiten beobachtet, bei denen die Energie des Teams zerstört wurde. Der Erfolg hängt eindeutig von den Vorbereitungen ab, die der involvierte Sponsor und die anderen Top-Manager geleistet haben. Sie müssen ausreichend vorbereitet zu diesen Besprechungen erscheinen, um die eigenen Entscheidungen auf transparente und rasche Weise treffen zu können, idealerweise noch vor dem Ende der Besprechung.

Fortschritte feiern

Diese Meetings dienen in erster Linie der Verstärkung der Energie.

Ein Team kann auf verschiedene Weise Anerkennung für seine Leistung erhalten. In manchen Unternehmenskulturen kann ein einfaches öffentliches „Dankeschön" bereits ausreichend sein.

Eine andere wirksame Form der Anerkennung ist, das Team darum zu bitten, seine Fortschritte und Resultate einem breiteren Publikum zu präsentieren. Meetings des Top-Managements können dafür gute Gelegenheiten bieten. Die meisten Unternehmen veranstalten außerdem jährlich eine Tagung für Manager ab einer bestimmten Hierarchieebene. Diese bietet ebenfalls eine gute Plattform für Präsentationen, die als Leistungsanreiz dienen können.

In manchen Fällen könnte der Sponsor sich auch dazu entschließen, auf eine weniger offizielle Honorierung zurückzugreifen. Beispielsweise könnte eine Anerkennung für den persönlichen Einsatz im Dienst der Initiative darin bestehen, dass das Unternehmen für die Teammitglieder ein Familienwochenende sponsert.

7.2.3   Ständig auf dem Laufenden bleiben

Die Steuerung des Prozesses hört nicht mit dem Abschluss einer Status- oder Meilensteinbesprechung auf. Tatsächlich besteht gerade außerhalb dieser offiziellen Gelegenheiten häufig das Risiko, dass die Initiative wieder an Priorität verliert, wenn das Tagesgeschäft für die Teammitglieder erneut in den Vordergrund tritt. Doch auch diese Zeiträume bieten dem Sponsor und dem Teamleiter zahlreiche Gelegenheiten, nützliche Informationen über den Fortschritt zu sammeln und den Umsetzungsprozess zu steuern. Es ist wichtig, laufend den Finger am Puls der Initiative zu haben, um ihren Zustand bestimmen zu können. Die folgenden Vorschläge sind hilfreich, um außerhalb der formalen Strukturen weiter am Ball zu bleiben.

Von der Spitze aus leiten

Manche Manager halten sich vollständig aus den Umsetzungsprozessen heraus, so als sei dies der neueste Trend im Bereich der Führung. Unter dem Vorwand, kein Mikromanagement betreiben zu wollen, sind sie nicht präsent, um Mitarbeiter zu führen oder ihnen Sicherheit zu vermitteln. Sie wissen einfach nicht, was wirklich vor sich geht.

Manche Sponsoren und sogar manche Teamleiter verschwinden zwischen den Statusbesprechungen einfach. Sie fliegen zu den Besprechungen ein, machen viel Lärm und fliegen dann wieder weg. Sie scheinen zu glauben, dass es ausreichend ist, jemandem zu sagen, was er tun soll. Damit, so meinen sie, sei ihre Aufgabe erfüllt, bis zum nächsten Treffen, wenn sie erneut die Ergebnisse prüfen. Falls sie bis dahin nicht längst vergessen haben, was sie den Mitarbeitern eigentlich aufgetragen haben. Solch ein Verhalten bringt natürlich jedes Engagement zum Erliegen.

In Unternehmenskulturen, in denen die Steuerung des Umsetzungsprozesses wirklich gepflegt wird, behalten der Sponsor und der Teamleiter den Finger ständig am Puls der Aktivitäten. Sie verfügen über die Fähigkeit, präsent zu sein, ohne in die individuellen Verantwortungsbereiche einzugreifen. Ein Sponsor merkte dazu einmal an: „Es lässt sich nicht leicht entscheiden, wann man sich einmischen soll und wann nicht. Manchmal wartet man zu lange und manchmal greift man zu früh ein. Es gibt keinen wirklichen Anhaltspunkt dafür, wann man eingreifen sollte. Natürlich gibt es die ganze Zeit über zahlreiche Hinweise, doch im Endeffekt bleibt es immer der eigenen Entscheidung überlassen, wann man sich einmischt. Es hängt also in erster Linie vom eigenen Wahrnehmungsvermögen ab. Manche Führungskräfte sind darin besser als andere."

Insbesondere der Sponsor, der unter Umständen weiter vom Team entfernt ist, muss sich darum bemühen, stets sichtbar und erreichbar zu sein. Ein effektiver Sponsor macht den Teammitgliedern deutlich, dass er im Zusammenhang mit der Initiative jederzeit „gestört" werden darf, und gibt seinem Sekretariat auch die entsprechenden Anweisungen.

Informationen über den Fortschritt sammeln

Der Sponsor muss nicht nur präsent sein, um Fragen zu beantworten. In Kulturen, die die Steuerung des Umsetzungsprozesses pflegen, nutzen der Sponsor und der Teamleiter auch jede Gelegenheit, um Informationen über den Fortschritt der Umsetzung zu sammeln.

Sie gehen auf die einzelnen Teammitglieder zu und fragen diese, wie sie den Fortschritt der Initiative sehen. Wenn sie bei den Antworten zwischen den Zeilen lesen, können sie sich ein Bild davon machen, was in den verschiedenen Phasen der Initiative vor sich geht, und erspüren, welches Energieniveau gerade vorhanden ist.

Sie nutzen ferner Zufallsbegegnungen im Flur, im Aufzug oder in der Cafeteria, um von den Teammitgliedern Informationen über die Entwicklung zu erhalten. Durch eine rasche Reaktion auf Fragen oder Probleme, die dabei eventuell auftauchen, zeigen sie ihre Bereitschaft, zuzuhören und sich informieren zu lassen: „Lassen Sie uns sofort darüber sprechen. Kommen Sie mit in mein Büro." Und sie sorgen dafür, dass immer wieder Gelegenheiten entstehen, um auf inoffizieller Ebene weitere Informationen über die Entwicklung zu bekommen.

Sie sprechen auch mit anderen Mitarbeitern des Unternehmens, um ein Gefühl dafür zu bekommen, wie sich die Initiative entwickelt. Sie fordern Feedback zur Umsetzung ein. Ein Sponsor merkte dazu an: „Normalerweise versuchen die Mitarbeiter die anderen nicht absichtlich zu täuschen. Aber es könnte sein, dass sie sich mancher Probleme entweder gar nicht bewusst sind oder dass sie sich selbst täuschen. Ich spreche in der Regel persönlich mit den Teammitgliedern, welche mit der Umsetzung betraut sind, um herauszufinden, ob es kritische Signale gibt."

Signale von Schwäche auffangen

Der Zweck all dieses informellen Sammelns von Informationen besteht darin, dass es dem Teamleiter, aber vor allem dem Sponsor dadurch möglich wird, eine Rolle zu übernehmen, die nur sie übernehmen können, weil sie die nötige Erfahrung dafür besitzen, und zwar Signale von Schwäche zu entdecken, bevor das Team ein Problem hat. Wie Machiavelli beobachtete: Wenn politische Probleme früh erkannt werden, was nur mit Scharfsinn und Weitsicht möglich ist, lassen sich diese schnell lösen. Wenn sie jedoch nicht erkannt werden und sich so weit entwickeln können, dass jeder sie erkennen kann, gibt es kein Mittel mehr dagegen.[36]

Ein erfahrener Sponsor hat ein Gefühl dafür, Signale von Schwäche aufzufangen und zu interpretieren. Er kann zukünftige Probleme und Herausforderungen erkennen, bevor sie so groß werden, dass sie nicht mehr in den Griff zu bekommen sind. Dann ist es, wie bereits beschrieben, eine Frage des Urteilsvermögens, wann es einzuschreiten gilt. Meist ist es sehr wertvoll für das Team, die Probleme selbst zu lösen. Manchmal kann ein Eingreifen des Sponsors jedoch gleichzeitig Zeit sparen, größeren Schaden verhindern und dem Lernprozess des Teams dienen. Dazu braucht es aber eine gute Einstimmung des Sponsors, so dass er schon die ersten Anzeichen von Stress im Team erkennen kann.

Signale von Schwäche lassen sich in verschiedenster Weise auffangen. Sie zu erkennen ist Erfahrungssache. Es lohnt sich auf jeden Fall, bei der Arbeit des Teams stets mit dabei zu sein. Wie bereits erläutert, können sich Probleme in der Zusammenarbeit sehr negativ auf ein Projekt auswirken. Doch dies sind Probleme, die die meisten Teams nur zögerlich ansprechen. Selbst Teamleiter vermeiden es meist, gegenüber dem Sponsor zuzugeben, dass zum Beispiel zwei Teammitglieder offensichtlich nicht in der Lage sind, miteinander

---

[36]   Machiavelli, Der Fürst, Insel Verlag, Frankfurt, Neuauflage 2009.

zu arbeiten, oder dass das Team nicht weiß, wie es mit einem schwierigen Mitglied umgehen soll. Die Effektivität von Diskussionen, die Fähigkeit, zu einem Abschluss zu kommen, oder die mangelnde Beteiligung eines Teammitglieds können Hinweise darauf geben, wie ein Team zusammenarbeitet. Deshalb ist es hilfreich, wenn der Sponsor von Anfang an immer mal wieder bei Teambesprechungen schweigend mit im Hintergrund sitzt, so dass sich das Team daran gewöhnt und das als normal betrachtet. Denn auf diese Weise kann der Sponsor sehr leicht die Signale erkennen, die auf unterschwellig gärende Probleme im Team hindeuten.

Das Team lenken

Der Sponsor verfügt über die einzigartige Möglichkeit, dem Team auch außerhalb offizieller Anlässe zu signalisieren, was wichtig ist. Das Team wird dem informellen Auftreten des Sponsors und wie er sich dabei gegenüber der Initiative verhält, sehr viel Aufmerksamkeit schenken, gerade weil er sich dabei außerhalb seiner offiziellen Rolle bewegt.

Natürlich kann der Sponsor bei diesen informellen Gelegenheiten das Team ebenso auch enorm entmutigen, sodass die Energie für die Umsetzung abnimmt. Wenn deutliche Widersprüche erkennbar sind zwischen dem, was der Sponsor während der Meilensteinbesprechungen sagt, und dem, was er während der restlichen Zeit tut, wird das Energieniveau darunter leiden. Ein Sponsor muss für das Team jederzeit glaubwürdig sein.

Werden bei informellen Begegnungen keine Fragen gestellt oder wird den Teammitgliedern überschwänglich zu ihrer Arbeit gratuliert, während sie doch genau wissen, dass der Fortschritt eigentlich zu wünschen übrig lässt, werden sie daran zweifeln, dass die Initiative wirklich ganz oben auf der Prioritätenliste des Sponsors steht. Und wenn ein Teammitglied sich mit irgendwelchen Sorgen an den Sponsor wendet und dann zu hören bekommt: „Lassen Sie uns in der nächsten Besprechung darüber reden", wird das zu dem Schluss führen, dass die Initiative nicht wirklich wichtig ist.

Was das Team braucht, um das Gefühl zu haben, dass der Sponsor es ernst meint, ist Kontinuität in den offiziellen und inoffiziellen Begegnungen. Das alltägliche Verhalten des Sponsors, zu dem auch gehört, sich laufend zu informieren, interessiert nachzufragen und immer prompt zu reagieren, ist dabei sehr viel überzeugender als irgendwelche offiziellen Reden.

7.3   Zusammenfassung

„Wenn Sie einen Prozess oft genug wiederholen, wird er sich immer mehr einschleifen und schließlich zu einem Teil der Unternehmenskultur werden. Sie müssen dafür aber zunächst ganz konsequent diesen Prozess pflegen", beobachtete ein Sponsor. Ihr Ehrgeiz sollte darin bestehen, in Ihrem Unternehmen eine Kultur zu entwickeln, welche die Steuerung des Umsetzungsprozesses pflegt. Bis zu einem gewissen Ausmaß ist das eine Frage effektiver und konstruktiver Prozesse, denn sie bilden das Herzstück einer solchen

Kultur. Viel mehr jedoch entsteht diese Art von Kultur durch die nie nachlassende Aufmerksamkeit eines jeden Sponsors einer strategischen Initiative sowie das Engagement aller höheren Führungskräfte im Unternehmen.

Die Steuerung des Umsetzungsprozesses ist auf drei Hauptziele ausgerichtet:

- ■ Die Umsetzung auf Kurs halten. Dies erfordert eine offene Kommunikation.

- ■ Lernen, wie man die Umsetzung verbessern kann. Dies erfordert häufiges Feedback und das Übernehmen von Verantwortung für die Resultate.

- ■ Bewahren der Umsetzungsenergie. Dies erfordert, dass man die Motive, aus denen heraus sich die Teammitglieder engagieren, anspricht und wirksam einsetzt: Ehrgeiz, Einfluss und Teamintegration. Es erfordert außerdem Integrität in der Führung, konkretes Handeln und individuelle Aufmerksamkeit für jedes Teammitglied, um die jeweiligen Motive zu verstehen und darauf reagieren zu können.

In der Praxis wird die Steuerung des Prozesses vor allem während der Statusbesprechungen erfolgen, doch muss sie unabhängig davon auch zwischen den offiziellen Anlässen aufrechterhalten werden.

- ■ Laufende Statusbesprechungen sind das Herzstück der Umsetzungssteuerung. Sie werden vom Teamleiter geführt und halten die Umsetzung auf Kurs.

- ■ Meilensteinbesprechungen finden an wichtigen Punkten im Entscheidungsprozess statt. Sie werden normalerweise vom Sponsor gemeinsam mit dem Teamleiter geführt. Sie erfordern erhebliche Vorbereitung, um effektiv zu sein.

- ■ Laufend die Kontrolle zu behalten ist eine gemeinsame Aufgabe des Sponsors und des Teamleiters. Inoffizielle Anlässe sind unschätzbare Gelegenheiten, um Probleme zu erkennen, bevor sie gravierend werden. Sie zeigen dem Team ferner, wie ernst der Sponsor und der Teamleiter es mit der Umsetzung meinen. Sie können natürlich ebenso auch aufzeigen, wie distanziert und unbeteiligt sie in Wahrheit sind.

Vergessen Sie nie, dass es sich bei der Steuerung des Umsetzungsprozesses um ganz konkrete Führung handelt, die für den Erfolg einer Initiative unerlässlich ist.

Epilog

"So genial eine Strategie auch sein mag, sollte man doch ab und zu die Resultate über-prüfen," empfahl Winston Churchill. Er bezog sich dabei zwar vermutlich auf Politik, nicht auf Management, doch gilt seine Aussage für beide Bereiche gleichermaßen.

In diesem Buch ging es uns darum, auf zwei entscheidende Aspekte von Strategien aufmerksam zu machen. Einerseits ist strategisches Denken eine der wichtigsten Aufgaben eines Managers – voller Herausforderungen und manchmal sogar mit revolutionärem Potenzial. Deshalb richtet sich die Aufmerksamkeit der Medien sowie der akademischen Welt verständlicherweise immer wieder auf die Top-Manager großer Unternehmen. Es werden Personen in den Vordergrund gestellt, die große strategische Visionen haben. Andererseits werden die Resultate allzu häufig ignoriert. Strategische Visionen beinhalten große Risiken, die vor allem in der Umsetzung liegen. Strategie ist das, was das Unternehmen auf das Spielfeld führt, doch es ist die Umsetzung, die über Sieg oder Niederlage entscheidet.

Steve Jobs und Guy Kawasaki waren in den frühen 80er Jahren an der Entwicklung von Apple Computer beteiligt, Jobs als CEO and Kawasaki als Leiter der Bereiche Marketing und Produktinnovation. Kawasaki bemerkte 2007: „Das strategische Paradox besteht darin, dass die Strategien mit dem größten Erfolgspotenzial auch das größte Risiko beinhalten. Was wir über die Verbindung zwischen Strategie und Erfolg wissen, ist zwar korrekt, aber unvollständig. Visionen, Engagement, Fokus ... diese Faktoren sind zwar wichtige Elemente erfolgreicher Strategien, doch sie sind ebenso auch mit einigen der größten strategischen Misserfolge verbunden."[37]

Dieses Zitat von Kawasaki spiegelt beide Seiten der Medaille wider. Im Laufe der letzten Jahre haben wir viele Unternehmen beobachtet, die mit Zuversicht und großem Aufsehen geniale Initiativen auf den Weg gebracht haben. Häufig wurden diese jedoch nicht mit der notwendigen Disziplin in der Implementierung begleitet. Je größer der strategische Quantensprung, desto größer auch das Risiko, dass die Initiative – ohne detaillierte Implementierung – nur zu durchschnittlichen Resultaten oder gar zu einem Misserfolg führt.

Immer wieder haben wir Manager beobachtet, die bei der Auswahl ihrer strategischen Projekte keine glückliche Hand hatten, die ohne klare Zielsetzung arbeiteten, die sich nach starkem Engagement in der Startphase mehr und mehr zurückzogen und die Umsetzung einem überforderten Team überließen oder die bei der Umsetzung mehr auf Improvisation als auf klare Regeln vertrauten, sodass ihre Initiativen niemals zum Erfolg gelangten.

---

[37] Simeon Simeonovs Weblog, HighContrast: innovation & venture capital in the post-broadband era (http://simeons.wordpress.com/2007/02/21/guy-kawasaki-why-good-strategies-fail/).

Andererseits kommt es auch häufig vor, dass großartige strategische Ideen zur Ausführung an ein suboptimales Team übergeben werden, was die Erfolgschancen natürlich
ebenfalls stark mindert. Oder es werden brillante Ideen ausschließlich im Hinblick auf die
Lösung der technischen Probleme umgesetzt, ohne die zukünftigen Anwender auch nur
im geringsten zu berücksichtigen. Ohne Berücksichtigung all dieser Faktoren kann eine
Initiative allzu leicht aus dem Ruder laufen.

Viel Erfolg bei der Umsetzung!

Im Laufe unserer empirischen Arbeit haben wir zahlreiche strategische Initiativen – erfolgreiche wie auch weniger erfolgreiche – über einen längeren Zeitraum hinweg begleitet.
Unsere sieben Erkenntnisse thematisieren die häufigsten Probleme bei der Strategieimplementierung. In diesem Zusammenhang zeigen wir eine Reihe von Schritten auf, die
zu einer erfolgreichen Umsetzung strategischer Initiativen beitragen können. Sowohl als
Sponsor wie auch als Teamleiter und Teammitglied finden Sie in diesem Buch viele hilfreiche Ideen, die vor und während der Projektdurchführung nützlich sind.

Wir wünschen Ihnen viel Erfolg bei der Umsetzung Ihrer nächsten strategischen Initiative!

MIX
Papier aus verantwortungsvollen Quellen
Paper from responsible sources
FSC® C105338

If you have any concerns about our products,
you can contact us on
ProductSafety@springernature.com

In case Publisher is established outside the EU,
the EU authorized representative is:
Springer Nature Customer Service Center GmbH
Europaplatz 3, 69115 Heidelberg, Germany

Printed by Libri Plureos GmbH
in Hamburg, Germany